商业保理培训系列教材

商业保理税务实务与案例

杨新房　祝维纯　主编

复旦大学出版社

丛书编委会

顾 问
韩家平 时运福

主 任
陈霜华 曹 磊 万 波

编 委
（按姓氏笔画排序）

Lee Kheng Leong　马泰峰　王宏彬

孔炯炯　叶正欣　杨新房　张乐乐

张继民　林 晖　胡俊芳　祝维纯

聂 峰　谈 亮　奚光平　蔡厚毅

序一　关于保理业务的几点认识

依据提供服务的主体不同,我国保理行业分为银行保理和商业保理两大板块。根据国际保理商联合会(Factoring Chain International,以下简称"FCI")的统计,自2011年以来,我国已经连续四年成为全球最大的保理市场。由于商业保理行业2013年刚刚起步,业务规模尚小,所以目前我国绝大部分的保理业务来自于银行保理板块。当前,我国保理行业呈现出多元、快速、创新的发展态势,成为国内外贸易融资领域关注的焦点。

然而,在我国保理业务量领先全球和商业保理市场蓬勃发展的同时,国际保理界同仁对我国保理行业的质疑声也一直不断,我国很多保理专家也表达了相似的观点:中国目前开展的"保理业务"是否是真正的保理业务,中国商业保理行业是否会重蹈台湾地区保理公司的覆辙而最终消失等等。对此,我们应该给予高度重视,并结合中国保理实践的发展进行深入研究。下面,根据我对国内外保理市场的调研和观察,谈一下关于保理业务的几点认识,供大家参考。

一、保理业务的内涵与外延

根据FCI的定义,保理业务是指保理商以受让供应商因销售商品或提供服务而产生的应收账款为前提,为供应商提供的(如下四项服务中的两项以上)综合性金融服务:① 应收账款融资;② 销售分户账管理;③ 账款催收;④ 坏账担保。《牛津简明词典》对保理业务的定义更加简明扼要、直指本质:保理业务是指从他人手中以较低的价格购买债权,并通过收回债权而获利的经济活动。

根据上述定义,保理业务是以应收账款转让和受让为前提,其本质是应收账款资产的买卖。以此为基础,受让了应收账款资产的保理商为卖方提供应收账款融资、买方付款风险担保和应收账款管理和催收等综合性服务。因此,保理业务不是一般流动资金贷款,也不是应收账款质押融资,不能将二者混为一谈。根据我的观察,国际上之所以质疑我们的保理业务,是因为我们一些银行和保理公司打着保理的名义,实际做的是流动资金贷款或应收账款质押融资。

目前,我国相关政策法规条文基本还是遵循上述保理定义的,只不过根据实践发展,我国已经把因租赁资产而产生的应收账款也纳入了保理业务的服务范围。但对于尚未履行完基础合同义务的未来应收账款可否开展保理服务、对债务人或债权人为个人的应收账款可否列入保理服务范围、对提供金融服务产生的债权、因票据或有价证券而产生的付款请求权等可否列入保理服务存在较大争论。

二、保理业务的起源与发展

保理业务起源于商务代理活动。根据资料记载,最早的保理业务可以追溯到5 000年前的古巴比伦时期。当时,保理商作为供应商的代理人,承担商品推广、分销、存储、运输和收款等职能,偶尔也承担坏账担保和预付款融资等功能。也就是说,最初的保理商承担了现在销售代理、物流服务和现代保理服务的全部功能。

现代保理业务起源于17世纪末18世纪初的英国。当时因工业革命的影响,英国的纺织工业得到了迅猛发展,向海外销售纺织品成为资本主义初期经济扩张的必由之路。由于出口商对进口商当地的市场情况和客户资信了解甚少,因而多以寄售方式销售,进口商负责货物的仓储、销售和收款,并在某些情况下提供坏账担保和融资服务。

19世纪后半叶,美国作为英国的海外殖民地,吸收了大量的欧洲移民,而英国经济正处于蓬勃发展阶段,向海外大量销售消费品。为保障贸易的顺利进行,英国出口商在美洲当地选择了一些商务代理机构,负责销售货物并保证货款的及时结清。随着交通和通信技术的发展,后来部分代理机构逐渐将销售和存储职能剥离出去,专门负责债权收购和坏账担保,演变成为为供应商提供应收账款融资和买方付款担保的现代保理服务。1889年,纽约一家名为澳尔伯·多梅里克的保理公司率先宣布放弃传统的货物销售代理和仓储职能,但继续为其委托人(欧洲的出口商)提供收购应收账款债权和担保付款的服务,成为美国现代保理业务诞生的标志性事件。

20世纪60年代,美式保理传入英国,并与英式保理(主要形式是银行提供的以不通知买方为特征的"发票贴现"业务)融合,并逐渐在欧美国家流行,70 年代后传入亚洲。

随着保理行业的发展与完善,国际保理组织也日益成熟。2016 年之前,国际上规模较大的保理行业组织有国际保理商联合会和国际保理商组织。FCI 成立于 1968 年,总部设在荷兰的阿姆斯特丹。FCI 共有 280 多个会员,遍布全球 73 个国家和地区,为目前全球最大的国际保理商组织。国际保理商组织(International Factors Group,以下简称"IFG")成立于 1963 年,是全球第一个国际保理商组织,总部设在比利时的布鲁塞尔。IFG 共有 160 多个会员,遍布全球 60 多个国家和地区,是全球第二大的国际保理商组织。2015 年 10 月,两大国际保理组织决定合并,合并后的机构将统一使用 FCI 的名义。两大国际保理组织合并后,将在全球范围内加强保理行业发展的规范性,建立统一规则,整合数据交换系统,以此来帮助保理企业降低支出,提高抵抗风险的能力,同时积累更准确的数据,为行业的发展做出合理预测,推动全球贸易经济发展。

三、保理业务引入中国

我国保理业务起步于 1987 年。当年中国银行与德国贴现与贷款公司签署了国际保理总协议,在我国率先推出国际保理业务,成为中国第一家保理商,标志着保理业务在我国的正式登陆。1992 年 2 月,中国银行成功申请加入 FCI,并成为我国首家 FCI 会员。

1991 年 4 月,应 FCI 秘书处邀请,原外经贸部计算中心(现商务部研究院)组织商务部、中国银行总行等 9 名专家赴荷兰、德国和英国考察保理业务,并正式将"Factoring"的中文译名确定为"保理",促进了保理业务在中文地区的推广。之前香港地区将保理业务译为"销售保管服务",台湾地区将其译为"应收账款管理服务",新加坡则直接将其音译为"发达令",寓意为使用了保理服务,企业就可以生意兴隆、事业发达。

2002 年初发生的南京爱立信"倒戈"事件有力地促进了银行保理业务的发展。由于中资银行无法提供"应收账款融资"业务,2002 年初,年结算信贷业务量达 20 多亿元的南京熊猫爱立信公司将其结算银行转移到外资银行,此事发生在中国刚刚加入世界贸易组织(WTO)的背景下,被媒体广泛报道,引起了央行的重视,由此推动了中国银行界普遍开始重视保理业务。为了防止此类事件的再次发生,同时保持住优质的客户资源,各家银行不约而同地加快推进了保理业务,我国保理业务也开始进入快速发展阶段。

在商业保理领域,2009年10月,经国务院同意,国家发改委批复天津滨海新区综合改革方案,可以在滨海新区设立保理公司。之后天津出现了30家左右以国际保理为业务方向的保理公司。但由于外汇政策不配套等多种原因,绝大多数公司业务没有开展起来,逐渐停业转型。2010年以后,天津又陆续成立了一些以国内保理业务为主的保理公司,商业保理业务得以快速发展。

随着国家商务部2012年6月下发《关于商业保理试点有关工作的通知》及之后出台的诸多文件,天津滨海新区、上海浦东新区、深圳前海、广州南沙、珠海横琴、重庆两江新区、江苏苏南地区、浙江、北京等地陆续开始商业保理试点,各地商业保理公司如雨后春笋般迅速发展。

四、保理是最适合成长型中小企业的贸易融资工具

提到保理业务,人们普遍认为它是面向中小企业、服务实体经济的贸易融资工具,但是,保理并不适用于所有的小微企业,它最适合于成长型的中小企业。一般而言,成长型中小企业产品和客户趋于稳定,同时业务进入快速发展期,其最大的资产就是应收账款,约占其总资产的60%,但又达不到银行贷款条件(没有足够的抵押担保和信用评级),也达不到资本市场融资条件,如果其买方的付款信用较好,那么保理业务就是其最适合的融资工具。

国内外的保理实践也表明,保理业务通过盘活中小企业的流动资产,加速应收账款回收,提高了企业运营效率,有效地支持了实体经济的发展。近年来,我国加快推动金融市场化改革,提倡金融回归服务实体经济,保理业务基于真实贸易背景、可实现对实体中小企业的精准滴灌,其作用应该给予高度重视。

五、保理是逆经济周期而行的现代信用服务业

在金融危机或经济下行周期,市场信用风险快速上升,一般金融机构均会采取信贷收缩政策,导致市场流动性缺乏。但此时企业应收账款规模和拖欠增多,对应收账款融资和管理需求更大更迫切;同时,保理业务依托先进的风险控制模式(与核心企业信用进行捆绑)和可靠的还款来源(核心企业付款为第一还款来源),是风险相对较小的融资工具,因此保理业务具有逆经济周期而行的特点,可以发挥其他金融工具无法替代的作用。例如,根据FCI的统计,在国际金融危机期间,2009~2013年全球保理业务量增长了0.74倍,净增9 500亿欧元,年均增

速达14.8%,是同期GDP增速的4倍,而且FCI会员无一倒闭。2013年全球保理业务量首超3万亿美元。2014年全球保理业务同比继续增长3.6%,总量达到2.311万亿欧元,创历史新高。

六、保理代表了贸易金融业发展的方向

尽管保理业务在欧美国家已经有60多年广泛开展的历史,但近年来在欧美国家仍呈现快速发展态势,尤其是近20年来,年平均增长率达到11%。欧洲一直占据全球保理市场的60%,2014年仍保持了9.8%的增长,保理业务量2014年达到1.487万亿欧元,是2011年以来增长最快的一年。其中英国2014年同比增长了22%,达到3 761亿欧元,其保理业务量占GDP的比重达到16.8%,继续领跑各大洲保理市场,值得高度关注。

根据FCI提供的资料,欧洲保理业务之所以近年来持续快速发展,是因为各商业银行均将保理作为战略重点业务给予了高度重视。由此可见,保理这一古老的融资工具因其基于真实贸易背景、可有效解决中小企业融资难题、逆经济周期而行等特点,在当前全球经济尚处在艰难复苏时期具有重要的现实意义,代表了贸易融资的发展方向。

2014年,全球国内保理业务量达到1.853万亿欧元,占全部保理业务量的80%,同比增长1.37%;国际保理业务量达到4 850亿欧元,占全部保理业务量的20%,同比增长14%。国际保理业务增速是国内保理业务增速的10倍多,是未来保理业务增长的重要驱动力。

七、我国商业保理行业的发展趋势

2013年以来,我国商业保理行业发展迅猛。根据中国服务贸易协会商业保理专业委员会的统计,截至2015年底,全国已注册商业保理法人企业2 346家(其中2015年新注册1 217家),2015年保理业务量达到2 000多亿元,保理余额达到500亿元左右。除遵循一些与国外保理行业共同的发展规律外,中国商业保理行业的最大亮点是与电子商务、互联网金融和资产证券化的融合创新,这个领域也是保理业务增长最快的领域。例如,某大型电子商务平台下属保理公司,其保理业务已实现全程在线化管理,2014年第一年作业,保理业务量就达到120多亿元,2015年业务量达到350亿元,基本实现对平台供应商的全覆盖,平均放款速度在供应商申请后3分钟左右,年化利率控制在9%左右,有效满足了平台

供应商的融资需求。

同时,中国商业保理行业存在市场认知度低、政策法规不完善、征信体系不健全、融资渠道不畅、融资成本较高、专业人才缺乏,以及由于前期操作不慎导致的资产质量不高,在经济下行形势下部分风险开始暴露等问题。

在我国商业保理快速发展的同时,受监管政策收紧和市场风险加大、银行主动收缩等因素影响,银行保理业务2014年出现了下降的趋势。据中国银行业协会保理专业委员会统计,2014年银行保理业务量为2.71万亿元人民币,同比下降14.8%;其中,国内保理1.97万亿元,同比下降20.9%;国际保理1 211亿美元,同比上升6.13%。中国银行保理没有像欧美国家一样呈现出逆经济周期而行的特点,是否恰恰证明了我国银行所做的部分保理业务不是真正的"保理业务",仍需要进一步研究。

总体来看,基于庞大的市场需求,只要我国商业保理行业沿着正确的发展路径,其前景是非常看好的。商业保理正确的发展路径应该是:专注细分行业领域,与银行等金融机构紧密合作,与电子商务、互联网金融、供应链金融、资产证券化等业务融合创新,从而实现依托供应链(核心企业)、建立(上下游企业)信用链、疏通(中小企业)融资链、提升(中小企业)价值链的目标,助力我国实体经济转型升级。

预计随着中国金融市场化改革的推进和互联网经济的快速发展,未来中国商业保理行业前景光明。预计"十三五"期间将是我国商业保理大发展时期,到2020年业务规模将达到万亿级规模,占到中国整个市场的三分之一。

商务部研究院信用与电子商务研究所所长
中国服务贸易协会商业保理专委会常务副主任兼秘书长　韩家平

2016年2月28日于北京

序二　致行业之兴者在于人才

"治国经邦，人才为急。"无论哪一行，都需要专业的技能和专门的人才。商业保理是当今全球贸易金融创新发展的方向，是国家正在推动试点发展的新兴业态。培养具有国际视野、专业技能和管理经验的人才队伍，对商业保理行业的发展具有重要的战略意义。

人才奇缺是企业最大的焦虑，本领恐慌是人才最大的恐慌。自2012年国家商务部推动商业保理试点工作以来，商业保理企业注册数量呈现井喷式发展的态势，由初期的数十家增长到2015年底的2 346家，有没有懂保理、会管理、符合资质要求的高管人员和有没有具备商业保理专业技能的业务骨干，已经成为商业保理企业完成组建和开展业务的制约条件。

目前，国内高等院校尚没有开设专门的商业保理专业，也没有成体系的培训教材。商业保理行业的从业人员绝大多数来自金融机构或相关的经济领域，对商业保理知识和实务的学习大多来自于网络和零星书刊的碎片化知识。因此，建立培训体系、开发培训教材、统一行业语言、规范行业标准，是目前商业保理行业发展的一项非常重要的任务。上海立信会计金融学院在全国率先开设商业保理实验班，以时任上海金融学院国际经贸学院院长陈霜华教授为主组成的专门团队，制定了系列培训教材的编写计划，为商业保理行业的人才培养做了一件非常有意义的工作。

上海浦东新区是2012年最早被国家商务部列为行业试点的两个地区之一，上海浦东商业保理行业协会是国内最早成立的专业商业保理行业协会之一。协会一成立，就把人才培养和业务培训作为一项主要工作，时任协会副会长的上海立信会计金融学院陈霜华教授分工负责培训工作。在商务部商业保理专业委员会的支持下，上海立信会计金融学院、上海市浦东新区商务委员会、上海浦东商业保理行业协会联合开发系列培训教材,是产学研结合的创新实践,也是协会培训工作的重要抓手。

从五千年前巴比伦王朝的萌芽时期,到20世纪欧洲的成熟发展,伴随着全球贸易的发展进程,商业保理的理论和实践也在不断的丰富和创新。上海是一个在20世纪初就以"东方华尔街"的美誉远播四海的城市,国际金融中心、具有全球影响力的科技创新中心的建设和自贸区金融创新的先发优势,将会为商业保理理论和实践的创新提供更多的创新元素。我也希望,大家能够始终站在理论发展和实践探索的前沿,对教材编写和人才培训进行不断的丰富和创新。

致行业之兴者在于人才,成行业之治者在于培训。我相信,我们正在努力和将要开展的工作,将对上海市乃至全国商业保理行业的规范发展起到重要的促进作用。

是为序。

上海浦东商业保理行业协会会长
国核商业保理股份有限公司董事长　时运福
2015年10月23日于上海

前言 PREFACE

在国家经济转型、利率市场化和金融传媒等一系列金融改革与创新的大背景下，中国的金融市场竞争也更加激烈，金融产品和服务日趋多元化。2014年，国务院印发《国务院关于加快发展生产性服务业促进产业结构调整升级的指导意见》（国发〔2014〕26号），从国家政策层面提出"深化改革开放、完善财税政策、强化金融创新"的要求，在创新金融服务领域，鼓励研究制定商业保理等多种方式融资的可行措施。

早在2011年8月，商务部联合中国银行业监督管理委员会发文《商务部、银监会关于支持商圈融资发展的指导意见》提出，鼓励实体商圈管理机构与商业保理公司等融资机构建立各种形式的合作，"帮助融资机构宣传相关融资业务和产品，促进其发展"。2012年6月，商务部同意在天津滨海新区、上海浦东新区开展商业保理试点；同年12月，同意港澳投资者在广州市、深圳市试点设立商业保理企业；2013年8月，商务部同意在重庆两江新区、苏南现代化建设示范区、苏州工业园区开展设立商业保理公司试点。日前，商业保理新试点即将落地成都。

经过近年来多部门的努力，我国财政部对商业保理业的征税规范将逐步完善，银监会、商务部对商业保理业监管的法规也将逐渐完备，行业受到的监管将趋于严格，发展将更加规范，商业保理公司的经营风险也将控制在可接受的水平，这些因素都有利于行业的长期健康发展。金融行业的"四大支柱"，即监管、法律、会计、税收，也将在商业保理行业发展的黄金期发挥越来越大的作用，尤其在保持行业与监管、法律和财税部门交流的畅通，以及整个行业的良好发展环境的营造上，将起到支柱性的作用。

随着市场需求的不断扩大及监管政策日渐明朗，作为金融服务行业正在兴起的领域以及增长点，我国的商业保理行业呈现出前所未有的良好发展态势，必将在现代服务业中受到越来越多的关注,也将面临着各种风险及挑战。商业保理行业急需一批创新型、应用型人才来增添助力。学校的办学、人才培养必须适应这一社会发展的新需求,这将是整个金融教育领域的风向标,未来人才的培养趋势。本教材的编写出版正是为了契合这一背景和趋势。

本书共分六章:第一章,税制基础和商业保理涉税概述;第二章,商业保理的营业税;第三章,商业保理的企业所得税;第四章,商业保理的印花税;第五章,商业保理的其他税种;第六章,商业保理涉税案例分析。结合编者所接触或直接参与的商业案例实践,解析商业实质及相关政策等多方面的影响因素,分税种深入探讨分析商业保理行业的税务管理问题,内容翔实、具体,具有很强的实用性、适用性和可操作性,是经管专业学生学习商业保理税务管理领域的实用工具书,同时也可作为社会各界学习的参考用书。

本书由上海德勤税务师事务所和上海立信会计金融学院国际经贸学院合作完成。本书初稿由上海德勤税务师事务所的祝维纯(税务合伙人、注册税务师、注册会计师)和王清(注册税务师)、蓝智慧(注册税务师、律师)完成,上海立信会计金融学院国际经贸学院的杨新房教授完成了本书的统编和修改工作。

由于编写时间紧迫,加之作者水平有限,书中的疏误之处难免,恳请专家和读者批评指正。

编写组
2015 年 12 月

目录 CONTENTS

第一章　税制基础和商业保理涉税概述 ··· 1
　第一节　税制概述 ·· 1
　第二节　中国现行税制简介 ·· 10
　第三节　商业保理涉税概述 ·· 14

第二章　商业保理的营业税 ··· 17
　第一节　概述 ·· 17
　第二节　应税收入和纳税时点 ·· 22
　第三节　纳税申报 ·· 34
　第四节　商业保理营改增 ··· 36
　第五节　营业税案例分析 ··· 48

第三章　商业保理的企业所得税 ·· 53
　第一节　概述 ·· 53
　第二节　应税收入和纳税时点 ·· 73
　第三节　纳税申报 ·· 129
　第四节　企业所得税案例 ··· 171

第四章　商业保理的印花税 ··· 175
　第一节　概述 ·· 175
　第二节　应税收入和纳税时点 ·· 177
　第三节　纳税申报 ·· 188

第四节　印花税案例 …………………………………………… 194

第五章　商业保理的其他税种 …………………………………… 198
   第一节　城市建设维护税 ………………………………………… 198
   第二节　教育费附加和地方教育费附加 ………………………… 204
   第三节　个人所得税 ……………………………………………… 207

第六章　商业保理涉税案例分析 …………………………………… 229
   第一节　典型案例一 ……………………………………………… 229
   第二节　典型案例二 ……………………………………………… 232
   第三节　典型案例三 ……………………………………………… 234

参考文献 ………………………………………………………………… 236

附录 ……………………………………………………………………… 237
   专有名词 …………………………………………………………… 237
   法律法规 …………………………………………………………… 240

第一章

税制基础和商业保理涉税概述

本章概要

本章介绍了税法的概念和特点,税法的基本原则和适用原则;概括介绍了中国税种的分类;介绍了商业保理公司的业务模式、业务范围和商业保理的公司收入来源以及涉税概述。

第一节 税制概述

一、税法的概念与特点

(一)税法的概念

讨论税法的概念,首先要明确什么是税收。对于税收的基本内涵,人们的认识有所不同。但是税收的概念,至少包括这样五个共同点:第一,征税的主体是国家,除了国家之外,任何机构和团体都无权征税;第二,国家征税依据的是其政治权力,这种政治权力凌驾于财产权利之上,没有国家的政治权力为依托,征税就无法实现;第三,征税的基本目的是满足国家的财政需要,以实现其进行阶级统治和满足社会公共需要的职能;第四,税收分配的客体是社会剩余产品,税收不能课及生产资料和劳动者报酬,否则简单生产将无法维持;第五,税收具有强制性、无偿性、固定性的特征。

税收是经济学概念，税法则是法学概念。税法是指有权的国家机关制定的有关调整税收分配过程中形成的权利义务关系的法律规范总和。

首先，所谓有权的国家机关是指国家最高权力机关，在我国即全国人民代表大会及其常务委员会。在一定的法律框架之下，地方人大及其常委会也往往拥有一定的税法立法权，因此也是制定税法的主体。此外，国家最高权力机关还可以授权行政机关制定某些税法，获得授权的行政机关也是制定税法的主体的构成者。

其次，税法的调整对象是税收分配中形成的权利义务关系。从经济角度讲，税收分配关系是国家参与社会剩余产品分配所形成的一种经济利益关系，包括国家与纳税人之间的税收分配关系和各级政府间的税收利益分配关系两个方面。这种经济利益关系是借助法的形式规定国家与纳税人可以怎样行为、应当怎样行为和不得怎样行为，即通过设定税收权利义务来实现的。如果说实现税收分配是目标，从法律上设定税收权利义务则是实现目标的手段。税法调整的是税收权利义务关系，而不是税收分配关系。

最后，税法有广义和狭义之分。从广义上讲，税法是各种税收法律规范的总和，即由税收实体法、税收程序法、税收争讼法等构成的法律体系。从立法层次上划分，则包括由国家最高权力机关即全国人民代表大会正式立法制定的税收法律，由国务院制定的税收法规或由省级人民代表大会制定的地方性税收法规。从狭义上讲，税法指的是经过国家最高权力机关正式立法的税收法律，如我国的个人所得税法、税收征收管理法等。

法是税收的存在形式，税收之所以必须采用法的形式，是由税收和法的本质与特性决定的。

第一，从税收的本质来看，税收是国家与纳税人之间形成的以国家为主体的社会剩余产品分配关系。国家向纳税人征税，是将一部分社会剩余产品或一部分既得利益从纳税人所有转变为国家所有。然而，在这种经济利益的转移过程中，其总量与结构都是不能随意改变的，必须按照事先确定的标准，由国家与纳税人双方共同遵守。违反这种规定要受到一定的惩罚，出现争议要有公平的解决方式。这样，将征税仅视为一种经济利益的转移就不够了。而借助法律，通过规定税收权利义务的方式可以提供一种行为模式。如果作为法律主体的国家或纳税人不履行法定义务或不适当地行使法定权力，法律将以强制手段予以追究，出现纠纷或争议也可以用诉讼这种规范的法律形式予以解决,从而保证法律调整机制的实现。严格地讲,只有法才是真正以规定人们权利与义务为其调整机制的。因此,税收所反映的分配关系要通过法的形式才得以实现。

第二,从形式特征来看,税收具有强制性、无偿性、固定性的特点。其中,无偿性是其核心,强制性是其基本保障。原因在于,税收是对财产私有权的侵犯,因而要求有很高的强制权力作征税保障,这种权力只能是国家政治权力,法使这种政治权力得以体现和落实:(1)法依据的是国家强制力,与税收凭借的国家政治权力是一致的,这是最高的权力,其他权力必须服从;(2)构成法的一系列原则、规则、概念为人们提供了全面、具体、明确的行为模式,借助法可以使税收强制性的目标更为明确;(3)法有一整套完备、有效的实施保障系统,可以使税收的强制性落到实处,得到长期、稳定的保证;(4)税收凭借的是政治权力,但是税收权力并非是不受任何限制、可以随意行使的,能够对税收权力起到规范、制约作用的只有法;(5)法所提供的行为规则必须具备规范、统一、稳定的特征,法律的制定、修改、废止必须经过一定的程序,这些都为实现税收的稳定性提供了必要条件。

第三,从税收职能来看,调节经济是其重要方面。这种调节不是盲目的:一方面调节目标必须明确;另一方面也需要纳税人对税收调节有切实的感受,适当调整自身的经济行为,这样才能使税收调节达到目的。税收采用法的形式,就可以借助法律的评价作用,按照法律提供的行为标准,判定纳税人的经济行为是否符合税收调节经济的要求,对违法者强制地改变其经济行为,使之符合税收调节的需要。借助法律的预测、指引作用,纳税人能预知自己在各种情况下的纳税义务、法律责任以及经济后果,从而对自己的经营活动做出最有利的选择,主动适应税收调节的要求。

总之,税收采用法的形式,才能增加其调节的灵敏度,收到实效。监督管理是税收的另一个重要职能。保证监督管理的公正性是税收得以顺利实现的基本前提,这就要有一套事先确定的标准作为税收监督管理的规则。法以其权威性、公正性、规范性成为体现纳税规则的最佳方式。

(二) 税法的特点

所谓税法的特点,是指税法带共性的特征。这种特征可以从三个方面加以限定:首先,税法的特点应与其他法律部门的特点相区别,也不应是法律所具有的共同特征,否则即无所谓"税法的特点";其次,税法的特点是税收上升为法律后的形式特征,应与税收属于经济范畴的形式特征相区别;最后,税法的特点是指其一般特征,不是某一历史时期,某一社会形态,某一国家税法的特点。按照这样的理解,税法的特点可以概括成以下三个方面。

1. 从立法过程来看,税法属于制定法

现代国家的税法都是经过一定的立法程序制定出来的,即税法是由国家制定而不是认可的,这表明税法属于制定法而不是习惯法。尽管从税收形成的早期历史来考察,不乏由种种不规范的缴纳形式逐渐演化而成的税法,但其一开始就是以国家强制力为后盾形成的规则,而不是对自觉形成的纳税习惯以立法的形式予以认可。因此,虽然不能绝对排除习惯法或司法判例构成税法渊源的例外,但是从总体上讲,税法是由国家制定而不是认可的。税法属于制定法而不属于习惯法,其根本原因在于国家征税权凌驾于生产资料所有权之上,是对纳税人收入的再分配。税法属于侵权规范征纳双方在利益上的矛盾与对立是显而易见的,离开法律约束的纳税习惯并不存在,由纳税习惯演化成习惯法只能是空谈。同时,为确保税收收入的稳定,需要提高其可预测性,这也促使税收采用制定法的形式。

2. 从法律性质看,税法属于义务性法规

义务性法规是相对授权性法规而言的,是指直接要求人们从事或不从事某种行为的法规,即直接规定人们某种义务的法规。义务性法规的一个显著特点是具有强制性,它所规定的行为方式明确而肯定,不允许任何个人或机关随意改变或违反。授权性法规与义务性法规的划分,只是表明其基本倾向,而不是说每部法律的每一规则都是授权性或义务性的。税法属于义务性法规的道理在于以下三点。

第一,从定义推理,税收是纳税人的经济利益向国家的无偿让渡。从纳税人的角度看,税法是以规定纳税义务为核心构建的,任何人(包括税务执法机关)都不能随意变更或违反法定纳税义务。税法的强制性是十分明显的。在诸法律中,其力度仅次于刑法,这与义务性法规的特点一致。

第二,权利义务对等是一个基本的法律原则。这是就法律主体的全部权利义务而言的,并不是说某一法律主体在每一部具体法律、法规中的权利义务都是对等的,否则就没有授权性法规与义务性法规之分了。从财政的角度看,纳税人从国家的公共支出中得到了许多权利,这些权利是通过其他授权性法规赋予的。从税法的角度看,纳税人则以尽义务为主,所以称税法为义务性法规。纳税人权利与义务的统一只能从财政的大范围来考虑。

第三,税法属于义务性法规。这并不是指税法没有规定纳税人的权利,而是说纳税人的权利是建立在其纳税义务的基础之上,是从属性的。并且这些权利从总体上看不是纳税人的实体权利,而是纳税人的程序性权利。例如,纳税人有依法申请行政复议的权利,有依法提请行政诉讼的权利等。这些权利都是以履行纳税义务为前提派生出来的,从根本上讲,也是为行使纳税义务服务的。

3. 从内容看,税法具有综合性

税法不是单一的法律,而是由实体法、程序法、争讼法等构成的综合法律体系,其内容涉及税的基本原则、征纳双方的权利义务、税收管理规则、法律责任、解决税务争议的法律规范等,包括立法、行政执法司法各个方面。从目前世界各国的实际情况来看,其结构大致有宪法加税收法典,宪法加税收基本法加税收单行法律、法规,宪法加税收单行法律、法规等不同的类型。税法具有综合性,是保证国家正确行使课税权力,有效实施税务管理,确保依法足额取得财政收入,保障纳税人合法权利,建立合作信赖的税收征纳关系的需要,也表明税法在国家法律体系中的重要地位。

二、税法原则

税法原则是构成税收法律规范的基本要素之一,是调整税收关系的法律规范的抽象和概括,是贯穿税收立法执法、司法等全过程的具有普遍指导意义的法律准则。税法基本原则是一定社会经济关系在税收法制中的体现,是国家税收法治的理论基础。任何国家的税法体系和税收法律制度都要建立在一定的税法原则基础上。税法原则可以分为税法基本原则和适用原则两个层次。

(一) 税法基本原则

从法理学的角度分析,税法基本原则可以概括成税收法律主义、税收公平主义、税收合作信赖主义与实质课税原则。

1. 税收法律主义

税收法律主义也称税收法定性原则,是指税法主体的权利义务须由法律加以规定,税法的各类构成要素皆必须且只能由法律予以明确规定,征纳主体的权力(利)义务只以法律规定为依据,没有法律依据任何主体不得征税或减免税收。税收法律主义的要求是双向的:一方面,要求纳税人必须依法纳税;另一方面课税只能在法律的授权下进行,超越法律规定的课征是违法和无效的。税收法律主义的产生是历史上新兴资产阶级领导人民群众与封建君主斗争的直接结果，它与资产阶级民主法治思想的产生与发展密切相关。这一税法原则的确立使税收立法权从政府的课税权力中分离出来，为当时的资产阶级民主政治的建立增添了法律基础。从现代社会来看税收法律主义的功能则偏重于保持税法的稳定性与可预测性这对于市场经济的有序性和法治社会的建立与巩固是十分重要的。税收法律主义可以概括成课税要素法定、课税要素明确和依法稽征三个具体原则。

第一，课税要素法定原则：课税要素必须由法律加以规定。首先，这里的课税要素不仅包括纳税人、征税对象、税率、税收优惠，而且还应包括征税基本程序和税务争议的解决办法等。其次，课税要素的基本内容应由法律加以规定，实施细则等仅是补充。以行政立法形式通过的税收法规、规章，如果没有税收法律作为依据或者违反了税收法律的规定，都是无效的。最后，税收委托立法只能限于具体和个别的情况，不能做一般的、没有限制的委托，否则即构成对课税要素法定原则的否定。

第二，课税要素明确原则：有关课税要素的规定必须尽量明确而不出现歧义、矛盾，在基本内容上不出现漏洞。课税要素明确原则更多的是从立法技术的角度保证税收分配关系的确定性。出于适当保留税务执法机关的自由裁量权、便于收管、协调税法体系的目的和立法技术上的要求，有时在税法中作出较原则的规定是难免的。一般并不认为这是对税收法律主义的违背，但是这种模糊的规定须受到限制。至少，税务行政机关的自由裁权不应是普遍存在和不受约束的。经过法律解释含义仍不确切的概念也是不能在税法中成立的，否则，课税要素明确原则就失去了存在的价值。

第三，依法稽征原则：税务行政机关必须严格依据法律的规定稽核征收，而无权变动法定课税要素和法定征收程序。除此之外，纳税人同税务机关一样，都没有选择开征、停征、减税、免税、退补税收及延期纳税的权力，即使征纳双方达成一致也是违法的。上述原则包含依法定课税要素稽征和依法定程序稽征两个方面。依法稽征原则的适用事实上也受到一定的限制，这主要是由税收法律主义与其他税法原则的冲突和稽征技术上的困难造成的。但是，无论如何，其根本目的必须是提高税务行政效率，方便纳税人缴税解决稽征技术上的困难，而不是对税法的规避。

2. 税收公平主义

税收公平主义是近代法的基本原理即平等性原则在课税思想上的具体体

现，与其他税法原则相比，税收公平主义渗入了更多的社会要求。一般认为，税收公平最基本的含义是：税收负担必须根据纳税人的负担能力分配，负担能力相等，税负相等；负担能力不等，税负不同。当纳税人的负担能力相等时，以其获得收入的能力为确定负担能力的基本标准，但收入指标不完备时，财产或消费水平可作为补充指标；当人们的负担能力不等时，应当根据其从政府活动中期望得到的利益大小缴税，或使社会牺牲最小。法律上的税收公平主义与经济上要求的税收公平较为接近，其基本思想内涵是相通的。但是两者也有明显的不同：第一，经济上的税收公平往往是作为一种经济理论提出来的，可以作为制定税法的参考，但是对政府与纳税人尚不具备强制性的约束力，只有当其被国家以立法形式采纳时，才会上升为税法基本原则，在税收法律实践中得到全面的贯彻。第二，经济上的税收公平主要是从税收负担带来的经济后果上考虑，而法律上的税收公平不仅要考虑税收负担的合理分配，而且要从税收立法、执法、司法各个方面考虑。纳税人既可以要求实体利益上的税收公平，也可以要求程序上的税收公平。第三，法律上的税收公平是有具体法律制度予以保障的。例如，对税务执法中受到的不公正待遇，纳税人可以通过税务行政复议、税务行政诉讼制度得到合理合法的解决。由于税收公平主义源于法律上的平等性原则，所以许多国家的税法在贯彻税收公平主义时，都特别强调"禁止不平等对待"的法理，禁止对特定纳税人给予歧视性对待，也禁止在没有正当理由的情况下对特定纳税人给予特别优惠。因为对一部分纳税人的特别优惠，很可能就是对其他纳税人的歧视。

3. 税收合作信赖主义

税收合作信赖主义，也称公众信任原则。它在很大程度上汲取了民法"诚实信用"原则的合理思想，认为税收征纳双方的关系就其主流来看是相互信赖、相互合作的，而不是对抗性的。一方面，纳税人应按照税务机关的决定及时缴纳税款，税务机关有责任向纳税人提供完整的税收信息资料，征纳双方应建立起密切的税收信息联系和沟通渠道。税务机关用行政处罚手段强制征税也是基于双方合作关系的，是提醒纳税人与税务机关合作自觉纳税。另一方面，没有充足的依据，税务机关不能对纳税人是否依法纳税有所怀疑，纳税人有权利要求税务机关予以信任。纳税人也应信赖税务机关的决定是公正和准确的，税务机关作出的行政解释和事先裁定，可以作为纳税人缴税的根据，这种解释或裁定存在错误时，纳税人并不承担法律责任，纳税人因此而少缴的税款也不必缴纳滞纳金。

税收合作信赖主义与税收法律主义存在一定的冲突。因此，许多国家税法在适用这一原则时都做了一定的限制。第一,税务机关的合作信赖表示应是正式的,纳税人不能把税务人员个人私下做出的表示当作税务机关的决定,要求引用税收合作信赖主义少缴税。第二,对纳税人的信赖必须是值得保护的。如果税务机关的错误表示是基于纳税人方面隐瞒事实或虚假报告做出的,则对纳税人的信赖不值得保护。第三,纳税人必须信赖税务机关的错误表示并据此已做出某种纳税行为。也就是说,纳税人已经构成对税务机关表示的信赖,但没有据此做出某种纳税行为,或者这种信赖与其纳税行为没有因果关系,也不能引用税收合作信赖主义。

4. 实质课税原则

实质课税原则是指应根据纳税人的真实负担能力决定纳税人的税负,不能仅考核其表面上是否符合课税要件。也就是说,在判断某个具体的人或事件是否满足课税要件,是否应承担纳税义务时,不能受其外在形式的蒙蔽,而要深入探求其实质,如果实质条件满足了课税要件,就应按实质条件的指向确认纳税义务。反之,如果仅仅是形式上符合课税要件,而实质上并不满足,则不能确定其负有纳税义务。之所以提出这一原则,是因为纳税人是否满足课税要件,其外在形式与内在真实之间往往会因一些客观因素或纳税人的刻意伪装而产生差异。例如,纳税人借转让定价而减少计税所得,若从表面看,应按其确定的价格计税。但是,这不能反映纳税人的真实所得,因此,税务机关根据实质课税原则,有权重新估定计税价格,并据以计算应纳税额。实质课税原则的意义在于防止纳税人的避税与偷税,增强税法适用的公正性。

(二) 税法适用原则

税法适用原则是指税务行政机关和司法机关运用税收法律规范解决具体问题所必须遵循的准则,其作用在于在使法律规定具体化的过程中,提供方向性的指导,判定税法之间的相互关系,合理解决法律纠纷,保障法律顺利实现,以达到税法认可的各项税收政策目标,维护税收征纳双方的合法权益。税法适用原则并不违背税法基本原则,而且在一定程度上体现着税法基本原则。与其相比,税法适用原则含有更多的法律技术性准则更为具体化。

1. 法律优位原则

法律优位原则也称行政立法不得抵触法律原则,其基本含义为,法律的效力高于行政立法的效力。法律优位原则在税法中的作用主要体现在,处理不同等级税法的关系上。与一般法律部门相比,税法与社会经济生活的联系十分紧密。为了适应市场经济条件下社会经济生活的复杂多变性,税法体系变得越来越庞大,内部分工越来越细致,立法的层次性越来鲜明。不同层次税法之间在立法执法、司法中的越权或空位也就更容易出现。因此,界定不同层次税法的效力关系十分有必要。法律优位原则明确了税收法律的效力高于税收行政法规的效力,对此还可以进一步推论为税收行政法规的效力优于税收行政规章的效力。效力低的税法与效力高的税法发生冲突,效力低的税法即是无效的。

2. 法律不溯及既往原则

法律不溯及既往原则是绝大多数国家所遵循的法律程序技术原则,其含义为:一部新法实施后,对新法实施之前人们的行为不得适用新法,而只能沿用旧法。在税法领域内坚持这一原则,目的在于维护税法的稳定性和可预测性,使纳税人能在知道纳税结果的前提下作出相应的经济决策,税收的调节作用才会较为有效,否则就会违背税收法律主义和税收合作信赖主义,对纳税人也是不公平的。但是,在某些特殊情况下,税法对这一原则的适用也有例外。一些国家在处理税法的溯及力问题时,还坚持"有利溯及"原则,即对税法中溯及既往的规定,对纳税人有利的,予以承认;对纳税人不利的,则不予承认。

3. 新法优于旧法原则

新法优于旧法原则也称后法优于先法原则,其含义为,新法、旧法对同一事项有不同规定时,新法的效力优于旧法。其作用在于避免因法律修订带来新法旧法对同一事项有不同的规定而给法律适用带来的混乱,为法律的更新与完善提供法律适用上的保障。新法优于旧法原则的适用,以新法生效实施为标志。新法生效实施以后准用新法,新法实施以前包括新法公布以后尚未实施这段时间仍沿用旧法,新法不发生效力。新法优于旧法原则在税法中普遍适用,但是当新税法与旧税法处于普通法与特别法的关系时,以及某些程序性税法引用"实体从旧,程序从新原则"时可以例外。

4. 特别法优于普通法的原则

这一原则认为,对同一事项两部法律分别订有一般和特别规定时,特别规定的效力高于一般规定的效力。当对某些税收问题需要作出特殊规定但是又不便于普遍修订税法时,即可以通过特别法的形式予以规范。凡是特别法中作出规定的,即排斥普通法的适用。不过这种排斥仅就特别法中的具体规定而言,并不是说随着特别法的出现,原有的居于普通法地位的税法即告废止。特别法优于普通法原则打破了税法效力等级的限制,即居于特别法地位级别较低的税法,其效力可以高于作为普通法的级别较高的税法。

5. 实体从旧,程序从新原则

这一原则的含义包括两个方面:一是实体税法不具备溯及力;二是程序性税法在特定条件下具备一定的溯及力。也就是说,对于一项新税法公布实施之前发生的纳税义务在新税法公布实施之后进入税款征收程序的,原则上新税法具有约束力。在一定条件下允许"程序从新",是因为程序税法规范的是程序性问题,不应以纳税人的实体性权利义务发生的时间为准,判定新的程序性税法与旧的程序性税法之间的效力关系。并且,程序性税法主要涉及税款征收方式的改变,其效力发生时间的适当提前,并不构成对纳税人权利的侵犯,也不违背税收合作信赖主义。

6. 程序优于实体原则

程序优于实体原则是关于税收争讼法的原则,其含义为,在诉讼发生时税收程序法优于税收实体法适用。也就是说,纳税人通过税务行政复议或税务行政诉讼寻求法律保护的前提条件之一,是必须事先履行税务行政执法机关认定的纳税义务而不管这项纳税义务实际上是否完全发生。否则税务行政复议机关或司法机关对纳税人的申诉不予受理。适用这一原则,是为了确保国家课税权的实现,不因争议的发生而影响税款的及时、足额入库。

第二节 中国现行税制简介

一、中国税种的分类

税种分类是对一国(地区)全部税种的分类,它是根据每个税种构成的基本要素和特征,按照一定的标准分成若干的类别。税种分类的意义在于,分类后便于对不同类别的税种、税源、税收负担和管理权限等进行历史的比较研究和分析评价,找出相同的规律,以指导具体的税收征管工作,因此它是研究税制结构的方法之一。

我国与世界各国一样,实行由多税种组成的复合税制。我国现行的税种比较多,名称各异,可以从不同的角度,根据不同的标准,进行多种分类。

(一)按征税对象分类

征税对象不仅决定着税种的性质,而且在很大程度上也决定了税种的名称。因此,按征税对象分类是最常见的一种税种分类方法。按征税对象分类,可将全部税种分为流转税类、所得税类、财产税类、资源税类和行为税类等。

1. 流转税类

流转税是以流转额为征税对象的税种。流转额具体包括两种。一是商品流转额,是指商品交换的金额。对销售方来说,是销售收入额;对购买方来说,是商品的采购金额。二是非商品流转额,即各种劳务收入或者服务性业务收入的金额。由此可见,流转税类所指的征税对象非常广泛,涉及的税种也很多。但流转税类都具有一个基本的特点,即以商品流转额和非商品流转额为计税依据,在生产经营及销售环节征收,收入不受成本费用变化的影响,而对价格变化较为敏感。我国现行的增值税、消费税、营业税、关税属于这类税种。

2. 所得税类

它是以纳税人的各种应纳税所得额为征税对象的税种。对纳税人的应纳税所得额征税,便于调节国家与纳税人的利益分配关系,能使国家、企业、个人三者的利益分配关系很好地结合起来。科学合理的收益税类可以促进社会经济的健康发展,保证国家财政收入的稳步增长和调动纳税人的积极性。所得税类的特点是:征税对象不是一般收入,而是总收入减除各种成本费用及其他允许扣除项目以后的应纳税所得额;征税数额受成本、费用、利润高低的影响较大。我国现行的企业所得税、个人所得税属于这一类。

3. 财产税类

财产税是以纳税人拥有的财产数量或财产价值为征税对象的税种。对财产征税,更多考虑到纳税人的负担能力,有利于公平税负和缓解财富分配不均的现象,有利于发展生产,限制消费和合理利用资源。这类税种的特点是:税收负担与财产价值、数量关系密切,能体现量能负担、调节财富、合理分配的原则。我国现行的房产税、车船税、城镇土地使用税都属于这一类。

4. 资源税类

资源税是以自然资源和某些社会资源为征税对象的税种。资源税类,征收阻力小,并且资源税类的税源比较广泛,因而合理开征资源税,既有利于财政收入的稳定增长,也有利于合理开发和利用国家的自然资源和某些社会资源。这类税种的特点是:税负高低与资源级差收益水平关系密切,征税范围的选择也比较灵活。我国现行的资源税、城镇土地使用税属于这一类。

5. 行为税类

行为税也称为特定行为目的税类,是国家为了实现某种特定的目的,以纳税人的某些特定行为为征税对象的税种。开征行为税类的主要目的在于国家根据一定时期的客观需要,限制某些特定的行为。这类税种的特点是:征税的选择性较为明显,税种较多,并有着较强的时效性,有的还具有因时因地制宜的特点。我国现行的城市维护建设税、印花税、契税、土地增值税都属于这一类。

(二)按税收收入的支配权限分类

1. 中央税

中央税指由中央立法、收入划归中央并由中央管理的税种,如我国现行的关税、消费税等税种。

2. 地方税

地方税是指由中央统一立法或授权立法、收入划归地方,并由地方负责管理的税种,如我国现行的房产税、车船税、土地增值税、城镇土地使用税等税种。

3. 共享税

如果某一种税收收入支配由中央和地方按比例或按法定方式分享,便属于中央地方共享税。我国共享税由中央立法、管理,如现行的增值税、印花税、资源税等税种。

二、21世纪以来的税制改革

(一)合并内外资企业所得税

从2008年1月1日起执行新的企业所得税法。新的企业所得税法统一适用于内外资企业。新企业所得税法的主要改革之处是:(1)不再区分内外资企业分别适用所得税法。(2)由原来的外商投资企业与外国企业适用的所得税率30%加3%的地方所得税率,和内资企业适用的33%的税率,调整为统一适用的25%的税率。(3)规范了作为税基的所得额计算办法,取消了计税工资等税前纳税调整项目,在一定程度上减轻了企业所得税的负担。(4)统一了内外资企业的税收优惠,取消了原来给予外资企业的过多的税收优惠。新的企业所得税法更好地适应了我国市场经济进一步发展的需要,也更好地适应了我国外贸形势迅速发展和外汇储备过快增长、人民币快速升值的新形势,有利于在加入世界贸易组织后更好地落实"国民待遇"原则,促进内外资企业平等竞争,促进我国改革开放更加健康地发展。

（二）改生产型增值税为消费型增值税

扩大增值税抵扣范围的试点首先是在 2004 年 7 月作为支持东北振兴的优惠政策而运用的。2007 年 7 月，我国又在中部地区进行扩大增值税抵扣范围的试点。在此基础上，我国从 2009 年 1 月 1 日起，正式在全国范围内改生产型增值税为消费型增值税，允许纳税人抵扣购入的固定资产已纳增值税税款。

（三）取消农业税和农业特产税

2005 年 12 月，第十届全国人大常委会第十九次会议通过决定，自 2006 年 1 月 1 日起废止《农业税条例》。取消农业税有助于进一步减轻农民负担，更好地解决"三农"问题，保障农业生产的发展。

（四）2007 年 1 月 1 日起实行新的车船税

将原来对内资企业和中国居民征收的车船使用税和对外资企业、外籍人员、香港、澳门、台湾同胞征收的车船使用牌照税合并为车船税，促进了内外资企业的公平税负和平等竞争，税额做了相应的调整。

（五）修订城镇土地使用税

2006 年底，国务院颁布了《关于修改〈中华人民共和国城镇土地使用税暂行条例〉的决定》。主要改革内容有：(1) 从 2007 年 1 月 1 日起，将城镇土地使用税的纳税人拓宽到外商投资企业、外国企业，促进了内外资企业平等纳税和公平竞争。(2) 将单位税额大致提高了两倍。促进了土地资源的节约使用。

经过一系列的税制改革，我国已形成了以流转税为主，所得税次之，其他税种辅助的复合税制体系。现行正式征收的税种及其分类如下：

(1) 流转税类：增值税、消费税、营业税、关税。
(2) 所得税类：企业所得税、个人所得税。
(3) 财产税类：房产税（城市房地产税）、契税、车船税。
(4) 其他税类：城市维护建设税、资源税、城镇土地使用税、耕地占用税、土地增值税、固定资产投资方向调节税、印花税、车辆购置税、屠宰税、筵席税。

（六）营业税改征增值税

2011 年 11 月 16 日，财政部和国家税务总局发布经国务院同意的《营业税改征增值税试点方案》，明确从 2012 年 1 月 1 日起，在上海市交通运输业和部分现代服务业开展营业税改征增值税试点。这是继 2009 年 1 月 1 日增值税转型实施，允许全国范围内的所有增值税一般纳税人抵扣其新购进设备所含的进项税额后,增值税扩围替代营业税,成为增值税改革另一个重要举措。自此正式拉开了营业税改增值税的序幕。

2012年7月31日,国税总局发布了《关于北京等8省市营业税改征增值税试点有关税收征收管理问题的公告》。北京市应当于2012年9月1日完成新旧税制转换。江苏省、安徽省应当于2012年10月1日完成新旧税制转换。福建省、广东省应当于2012年11月1日完成新旧税制转换。天津市、浙江省、湖北省应当于2012年12月1日完成新旧税制转换。

2013年8月1日,国税总局发布了《关于在全国开展交通运输业和部分现代服务业营业税改征增值税试点税收政策的通知》(财税〔2013〕37号),标志着营改增由试点开展到全国范围。

2013年12月12日,国税总局发布了《财政部、国家税务总局关于将铁路运输和邮政业纳入营业税改征增值税试点的通知》(财税〔2013〕106号),进一步将营改增的范围扩大到铁路运输和邮政业。

鉴于国家要在"十二五"期间完成营改增,最快有望在"十二五"(2011—2015年)期间完成全行业的营改增。

第三节　商业保理涉税概述

随着社会主义市场经济的不断发展,国际贸易合作越来越紧密,保理行业的兴起解决了企业融资难、资金回笼慢等方面的问题,对于进出口贸易来说作用越来越突出。2012年6月,商务部正式发文批准在天津滨海新区、上海浦东新区开展商业保理试点,设立商业保理公司,进一步推动了保理行业的发展。随着试点范围的扩大,政策环境的不断改善,市场需求的不断增加,商业保理公司如雨后春笋,生机蓬勃。截至2013年底,全国共有注册商业保理公司284家(注销3家),是2012年注册数量的4.5倍。从区域分布来看,截至2013年底,上海注册商业保理公司共56家(截至2014年6月30日,在浦东新区注册的商业保理公司共87家),占全国注册数的20%。从注册资本来看,截至2013年末,全国商业保理公司注册资本金总额超过290亿元人民币,平均注册资本金约为1.02亿元。其中,深圳、天津、上海三地的平均注册资本分别为6 496万元、4 505万元和6 925万元。由于商业保理企业具有特殊性,我们从其业务范围和业务模式阐述商业保理行业的税收问题。

一、商业保理公司的业务范围

《商务部关于商业保理试点有关工作的通知》规定，设立商业保理公司，为企业提供贸易融资、销售分户账管理、客户资信调查与评估、应收账款管理与催收、信用风险担保等服务。开展商业保理，原则上应设立独立的公司，不混业经营，不得从事吸收存款、发放贷款等金融活动，禁止专门从事或受托开展催收业务，禁止从事讨债业务。

根据《上海市浦东新区设立商业保理企业试行办法》，商业保理业务是指供应商将其与买方订立的货物销售或服务合同所产生的应收账款转让给商业保理企业，由商业保理企业为其提供贸易融资、应收账款管理服务。商业保理企业可以从事如下业务：出口保理，国内保理，与商业保理相关的咨询服务，信用风险管理平台开发，经审批部门许可的其他相关业务。商业保理企业不得从事下列活动：吸收存款，发放贷款或受托发放贷款，专门从事或受托开展与商业保理无关的催收业务、讨债业务，受托投资，国家规定不得从事的其他活动。

二、商业保理公司的业务模式

目前，浦东新区商业保理企业放款领域涵盖商业、物流、制造、建筑、医疗等诸多行业。涉及应收账款管理，催收、赊销信用风险管理，信用保险及坏账担保等业务模式。商业模式呈现多样化发展态势，形成了厂商保理（在原有的设备融资租赁的基础上，延伸产业链，提供保理服务）、供零保理（为供应商、零售商和小微企业在商品供销过程中提供保理服务）、电商保理（通过电子商务等平台提供商业保理服务，为客户加速资金周转）等不同的商业模式。

保理行业的业务流程可以概括为尽职调查、额度授信审批、放款、收款四个主要步骤。

三、商业保理公司收入来源及涉税概述

商业保理企业的主要盈利方式是"利差"的安排，也就是其税前利润主要来自向融资方收取的融资利息扣除自身融资成本后的差额部分，这与提供服务获取服务报酬的一般服务类企业的盈利模式相差较大。另外，保理公司还有保理手续费收入，性质类似于现代服务业的咨询服务。根据现有税法的规定，经有批

准经营保理业务的单位从事保理业务的,取得的手续费收入应按照"金融业——金融经纪业"税目全额缴纳5%的营业税;保理利息收入按照"金融业——贷款"利息收入全额缴纳营业税。另外值得注意的是,部分试点地区对商业保理公司有一定的税收优惠政策,如天津、深圳、重庆都规定保理利息收入应按照"金融业——贷款"税目,以取得的利息收入减除支付给金融机构的贷款利息后的余额为计税营业额。

商业保理公司涉及的税种,流转税方面目前主要是营业税,所得税方面主要为企业所得税。在企业经营过程中还可能涉及的税种有印花税、个人所得税、房产税、土地使用税等。另外,保理行业的税收将随着国家税制改革而变动,所以,可以展望在营改增之后,流转税方面将有可能以增值税为主。

 习题

1. 税法的特点是什么?
2. 税法的基本原则是什么?
3. 税法适用原则是什么?
4. 我国税收的种类包括哪些?
5. 商业保理公司主要涉及的税种包括哪些?

第二章

商业保理的营业税

本章概要

本章简要介绍了税法的概念和特点以及税法的基本原则和适用原则;概括介绍了营业税和商业保理营业税的演进过程,以及我国各地商业保理的税收优惠政策;详细介绍了商业保理营业税的应税收入、纳税时点和纳税申报的具体规定,以及我国商业保理营改增的具体情况。

第一节 概 述

一、商业保理营业税的演进

（一）营业税的演进

营业税是对在我国境内提供应税劳务、转让无形资产或销售不动产的单位和个人所取得的营业额征收的一种商品与劳务税。

新中国成立后,营业税是构成当时税收制度的主要税种之一。原政务院于1950年公布了《商业税暂行条例》,规定凡在我国境内的工商营利事业,无论本国人或外国人经营,一律依法缴纳工商税,1958年税制改革时,将当时实行的货物税、商品流通税、印花税以及工商业税中的营业税部分,合并为工商统一税,不再征收营业税。1973年全国试行工商税,将工商统一税并入其中。

1984年,第二步利改税将工商税中的商业和服务业等行业划分出来单独征收营业税,并适当扩大了征税范围。营业税税目有11个,即商品零售、商业批发、交通运输、建筑安装、金融保险、邮政电信、出版事业、公用事业、娱乐、服务业和临时经营。1988年又决定在营业税税目中增设典当业,并设活当和死当两个子目。

1994年税制改革时将商业零售、商业批发、公用事业中的煤气和水等有形动产的销售,以及出版业等改为征收增值税。营业税演变为对销售不动产、转让无形资产和从事各种服务业(除加工、修理修配两种征收增值税的劳务以外)而取得营业收入征收的一种税,不再对商品流转额征收营业税,而且共同适用于内、外资企业,建立了统一、规范的营业税制。

为了适应经济形势发展和增值税转型改革的需要,2009年对《营业税暂行条例》进行了修订。主要内容是,调减了按照差额征收营业税的项目,同时明确了交易价格明显偏低的处理规定规范了营业税扣缴义务人的规定,调整了部分营业税纳税地点,延长了营业税的申报缴纳期限,使营业税制度的规定更加规范和严谨。

为进一步解决货物和劳务税中的重复征税问题,完善税收制度,国务院决定,从2012年1月1日起,在交通运输业和部分现代服务业等行业开展营业税改征增值税试点。

(二)商业保理营业税的演进

商业保理起源于贸易融资,与国际贸易融资息息相关。关于保理,最早可以追溯到美索不达米亚文明,《汉谟拉比法典》中对此即有规定。商业保理作为商业行为,是发生在15世纪前的英格兰,之后在1620年左右随着清教徒而来到了美国。初期商业保理与早期的商业银行业务有着紧密的联系,但之后演进、拓展到一些非贸易融资领域(比如国债)。与所有的金融工具并无二致,商业保理的发展也与时俱进。随着公司组织的变化,科技尤其是航空和因电报、电讯和计算机产业而不断发展的远程沟通技术的进步,驱动着商业保理业务的变革。同时,英美普通法体系的不断修正与商业保理业务之间也互相推进、彼此更迭。最初的商业模式是工厂主取得商品的实质占有,交预付款给生产商,从买方市场融取资金并保证购买者的信贷能力。在英国,自上述贸易形式所获得的控制权促成了1696年国会法案的出台,以减弱保理商的垄断权。随着大企业自主加强了其销售能力,拓展了销售渠道,并在其顾客群中建立了品牌认知,促进了融资的能力,商业保理业务的需求因此而重塑,此行业也变得更专业化。到了 20 世纪,美国商业保理仍旧是当时高增长的纺织行业融取运营资本的不二之选。企业主会选择此方式,部分是因为美国的银行体系及其下属无数小银行结构,任何一家银行都可以审慎地为企业主提供超过其附随限额的融资金额。在加拿大,由于其国民银行限额的限制不多,因而商业保理并未像美国一般遍地开花。即使那样,商业保理依旧成为加拿大纺织行业融资的首选方式。因此,现代意义上的商业保理业务起源于 19 世纪的美国,由美国近代商务代理活动发展演变而形成。

我国的保理业务发展较晚,并且只是银行在从事保理业务,由银监会监管。商业保理在我国的推动实际上在 2012 年才开始。并且与银行保理业务不同的是,商业保理的监管由商务部负责,而不是银监会。在上海,具体负责主导试点工作的是浦东新区商务委员会。

根据商务部 2012 年 6 月 27 日发布的《商务部关于商业保理试点有关工作的通知》(商资函〔2012〕419 号),为更好地发挥商业保理在扩大出口、促进流通等方面的积极作用,支持中小商贸企业发展,决定在天津滨海新区、上海浦东新区开展商业保理试点,为因购销合同或服务合同所产生应收账款转让给商业保理公司的企业提供贸易融资、应收账款管理服务,具体包含贸易融资、销售分户账管理、客户资信调查与评估、应收账款管理与催收、信用风险担保等服务。为响应商务部政策号召,天津市地方税务机关于 2013 年 5 月 9 日印发了《天津市地方税务局关于在滨海新区开展商业保理业营业税差额征税管理办法试点的通知》(津地税货劳〔2013〕3 号)的文件,自 2013 年 5 月 1 日起施行。随后,重庆市地方税务机关于 2014 年 3 月 27 日发布了《重庆市地方税务局关于营业税若干征管问题的通知》,规定商业保理的不同收入应该按照不同的科目缴纳相应的流转税;深圳前海 2014 年 8 月 27 日也召开了前海商业保理公司差额征税政策解读会,明确规定商业保理收入应缴纳何种流转税,以及如何确定税转税税基。此后,北京、浙江、河南、辽宁等地陆续批准成立了商业保理试点企业。然而,国家对于商业保理收入应该如何交纳流转税并没有出台全国范围内相应的法规政策指引。2012 年以前,所有服务行业都按照 5% 缴纳营业税,2013 年 8 月份营改增开始在全国范围普及后,部分现代服务业落入了营改增试点范围内,不同行业的收入需分别按照《关于将铁路运输和邮政业纳入营业税改增值税试点的通知》(财税〔2013〕106 号)规定的相应税率——6% 或者 17%,缴纳增值税,而未落入试点范围的行业则仍旧按照《中华人民共和国营业税暂行条例》(国务院令第540号)缴纳营业税。除了天津、重庆和深圳前海外,其他地区税务机关都没有明确的法规规定商业保理应如何缴纳流转税,在这些地区,保理业务属于营业税范畴还是属于增值税范畴,不同专家对此持有不同的观点。

二、税收优惠

(一) 税收优惠的基本规定

纳税人营业额未达到国务院财政、税务主管部门规定的营业税起征点的,免征营业税;达到起征点的,依照条例规定全额计算缴纳营业税。

营业税起征点,是指纳税人营业额合计达到起征点。自2011年11月1日起,将按期纳税的起征点幅度由现行月销售额1 000—5 000元提高到5 000—20 000元,将按次纳税的起征点幅度由每次(日)营业额100元提高到300—500元。依据财税〔2013〕52号文件的规定,为进一步扶持小微企业发展,经国务院批准,自2013年8月1日起,对营业税纳税人中月营业额不超过2万元的企业或非企业性单位,暂免征收营业税。省、自治区、直辖市财政厅(局)、税务局应当在规定的幅度内根据实际情况确定本地区适用的起征点,并报财政部、国家税务总局备案。

(二) 各地有关商业保理的税收优惠政策

1. 重庆市《重庆市地方税务局关于营业税若干征管问题的通知》(渝地税发〔2014〕70号)

经有关部门批准经营保理业务的单位从事保理业务的,取得的手续费收入应按照"金融业——金融经纪业"税目全额缴纳营业税;利息收入应按照"金融业——贷款"税目,以取得的利息收入减除支付给金融机构的贷款利息后的余额为计税营业额(即包括原价收回应收账款与折价购入应收账款的差额)。

2. 天津市《关于支持小微企业发展有关财税政策汇编》(津财税政〔2012〕12号)

落实小型微型企业融资补助。建立完善的、面向小型微型企业的多层次担保服务体系,落实有关补助政策。从2012年起3年内,对银行业金融机构、小额贷款公司向天津市小型微型企业发放的贷款,以及融资租赁、专业保理和保险机构向天津市小型微型企业发放的融资租赁额、保理额、融资保险额,由市财政按当年年末余额比上年末增加部分给予奖励,每增加1亿元奖励30万元。从2012年起3年内,对符合条件的融资担保机构为天津市小型微型企业提供贷款担保或再担保取得的收入,免征营业税。

3. 天津市财政局、天津市发改委、天津市地方税务局关于印发《天津市促进现代服务业发展财税优惠政策》的通知

对在天津市新设立的大型金融租赁企业及具有一定经营规模的货币经纪公司、国际保理公司,以及中小企业金融服务公司和资信管理公司等企业,自开业年度起,由同级财政部门3年内减半返还营业税;自获利年度起,由同级财政部门3年内减半返还企业所得税地方分享部分。

4. 天津市地方税务局关于在滨海新区开展商业保理业营业税差额征税管理办法试点的通知(津地税货劳〔2013〕3号)

对商业保理公司从事保理业务取得的利息收入,按照"金融业——贷款"税目征收营业税,其营业额为其取得的利息收入减除支付给金融机构的贷款利息后的余额。商业保理公司扣除上述款项,应取得金融机构利息支出单据或符合法律、行政法规或者国务院税务主管部门有关规定的合法有效凭证。

纳税人兼营其他项目的,允许扣除的利息按照以下公式计算:

允许扣除的利息＝利息总额×保理收入总额/经营收入总额。

对商业保理公司从事保理业务取得的其他收入按照"金融业——金融经纪业"税目全额征收营业税。

商业保理公司应按照《天津市地方税务局营业税差额征收管理办法(试行)》的有关规定申报缴纳营业税。

5. 深圳前海实行保理营业税差额征税

2014年8月27日,深圳蛇口地税局召开了前海商业保理公司差额征税政策解读会,至此前海商业保理公司差额征税正式落地。

注册在深圳前海的商业保理企业从事保理业务取得的利息收入,应按照"金融业——贷款"税目缴纳营业税,营业额为取得的利息收入减除支付给金融机构贷款利息后的余额;商业保理企业从事保理业务取得的其他收入,应按照"金融业——金融经纪业务"税目,按收入额全额缴纳营业税;商业保理企业经营其他业务收入,应按照《中华人民共和国营业税暂行条例》及其实施细则的有关规定缴纳营业税。这里的金融机构是指银行、信托公司等经过一行三会批准的具有金融许可证的企业,特别说明税务局把小额贷款公司也按照金融机构来对待。这里注意区分融资性保理与非融资性保理的不同的征税办法,不能混淆。非融

资性保理因为涉及很多,可能涉及不同税种,也会涉及国税,保理企业在业务发生前就应当理清,把财务风险控制在前面。

第二节 应税收入和纳税时点

一、应税收入

(一)征税范围的基本规定

在中华人民共和国境内提供应税劳务、转让无形资产或销售不动产应缴纳营业税。

1. "境内"的含义

营业税的征税范围强调应税劳务、转让无形资产或销售不动产是在中华人民共和国境内发生的。

(1)提供或接受税法规定劳务的单位和个人在境内;

(2)所转让的无形资产(不含土地使用权)的接受单位或个人在境内;

(3)所转让或出租土地适用权的土地在境内;

(4)所销售或出租的不动产在境内。

境外单位或者个人在境外向境内单位或者个人提供的完全发生在境外的营业税暂行条例规定的劳务,不属于在境内提供条例规定的劳务,不征收营业税。上述劳务的具体范围由财政部、国家税务总局规定。

2. "应税行为"的含义

营业税的应税行为是指有偿提供应税劳务、有偿转让无形资产所有权或使用权、有偿转让不动产所有权的行为。所谓"有偿",是指取得货币货物或其他经济利益。同时,单位和个人发生下列情形之一的,视同发生应税行为:

(1)单位或个人将不动产或者土地使用权无偿赠送给其他单位或者个人;

(2)单位或个人自己新建建筑物后销售所发生的自建行为;

(3)财政部、国家税务总局规定的其他情形。

3. 营业税与增值税征税范围的划分

按照现行税法,对货物销售及工业性加工、修理修配行为一律征收增值税,对提供应税劳务、转让无形资产或销售不动产行为一律征收营业税。但是，对于纳税人既涉及货物销售，又涉及提供营业税劳务的，则容易出现征税范围的交叉或界限不清问题。为此，我们通过界定混合销售与兼营来进一步明确增值税与营业税的征税范围。应当说明的是，混合销售与兼营的征税原则与确定标准是唯一的。这在增值税中已经做过介绍，在这里从营业税的角度加以归纳总结。

（1）混合销售行为的划分

纳税人的一项销售行为中既涉及应纳营业税的应税劳务，又涉及应纳增值税的货物销售，称为混合销售行为。税法对混合销售规定的划分方法如下。

① 从事货物生产、批发或零售的企业、企业性单位及个体经营者的混合销售行为，一律视为销售货物，不征营业税；其他单位和个人的混合销售行为，则视为提供应税劳务，应当征收营业税。

从事货物的生产、批发或零售的企业、企业性单位及个体经营者包括以从事货物的生产、批发或零售为主，并兼营应税劳务的企业、企业性单位及个体经营者在内。

② 纳税人提供建筑业劳务的同时销售自产货物的行为以及财政部、国家税务总局规定的其他情形，应当分别核算应税劳务营业额和货物的销售额。其应税劳务的营业额缴纳营业税，货物的销售额缴纳增值税；未分别核算的由主管税务机关核定其应税劳务的营业额。

（2）兼营行为的划分

对于纳税人既经营货物销售，又提供营业税应税劳务的，称为兼营行为。税法对兼营规定的划分方法如下。

① 对于纳税人的兼营行为，应当将不同税种征税范围的经营项目分别核算、分别申报纳税。也就是说，纳税人兼营的销售货物或提供非应税劳务（非应税劳务是指属于增值税征税范围的加工、修理修配、缝纫劳务。"应税劳务"与"非应税劳务"只是一个相对的提法。在这里，站在营业税角度所讲的"应税劳务"，站在增值税的角度则应称为"非应税劳务"；反过来，站在营业税角度讲的"非应税劳务"，到了增值税那里，则习惯称为"应税劳务"）。与属于营业税征收范围的应税劳务分别核算，分别就不同项目的营业额（或销售额）按营业税或增值税的有关规定申报纳税，如旅馆的餐饮和住宿收入单独核算征营业税，商品部的收入单独核算征增值税等。

② 纳税人有兼营行为但未分别核算的，由主管税务机关核定其应税营业额。

（二）纳税人与扣缴义务人的基本规定

1. 纳税人的基本规定

在中华人民共和国境内提供应税劳务、转让无形资产或者销售不动产的单位和个人，为营业税的纳税人。单位是指企业和行政单位、事业单位、军事单位、社会团体及其他单位。个人是指个体工商户及其他个人。

单位以承包、承租、挂靠方式经营的，承包人、承租人、挂靠人（以下统一称承包人）发生应税行为，承包人以发包人、出租人、被挂靠人（以下统称发包人）名义对外经营，并由发包方承担相关法律责任的，以发包人为纳税人，否则以承包人为纳税人。

单位和个体户的员工、雇工在为本单位或雇主提供劳务时，不是营业税纳税人。依法不需要办理税务登记的内设机构不是营业税的纳税人。

2. 扣缴义务人的基本规定

为了加强税收的源泉控制、简化征税手续、减少税款损失，《营业税暂行条例》及其实施细则规定了扣缴义务人，这些单位和个人直接负有代扣代缴税款的义务。

境外单位或个人在境内发生应税行为而在境内未设有经营机构的其应纳税款以代理者为扣缴义务人；没有代理者的，以受让者或购买者为扣缴义务人。

非居民企业在中国境内发生营业税应税行为，在中国境内设立经营机构的，自行申报缴纳营业税。在境内未设立经营机构的，以代理人为扣缴义务人；没有代理人的，以发包方、劳务受让方或购买方为扣缴义务人，扣缴义务人应当向其机构所在地或者居住地的主管税务机关申报缴纳其扣缴的税款、税目、税率的基本规定。

3. 商业保理的纳税义务人和计税依据

商业保理业务是指供应商将其与买方订立的货物销售或服务合同所产生的应收账款转让给商业保理企业，由商业保理企业为其提供贸易融资、应收账款管理服务，从中取得收入的业务。

根据营业税暂行条例和营改增条例规定，在中华人民共和国境内提供相应劳务的单位和个人，为流转税的纳税人，应当依照本条例缴纳流转税，按照营业额和规定的税率计算应纳税额。一般存在三方当事人，即保理商（受让人）、债权人（转让人）和债务人。保理商是保理业务的提供者，因此是流转税的纳税义务人。

根据金融保险业的计税依据分类：一是对一般贷款、典当、金融经纪业等中介服务，以取得的利息收入全额或手续费收入全额确定为营业额；二是对外汇、证券、期货等金融商品转让，按卖出价减去买入价后的差额为营业额。由于保理业务为企业提供贸易融资、应收账款管理服务，因此其营业额是产生的收入，即保理业务的计税依据（如果缴纳增值税，则课税对象为不含增值税的保理收入）。

(三) 税目与税率的基本规定

1. 税目

营业税税目有9个，包括交通运输业、建筑业、金融保险业、邮电通信业、文化体育业、娱乐业、服务业、转让无形资产和销售不动产。2013年8月1日起，在全国范围内实行交通运输业和部分现代服务业营业税改征增值税试点。

2. 税率

营业税按照行业、类别的不同分别采用不同的比例税率，具体规定为：

(1) 建筑业、电信业文化体育业，税率为3%。

(2) 服务业、销售不动产、转让无形资产，税率为5%。

(3) 金融保险业税率为5%。

(4) 娱乐业执行5%—20%的幅度税率，具体适用的税率，由各省、自治区、直辖市人民政府根据当地的实际情况在税法规定的幅度内决定，见表2-1。

表2-1 营业税的税目与税率

税　目	税　率
交通运输业	3%
建筑业	3%
金融保险业	5%
邮电通信业	3%
文化体育业	3%
娱乐业	5%—20%
服务业	5%
转让无形资产	5%
销售不动产	5%

税目、税率的调整由国务院决定。

纳税人兼有不同税目的应当缴纳营业税的劳务、转让无形资产或者销售不动产,应当分别核算不同税目的营业额、转让额、销售额;未分别核算的从高适用税率。

3. 商业保理的税目和税率

按照现行法规,鉴于商业保理活动在性质上更类似于融资活动,比照金融服务业征税,其税率一般为5%。

(四)计税依据的基本规定

1. 营业税计税依据的基本规定

营业税的计税依据又称营业税的计税营业额。税法规定,营业税的计税依据为纳税人提供应税劳务、转让无形资产或者销售不动产收取的全部价款和价外费用。

从上述规定可以看出,营业税的计税依据是提供应税劳务的营业额、转让无形资产的转让额或者销售不动产的销售额,统称为营业额。它是纳税人收取的全部价款,包括在价款之外收取的手续费、补贴、基金、集资费、返还利润、奖励费、违约金、滞纳金、延期付款利息、赔偿金、代收款项、代垫款项、罚息及其他各种性质的价外收费,但不包括同时符合以下条件代为收取的政府性基金或者行政事业性收费:(1)由国务院或者财政部批准设立的政府性基金,由国务院或者省级人民政府及其财政、价格主管部门批准设立的行政事业性收费;(2)收取时开具省级以上财政部门印制的财政票据;(3)所收款项全额上缴财政。显然,它与纳税人财务会计核算中的销售收入是不同的。这也体现了一切应税收入都要征税的基本原则,目的在于堵住利用价外收费分解计税依据的漏洞。

纳税人按照规定扣除有关项目,需要取得国务院税务主管部门规定的凭证(以下统称合法有效凭证);取得的凭证不符合法律、行政法规或者国务院主管部门有关规定的,该项目金额不得扣除。

合法有效凭证是指:(1)支付给境内单位或者个人的款项,且该单位或者个人发生的行为属于营业税或者增值税征收范围的,以该单位或者个人开具的发票为合法有效凭证;(2)支付的行政事业性收费或者政府性基金,以开具的财政票据为合法有效凭证;(3)支付给境外单位或者个人的款项,以该单位或者个人的签收单据为合法有效凭证,税务机关对签收单据有异议的,可以要求其提供境外公证机构的确认证明;(4)国家税务总局规定的其他合法有效凭证。

单位和个人提供营业税应税劳务、转让无形资产和销售不动产发生退款,凡该项退款已征收过营业税的,允许退还已征税款,也可以从纳税人以后的营业额中减除。单位和个人在提供营业税应税劳务转让无形资产和销售不动产时,如果将价款与折扣额在同一张发票上注明,以折扣后的价款为营业额;如果将折扣额另开发票,不论其在财务上如何处理,均不得从营业额中减除。

单位和个人提供应税劳务、转让无形资产和销售不动产时,因受让方违约而从受让方取得的赔偿金收入,应并入营业额中征收营业税。

单位和个人因财务会计核算办法改变将已缴纳过营业税的预收性质的价款逐期转为营业收入时,允许从营业额中减除。

负有营业税纳税义务的单位为发生应税行为并收取货币、货物或者其他经济利益的单位,但不包括单位依法不需要办理税务登记的内设机构。

对纳税人提供应税劳务、转让无形资产或销售不动产的价格明显偏低且无正当理由的,或者视同发生应税行为而无营业额的,主管税务机关有权依据以下原则确定营业额:

(1) 按纳税人最近时期发生的同类应税劳务的平均价格核定。
(2) 按其他纳税人最近时期发生同类应税行为的平均价格核定。
(3) 按下列公式核定计税价格:

计税价格=营业成本或工程成本×(1+成本利润率)÷(1-营业税税率)。

上述公式中的成本利润率,由省、自治区、直辖市地方税务局确定。

从 2004 年 12 月 1 日起,增值税小规模纳税人或营业税纳税人购置税控收款机,经主管税务机关审核批准后,可凭购进税控收款机取得的增值税专用发票,按照发票上注明的增值税税额,抵免当期应纳增值税或营业税税额,或者按照购进税控收款机取得的普通发票上注明的价款,依下列公式计算可抵免税额:

可抵免的税额=价款÷(1+17%)×17%。

当期应纳税额不足抵免的,未抵免部分可在下期继续抵免。

2. 商业保理营业税的计税依据

保理业务主要包括应收账款贸易融资服务、应收账款催收服务、应收账款管理服务、买方资信风险担保。根据浦东统计报告(〔2014〕第 118 期),在浦东新区已经成立的 83 家保理企业中(截至 2014 年 5 月底的),浦东新区商业保理企业放款领域涵盖商业、物流、制造、建筑、医疗等诸多行业,涉及应收账款管理,催收、赊销信用风险管理,信用保险及坏账担保等业务模式。同时,商业模式呈现多样化发展态势,形成了厂商保理(在原有的设备融资租赁的基础上,延伸产业链,提供保理服务)、供零保理(为供应商、零售商和小微企业在商品供销过程中提供保理服务)、电商保理(通过电子商务等平台提供商业保理服务,为客户加速资金周转)等不同的商业模式。不同的服务对应的税种以及相应的税率不同,对应的应纳税所得额计算方式不同。

(1) 应收账款贸易融资服务

应收账款贸易融资服务一般可以分为国际保理和国内保理、有追索权保理和无追索权保理、隐蔽型保理(暗保)和公开型保理(明保)等。因此,保理合同可以分为公开型有追索权保理、公开型无追索权保理、隐蔽型有追索权保理、隐蔽型无追索权保理和无追索权国际(出口)保理。

① 公开型有追索权保理合同。保理公司根据本合同约定向卖方提供保理服务后,发生本合同约定的回购情形时,保理公司有权向卖方追索,要求其回购相应的应收账款。

相对于其他种类的合同而言,公开型有追索权保理合同的风险比较低,因为买方偿债能力一般较高,且保理商对卖方有该应收账款的追索权。因此,保理商承担坏账损失的概率是最小的。通常情况下,由于这种合同的风险较低,保理商会选择只收取较低比例的保理费收入。在实际操作中,公开型无追索权保理合同对买方的偿债能力要求较高,实际操作中应用也较少。此时,应纳税所得额即

保理费收入=卖方受让的应收账款金额×保理商和卖方约定好的保理费比例。

② 公开型无追索权保理合同。保理公司根据本合同约定向卖方提供保理服务后,按照本合同约定承担买方信用风险,即买方因发生信用风险而未按交易合同暗示足额支付应收账款时,保理公司按本合同约定向卖方保理付款。该情况下,保理合同的风险稍微高于公开型有追索权保理合同,然而一般由于公开型的保理合同对买房的偿债能力要求较高,因此,公开型无追索权保理合同的风险也不会太大。通常情况下,保理商会选择只收取较低比例的保理费收入。在实际操作中,公开型无追索权保理合同相当于转让方让渡了应收账款的所有权,需要保理商完全承担该应收账款的风险,且对买方的偿债能力要求较高,实际操作中也较少应用。

③ 隐蔽型有追索权保理合同。应收账款转让时,应收账款转让事实暂不通

知买方,但保理公司保留在一定条件下通知或要求卖方通知买方的权利。若发生合同约定的回购情形,保理公司有权向卖方追索,要求其回购相应的应收账款。应用的收费方式也比较多。可以只取得保理费收入,可以只取得利息收入,还可以同时收取保理费收入和利息收入。由于隐蔽型有追索权保理合同不要求保理商承担应收账款的坏账风险,对债权人的偿债能力指数要求不像公开型保理合同高,因此,在实际操作中被保理公司广泛采纳。

④ 隐蔽型无追索权保理合同。应收账款转让时,应收账款转让事实暂不通知买方,但保理公司保留在一定条件下通知或要求卖方通知买方的权利;按照本合同约定承担买方信用风险,即买方因发生信用风险而未按《交易合同》按时足额支付应收账款时,保理公司按本合同约定向卖方保理付款。由于隐蔽型无追索权保理合同的保理相当于转让方让渡应收账款的所有权,要求保理商承担应收账款的坏账风险,且对债权人的偿债能力指数不像公开型保理合同高,因此,该合同下,保理公司会承担较高风险,在实际操作中很少被保理公司采纳。

⑤ 无追索权国际(出口)保理。双方有一方位于境外的保理,保税区、出口加工区等特殊经济区的企业开展的保理业务也属于国际保理范畴。国际保理又分为出口保理和进口保理。根据我国目前的实际情况,商业保理业务还处于较为初级的阶段,尚未涉及大量的国际保理业务,因此,本文仅简单介绍国际保理业务,以最常见的国际保理业务——无追索权国际(出口)保理为例。无追索权国际(出口)保理是指在进口保理商或甲方正式核定的买方信用额度内,甲方受让乙方的应收账款、支付对价(或者承担到期支付对价的义务)。在账款到期后,若发生债务人信用风险而未获及时足额付款时,由保理商按《出口保理信用额度核准通知书》确定的信用风险担保比例和条件承担担保付款责任,甲方无权向乙方追回已支付对价款;但若发生商务合同交易风险而未获得及时足额付款的情况,甲方有权在乙方不配合办理反转让的情况下,向乙方追索已支付对价款及相应费用。

(2) 应收账款贸易融资服务的融资模式

应收账款贸易融资服务一般有两种融资模式:折扣方式保理融资和比例预付方式保理融资。

① 折扣方式保理融资。商业活动中,通常债权人会给予其客户,即债务人一定的信用期限,比如 3 个月。债务人可以在 3 个月后支付该笔款项。当债权人有资金需求,希望提前收到该笔款项时,商业保理公司可以先行支付该笔账款给

债权人，可以是全额支付（即100％先行支付该笔应收账款），也可能是折扣支付（如仅支付该笔应收账款的80％或者90％）。然后，当应收账款由债务人支付给债权人的时候，债权人偿还保理公司全部款项，或者由债务人直接将该款项还给保理公司，保理公司将折扣额作为保理额度使用费。此外，保理公司收取一定比例的服务费。

另一种理论认为，当应收账款由债务人支付给债权人的时候，债权人偿还保理公司垫付的款项，或者由债务人直接将该款项还给保理公司，不将折扣额作为保理额度使用费，仅收取一定比例的服务费。

实际操作中，对于折扣方式的保理融资模式，暂时采用全额支付融资资金的方式，保理收入仅为事先约定好按应收账款一定比例征收的服务费。

② 比例预付方式保理融资。承接上例，商业保理公司以应收账款金额的一定比例作为对保理融资资本金金额，商业保理公司在受让预付款时按本金金额向卖方预付转让价款，并在收回本金时收取相应利息。此外，保理公司还有可能收取相应的服务费。

对于商业保理业务，其收入模式由以下三种组成：

一是保理费收入：卖方受让的应收账款金额×保理商和卖方约定好的保理费比例。

二是利息收入：保理融资金额＝应收账款金额×融资比例；利息＝本金金额×利率×融资期限。（等额本金和等额本息的计算区别）

三是保理费收入＋利息收入：根据年化收益率来计算不同期取得保理费收入以及不同利息计算方式而导致具体金额不同。例如，第一个还款期取得保理费收入和等额本金的结合以及第二个还款期限取得保理费收入和等额本息的结合等。

对于保理费收入，由于国家并没有出台明确法规规定该情况下收入适用的税种和具体的适用税率，理论上专家认为保理业务按照有无追索权将其业务收入划分为以下两类。

第一类：有追索权的商业保理。有三种观点。

观点一：该服务费收入应该作为服务费收入的一部分，这种做法主要考虑商业保理业务是一个商业行为，而不是金融行为，虽然是具有融资功能，但是仍然以商业模式中的服务费计入收入，比照服务业中的"其他服务业"，按照5％的税率缴纳营业税。

观点二：该服务费收入应该作为利息收入，比照金融保险业中的贷款业务，按规定发放的贷款,属于未逾期的贷款(含展期,下同),应根据先收利息后收本金的原则,按贷款合同确认的利率和结算利息的期限计算利息,并于债务人应付利息的日期确认收入的实现属于逾期贷款,其逾期后发生的应收利息,应于实际收到的日期,或者虽未收到,但会计上确认为利息收入的日期,确认收入的实现,按照5%的税率缴纳营业税。

观点三:该服务费收入应作为咨询服务,比照营改增后的咨询服务(根据财税〔2013〕37号《财政部、国家税务总局关于在全国开展交通运输业和部分现代服务业营业税改征增值税试点税收政策的通知》咨询服务,是指提供和策划财务、税收、法律、内部管理、业务运作和流程管理等信息或者建议的业务活动),按照6%缴纳增值税。

第二类:无追索权的商业保理。

可以将该保理业务视为债权转让,目前税法并未对其税务处理进行明确的规定,但以下两个文件可做为参考:财税〔2002〕91号文的规定:股权转让不征收营业税;国家税务总局公告2011年第51号《国家税务总局关于纳税人资产重组有关营业税问题的公告》规定:纳税人在资产重组过程中,通过合并、分立、出售、置换等方式,将全部或者部分实物资产以及与其相关联的债权、债务和劳动力一并转让给其他单位和个人的行为,不属于营业税征收范围,其中涉及的不动产、土地使用权转让,不征收营业税。

根据浦东统计报告(〔2014〕第118期),在已经开展的业务中,全部为国内保理业务,且以公开型保理业务和有追索权保理业务占绝对比重。此外,各地方税务机关对此的规定又不明确,因此,本书不对无追索权的商业保理业务进行深入分析,主要分析有追索权的商业保理业务。

(3) 应收账款贸易融资服务应纳税所得额、税率以及应纳税额的计算

对于保理费收入,目前没有任何国家层面或者地方层面的具体政策法规规定其适用的税种和税率,而实际操作中,鉴于商业保理尚处于起步阶段,且主要服务对象为中小企业,较低的税率和简便的税务申报有利于该行业的发展。

在上海浦东新区开展商业保理的企业中,商业保理企业等同于一般服务类企业,实行全额纳税。

在重庆,经有关部门批准经营保理业务的单位从事保理业务的,取得的手续费收入应按照"金融业——金融经纪业"税目全额缴纳营业税。

在深圳,商业保理企业从事保理业务取得的其他收入,应按照"金融业——

金融经纪业务"税目,按收入额全额缴纳营业税。

在天津,对商业保理公司从事保理业务取得的其他收入按照"金融业——金融经纪业"税目全额征收营业税。

综上所述,现阶段,在开展商业保理的城市中,针对商业保理的保理费收入,比照手续费收入,适用5%的营业税税率,缴纳营业税,即保理费收入的应纳税额＝保理费收入×5%。

对于保理业务的利息收入,也没有国家层面的法规明确规定其适用的流转税税种、应纳税所得额以及相应的利率,只是部分城市地方政府出台了相应的法规政策。

在上海浦东新区开展商业保理的企业中,主要业务为公开型保理业务和追索权保理业务,商业保理企业的主营业务成本主要为自身的融资成本,税前利润主要集中在向融资方收取的融资利息扣除自身融资成本后的差额部分。简而言之,商业保理企业的主要盈利点是"利差",但是在上海的实务操作中,商业保理企业等同于一般服务类企业,实行全额纳税。

在重庆,利息收入应按照"金融业——贷款"税目,以取得的利息收入减除支付给金融机构的贷款利息后的余额为计税营业额(即包括原价收回应收账款与折价购入应收账款的差额)。

在深圳,注册在深圳前海的商业保理企业从事保理业务取得的利息收入,应按照"金融业——贷款"税目缴纳营业税,营业额为取得的利息收入减除支付给金融机构贷款利息后的余额。

在天津,对商业保理公司从事保理业务取得的利息收入,按照"金融业——贷款"税目征收营业税,其营业额为其取得的利息收入减除支付给金融机构的贷款利息后的余额。商业保理公司扣除上述款项,应取得金融机构利息支出单据或符合法律、行政法规或者国务院税务主管部门有关规定的合法有效凭证。纳税人兼营其他项目的,允许扣除的利息按照以下公式计算:

允许扣除的利息＝利息总额×保理收入总额/经营收入总额。

综上所述,除上海对利息收入采用全额征收的缴纳营业税外,重庆、深圳和天津都是以利息收入的差额计入营业税税基中计算缴纳营业额,税率为5%;其中天津对于兼营其他项目的,允许扣除的利息按照比例扣除。具体计算如下。

上海:保理利息收入的应纳税额＝保理利息收入×5%;

重庆、深圳：保理利息收入的应纳税额＝（保理利息收入－保理利息支出）×5％；

天津：保理利息收入的应纳税额＝（保理利息收入－利息支出总额×保理收入总额/经营收入总额）×5％。

（4）应收账款催收服务的计税依据

应收账款催收服务是指根据应收账款账期，保理商主动或应债权人要求，采取电话、函件、上门催款直至法律手段等向债务人催收。其计税依据为催收服务的收入。

（5）应收账款管理服务的计税依据

应收账款管理服务是指保理公司根据债权人的要求，定期或不定期向其提供关于应收账款的回收情况、逾期账款情况、对账单等各种财务和统计报表，协助其进行应收账款管理。其计税依据为应收账款管理服务的收入。

（6）买方资信风险担保的计税依据

买方资信风险担保是指债权人和商业保理公司签订保理协议后，由商业保理公司为债务人核定信用额度，并在核准额度内，对债权人无商业纠纷的应收账款，提供约定的付款担保。其计税依据为买方资信风险担保服务的收入。

二、纳税时点

（一）纳税义务发生时间的基本规定

营业税的纳税义务发生时间，是指纳税人提供应税劳务、转让无形资产或者销售不动产并收讫营业收入款项，或者取得索取营业收入款项凭据的当天。国务院财政、税务主管部门另有规定的，从其规定。收讫营业收入款项，是指纳税人应税行为发生过程中或者完成后收取的款项取得索取营业收入款项凭据的当天，为书面合同确定的付款日期的当天；未签订书面合同或者书面合同未确定付款日期的，为应税行为完成的当天。

营业税扣缴义务人发生时间为纳税人营业税纳税义务发生的当天。

纳税人应当向应税劳务发生地、土地或者不动产所在地的主管税务机关申报纳税；而自应当申报纳税之月起超过 6 个月没有申报纳税的，由其机构所在地或者居住地的主管税务机关补征税款。

（二）商业保理纳税义务发生时间的基本规定

1. 有追索权的商业保理纳税时点

（1）应收账款贸易融资

① 保理费收入。根据营业税暂行条例第十二条，营业税纳税义务发生时间

为纳税人提供应税劳务、转让无形资产或者销售不动产并收讫营业收入款项或者取得索取营业收入款项凭据的当天。根据营业税暂行条例实施细则第二十四条,条例第十二条所称收讫营业收入款项,是指纳税人应税行为发生过程中或者完成后收取的款项。条例第十二条所称取得索取营业收入款项凭据的当天,为书面合同确定的付款日期的当天;未签订书面合同或者书面合同未确定付款日期的,为应税行为完成的当天。

② 利息收入。比照贷款业务。金融企业按规定发放的贷款:属于未逾期的贷款(含展期,下同),应根据先收利息后收本金的原则,按贷款合同确认的利率和结算利息的期限计算利息,并于债务人应付利息的日期确认收入的实现;属于逾期的贷款,其逾期后发生的应收利息,应于实际收到的日期,或者虽未收到,但会计上确认为利息收入的日期,确认收入的实现。

(2) 应收账款催收服务、应收账款管理服务和买方资信风险担保服务服务费收入

根据营业税暂行条例第十二条,营业税纳税义务发生时间为纳税人提供应税劳务、转让无形资产或者销售不动产并收讫营业收入款项或者取得索取营业收入款项凭据的当天;根据营业税暂行条例实施细则第二十四条,条例第十二条所称收讫营业收入款项,是指纳税人应税行为发生过程中或者完成后收取的款项。条例第十二条所称取得索取营业收入款项凭据的当天,为书面合同确定的付款日期的当天;未签订书面合同或者书面合同未确定付款日期的,为应税行为完成的当天。

2. 无追索权的商业保理纳税时点

无追索权的保理业务的纳税义务发生时间为取得权利凭证的当天。

第三节 纳税申报

一、纳税地点的规定

(一) 营业税纳税地点的基本规定

纳税人提供应税劳务,应当向其机构所在地或者居住地的主管税务机关申报纳税。但是,纳税人提供建筑业劳务以及国务院财政、税务主管部门规定的其

他应税劳务,应当向应税劳务发生地的主管税务机关申报纳税。

(二)商业保理纳税地点的基本规定

法规并没有明确规定缴纳营业税的商业保理的纳税地点,因此商业保理的纳税期限应参照母法中的规定缴纳。根据法规,纳税人提供应税劳务应当向其机构所在地或者居住地的主管税务机关申报纳税。但是,纳税人提供建筑业劳务以及国务院财政、税务主管部门规定的其他应税劳务,应当向应税劳务发生地的主管税务机关申报纳税。

二、纳税期限的基本规定

(一)营业税纳税期限的基本规定

根据《营业税暂行条例》的规定,营业税纳税期限由主管税务机关依纳税人应纳税款大小分别核定为5日、10日、15日、1个月、1个季度。不能按期纳税的,可按次纳税。以1个月或者1个季度为一期的纳税人,于期满后15日内申报纳税;以5日、10日或15日为一期的纳税人,自期满后的5日内预缴税款,于次月1日起15日内申报纳税并结清上月应纳税款。营业税扣缴义务发生时间为纳税人营业税纳税义务发生的当天。

银行、财务公司、信托投资公司、信用社、外国企业代表机构的纳税期限为1个季度,自纳税期满之日起15日内申报纳税。保险业的纳税期限为1个月。

营业税扣缴义务人的解缴税款期限,比照上述规定执行。

(二)商业保理纳税期限的基本规定

法规并没有明确规定缴纳营业税的商业保理的纳税期限,因此商业保理的纳税期限应参照母法中的规定缴纳。

三、纳税申报

(一)营业税纳税申报的基本规定

纳税人应按《营业税暂行条例》有关规定及时办理纳税申报,并如实填写《营业税纳税申报表》,见表2-2。

(二)商业保理纳税期限的基本规定

法规并没有明确规定缴纳营业税的商业保理的纳税申报,因此商业保理的纳税期限应参照母法中的规定缴纳。根据法规:纳税人应按《营业税暂行条例》有关规定及时办理纳税申报,并如实填写《营业税纳税申报表》。

表 2-2 营业税纳税申报表

填表日期： 年 月 日

纳税人识别号： 金额单位：元(列至角分)

纳税人名称							税额所属时期			
项目	经营范围	营业额				税率	本期			
		全部收入	不征税项目	减除项目	减免税项目	应税营业额		应纳税额	减免税额	已纳税额	应补(退)税额
1	2	3	4	5	6	7=3-4-5-6	8	9=7×8	10=6×8	11	12
合 计											

如纳税人填报，由纳税人填写以下各栏		如委托代理人填报，由代理人填写以下各栏		备注
会计主管（签章）	纳税人（公章）	代理人名称		代理人（公章）
		地 址		
		经办人	电话	

以下由税务机关填写			
收到申报表日期		接收人	

填表说明：本表适用于营业税纳税义务人填报。"全部收入"，系指纳税人的全部收入。"不征税项目"，系指税法规定的不属于营业税征税范围的营业额。"减除项目"，系指税法规定允许从营业收入中扣除的项目的营业额。"减免税项目"，系指税法规定的减免税项目的营业额。

第四节 商业保理营改增

一、营改增的发展

按照国家规划，我国"营改增"分为三步走。第一步，在部分行业部分地区进行"营改增"试点。上海作为首个试点城市 2012 年 1 月 1 日已经正式启动营改增。第二步，选择部分行业在全国范围内进行试点。按照 7 月 25 日国务院常务会议的决定,这一阶段将在2013年开始。从目前的情况来看,交通运输业以及6个部分现代服务业率先在全国范围内推广的概率最大。第三步,在全国范围内实现营改增,即消灭营业税。按照规划,最快有望在"十二五"(2011—2015年)期间完成营改增。

2011年11月16日,财政部和国家税务总局发布经国务院同意的《营业税改征增值税试点方案》,明确从2012年1月1日起,在上海市交通运输业和部分现代服务业开展营业税改征增值税试点。这是继2009年1月1日增值税转型实施,允许全国范围内的所有增值税一般纳税人抵扣其新购进设备所含的进项税额后,增值税扩围替代营业税,成为增值税改革另一个重要举措。自此正式拉开了营业税改增值税的序幕。

2012年7月31日,国税总局发布了《关于北京等8省市营业税改征增值税试点有关税收征收管理问题的公告》。北京市应当于2012年9月1日完成新旧税制转换。江苏省、安徽省应当于2012年10月1日完成新旧税制转换。福建省、广东省应当于2012年11月1日完成新旧税制转换。天津市、浙江省、湖北省应当于2012年12月1日完成新旧税制转换。

2013年8月1日,国税总局发布了《关于在全国开展交通运输业和部分现代服务业营业税改征增值税试点税收政策的通知》(财税〔2013〕37号),标志着营改增由试点开展到全国范围。

2013年12月12日,国税总局发布了《财政部、国家税务总局关于将铁路运输和邮政业纳入营业税改征增值税试点的通知》(财税〔2013〕106号),进一步将营改增的范围扩大到铁路运输和邮政业。

鉴于国家要在"十二五"期间完成营改增,从目前来看金融业将是最晚完成的行业。财税部门现在正将营改增关注点转向金融服务业,预计2015年完成金融业的营改增工作。

二、征税范围

根据《增值暂行条例》和营改增的规定,在中华人民共和国境内(以下简称"境内")销售货物或者提供应税劳务和应税服务以及进口货物的单位和个人,为增值税的纳税人,应当依照本条例和营改增的规定缴纳增值税。在境内销售货物或者提供应税劳务和应税服务,是指销售货物的起运地或者所在地在境内以及供的应税劳务和应税服务发生在境内。根据《增值暂行条例》和营改增的规定,将增值税的征税范围分为一般规定和具体规定。

(一)现行增值税征税范围

1. 销售或者进口的货物

货物是指有形动产,包括电力、热力、气体在内。销售货物,是指有偿转让货物的所有权。

2. 提供的应税劳务

应税劳务是指纳税人提供的加工、修理修配劳务。加工是指受托加工货物,即委托方提供原料及主要材料,受托方按照委托方的要求制造货物并收取加工费的业务;修理修配是指受托修复损伤和丧失功能的货物,使其恢复原状和功能的业务。提供应税劳务,是指有偿提供加工、修理修配劳务。单位或者个体工商户聘用的员工为本单位或者雇主提供加工、修理修配劳务,不包括在内。有偿是指从购买方取得货币、货物或者其他经济利益。

3. 提供的应税服务(营改增后进入增值税的范围)

应税服务是指陆路运输服务、水路运输服务、航空运输服务、管道运输服务、邮政普遍服务、邮政特殊服务、其他邮政服务、研发和技术服务、信息技术服务、文化创意服务、物流辅助服务、有形动产租赁服务、鉴证咨询服务、广播影视服务。

提供应税服务是指有提供应税服务,但不包括非营业活动中提供的应税服务。

非营业活动有以下四项:

① 非企业性单位按照法律和行政法规的规定,为履行国家行政管理和公共服务职能收取政府性基金或者行政事业性收费的活动。

② 单位或者个体工商户聘用的员工为本单位或者雇主提供交通运输业和部分现代服务业服务。

③ 单位或者个体工商户为员工提供交通运输业和部分现代服务业服务。

④ 财政部和国家税务总局规定的其他情形。

在境内提供应税服务,是指应税服务提供方或者接受方在境内。下列 3 种情形不属于在境内提供应税服务:

① 境外单位或者个人向境内单位或者个人提供完全在境外消费的应税服务。

② 境外单位或者个人向境内单位或者个人出租完全在境外使用的有形

动产。

③ 财政部和国家税务总局规定的其他情形。

单位和个体工商户的下列情形,视同提供应税服务:

① 向其他单位或者个人无偿提供交通运输业、邮政业和部分现代服务业服务,但以公益活动为目的或者以社会公众为对象的除外。

② 财政部和国家税务总局规定的其他情形

有偿是指取得货币、货物或者其他经济利益。

(二) 现行增值税征税范围(营改增后的应税服务)

1. 交通运输业

交通运输业是指使用运输工具将货物或者旅客送达目的地,使其空间位置得到转移的业务活动,包括陆路运输服务、水路运输服务、航空运输服务和管道运输服务。

(1) 陆路运输服务

陆路运输服务是指通过陆路(地上或者地下)运送货物或者旅客的运输业务活动,包括铁路运输和其他陆路运输。

铁路运输服务是指通过铁路运送货物或者旅客的运输业务活动。

其他陆路运输服务是指铁路运输以外的陆路运输业务活动,包括公路运输、缆车运输、索道运输、地铁运输、城市轻轨运输等。

出租车公司向使用本公司自有出租车的出租车司机收取的管理费用,按陆路运输服务征收增值税。

(2) 水路运输服务

水路运输服务是指通过江、河、湖、川等天然、人工水道或者海洋航道运送货物或者旅客的运输业务活动。远洋运输的程租、期租业务,属于水路运输服务。

程租业务是指远洋运输企业为租船人完成某一特定航次的运输任务并收取租赁费的业务。

期租业务是指远洋运输企业将配备有操作人员的船舶承租给他人使用一定期限,承租期内听候承租方调遣,不论是否经营,均按天向承租方收取租赁费,发生的固定费用均由船东负担的业务。

(3) 航空运输服务

航空运输服务是指通过空中航线运送货物或者旅客的运输业务活动。航空运输的湿租业务属于航空运输服务。

湿租业务是指航空运输企业将配备有机组人员的飞机承租给他人使用一定期限,承租期内听候承租方调遣,不论是否经营,均按一定标准向承租方收取租赁费,发生的固定费用均由承租方承担的业务。

航天运输服务是指利用火箭等载体将卫星、空间探测器等空间飞行器发射到空间轨道的业务活动。航天运输服务按照航空运输服务征收增值税。

(4) 管道运输服务

管道运输服务是指通过管道设施输送气体、液体、固体物质的运输业务活动。

2. 邮政业

邮政业是指中国邮政集团公司及其所属邮政企业提供邮件寄递、邮政汇兑、机要通信和邮政代理等邮政基本服务的业务活动,包括邮政普遍服务、邮政特殊服务和其他邮政服务。

(1) 邮政普遍服务

邮政普遍服务是指函件、包裹等邮件寄递,以及邮票发行、报刊发行和邮政汇兑等业务活动。函件是指信函、印刷品、邮资封片卡、无名址函件和邮政小包等。包裹是指按照封装上的名址递送给特定个人或者单位的独立封装的物品,其重量不超过 50 千克,任何一边的尺寸不超过 150 厘米,长、宽、高合计不超过 300 厘米。

(2) 邮政特殊服务

邮政特殊服务是指义务兵平常信函、机要通信、盲人读物和革命烈士遗物的寄递等业务活动。

(3) 其他邮政服务

其他邮政服务是指邮册等邮品销售、邮政代理等业务活动。

3. 部分现代服务业

部分现代服务业是指围绕制造业、文化产业、现代物流产业等提供技术性、知识性服务的业务活动,包括研发和技术服务、信息技术服务、文化创意服务、物流辅助服务、有形动产租赁服务、鉴证咨询服务、广播影视服务。

(1) 研发和技术服务

研发和技术服务包括研发服务、技术转让服务、技术咨询服务、合同能源管理服务、工程勘察勘探服务。

① 研发服务。就新技术、新产品、新工艺或者新材料及其系统进行研究与试

验开发的业务活动。

② 技术转让服务。转让专利或者非专利技术的所有权或者使用权的业务活动。

③ 技术咨询服务。对特定技术项目提供可行性论证、技术预测、技术测试、技术培训、专题技术调查、分析评价报告和专业知识咨询等业务活动。

④ 合同能源管理服务。节能服务公司与用能单位以契约形式约定节能目标,节能服务公司提供必要的服务,用能单位根据节能效果支付节能服务公司合理报酬的业务活动。

⑤ 工程勘察勘探服务。在采矿、工程施工前后,对地形、地质构造、地下资源蕴藏情况进行实地调查的业务活动。

(2) 信息技术服务

信息技术服务是指利用计算机、通信网络等技术对信息进行生产、收集、处理、加工、存储、运输、检索和利用,并提供信息服务的业务活动,包括软件服务、电路设计及测试服务、信息系统服务和业务流程管理服务。

① 软件服务。提供软件开发服务、软件咨询服务、软件维护服务、软件测试服务的业务行为。

② 电路设计及测试服务。提供集成电路和电子电路产品设计、测试及相关技术支持服务的业务行为。

③ 信息系统服务。提供信息系统集成、网络管理、桌面管理与维护、信息系统应用、基础信息技术管理平台整合、信息技术基础设施管理、数据中心、托管中心、安全服务的业务行为,包括网站对非自有的网络游戏提供的网络运营服务。

④ 业务流程管理服务。依托计算机信息技术提供的人力资源管理、财务经济管理、审计管理、税务管理、金融支付服务、内部数据分析、内部数据挖掘、内部数据管理、内部数据使用、呼叫中心和电子商务平台等服务的业务活动。

(3) 文化创意服务

文化创意服务包括设计服务、商标和著作权转让服务、知识产权服务、广告服务和会议展览服务。

① 设计服务。把计划、规划、设想通过视觉、文字等形式传递出来的业务活动,包括工业设计、造型设计、服装设计、环境设计、平面设计、包装设计、动漫设计、网游设计、展示设计、网站设计、机械设计、工程设计、广告设计、创意策划、文印晒图等。

② 商标和著作权转让服务。转让商标、商誉和著作权的业务活动。

③ 知识产权服务。处理知识产权事务的业务活动,包括对专利、商标、著作权、软件、集成电路布图设计的代理、登记、鉴定、评估、认证、咨询、检索服务。

④ 广告服务。利用图书、报纸、杂志、广播、电视、电影、幻灯、路牌、招贴、橱窗、霓虹灯、灯箱、互联网等各种形式为客户的商品、经营服务项目、文体节目或者通告、声明等委托事项进行宣传和提供相关服务的业务活动,包括广告代理和广告的发布、播映、宣传、展示等。

⑤ 会议展览服务。为商品流通、促销、展示、经贸洽谈、民间交流、企业沟通、国际往来等举办或者组织安排的各类展览和会议的业务活动。

(4) 物流辅助服务

物流辅助服务包括航空服务、港口码头服务、货运客运场站服务、打捞救助服务、货物运输代理服务、代理报关服务、仓储服务、装卸搬运服务和收派服务。

① 航空服务。航空地面服务和通用航空服务。航空地面服务是指航空公司、飞机场、民航管理局、航站等向在境内航行或者在境内机场停留的境内外飞机或者其他飞行器提供的导航等劳务性地面服务的业务活动,包括旅客安全检查服务、停机坪管理服务、机场候机厅管理服务、飞机清洗消毒服务、空中飞行管理服务、飞机起降服务、飞行通讯服务、地面信号服务、飞机安全服务、飞机跑道管理服务、空中交通管理服务等。

通用航空服务是指为专业工作提供飞行服务的业务活动,包括航空摄影、航空培训、航空测量、航空勘探、航空护林、航空吊挂播洒、航空降雨等。

② 港口码头服务。港务船舶调度服务、船舶通讯服务、航道管理服务、航道疏浚服务、灯塔管理服务、航标管理服务、船舶引航服务、理货服务、系解缆服务、停泊和移泊服务、海上船舶溢油清除服务、水上交通管理服务、船只专业清洗消毒检测服务和防止船只漏油服务等为船只提供服务的业务活动。

港口设施经营人收取的港口设施保安费按照港口码头服务征收增值税。

③ 货运客运场站服务。货运客运场站提供的货物配载服务、运输组织服务、中转换乘服务、车辆调度服务、票务服务、货物打包整理服务、铁路线路使用服务、加挂铁路客车服务、铁路行包专列发送服务、铁路到达和中转服务、铁路车辆编解服务、车辆挂运服务、铁路接触网服务、铁路机车牵引服务、车辆停放服务等业务活动。

④ 打捞救助服务。提供船舶人员救助、船舶财产救助、水上救助和沉船沉物

打捞服务的业务活动。

⑤ 货物运输代理服务。接受货物收货人、发货人、船舶所有人、船舶承租人或船舶经营人的委托,以委托人的名义或者以自己的名义,在不直接提供货物运输服务的情况下,为委托人办理货物运输、船舶进出港口、联系安排引航、靠泊、装卸等货物和船舶代理相关业务手续的业务活动。

⑥ 代理报关服务。接受进出口货物的收、发货人委托,代为办理报关手续的业务活动。

⑦ 仓储服务。利用仓库、货场或者其他场所代客贮放、保管货物的业务活动。

⑧ 装卸搬运服务。使用装卸搬运工具或人力、畜力将货物在运输工具之间、装卸现场之间或者运输工具与装卸现场之间进行装卸和搬运的业务活动。

⑨ 收派服务。接受寄件人委托,在承诺的时限内完成函件和包裹的收件、分拣、派送服务的业务活动。

收件服务是指从寄件人收取函件和包裹,并运送到服务提供方同城的集散中心的业务活动;分拣服务是指服务提供方在其集散中心对函件和包裹进行归类、分发的业务活动;派送服务是指服务提供方从其集散中心将函件和包裹送达同城的收件人的业务活动。

(5) 有形动产租赁服务

有形动产租赁包括有形动产融资租赁和有形动产经营性租赁。

① 有形动产融资租赁。具有融资性质和所有权转移特点的有形动产租赁业务活动。即出租人根据承租人所要求的规格、型号、性能等条件购入有形动产租赁给承租人,合同期内设备所有权属于出租人,承租人只拥有使用权,合同期满付清租金后,承租人有权按照残值购入有形动产,以拥有其所有权。不论出租人是否将有形动产残值销售给承租人,均属于融资租赁。

② 有形动产经营性租赁。在约定时间内将物品、设备等有形动产转让他人使用且租赁物所有权不变更的业务活动。远洋运输的光租业务、航空运输的干租业务,属于有形动产经营性租赁。

光租业务是指远洋运输企业将船舶在约定的时间内出租给他人使用,不配备操作人员,不承担运输过程中发生的各项费用,只收取固定租赁费的业务活动。

干租业务是指航空运输企业将飞机在约定的时间内出租给他人使用,不配备机组人员,不承担运输过程中发生的各项费用,只收取固定租赁费的业务活动。

(6) 鉴证咨询服务

鉴证咨询服务包括认证服务、鉴证服务和咨询服务。

① 认证服务。具有专业资质的单位利用检测、检验、计量等技术,证明产品、服务、管理体系符合相关技术规范、相关技术规范的强制性要求或者标准的业务活动。

② 鉴证服务。具有专业资质的单位,为委托方的经济活动及有关资料鉴证,发表具有证明力的意见的业务活动,包括会计鉴证、税务鉴证、法律鉴证、工程造价鉴证、资产评估、环境评估、房地产土地评估、建筑图纸审核、医疗事故鉴定等。

③ 咨询服务。提供和策划财务、税收、法律、内部管理、业务运作和流程管理等信息或者建议的业务活动。

代理记账、翻译服务按照咨询服务征收增值税。

(7) 广播影视服务

广播影视服务包括广播影视节目(作品)的制作服务、发行服务和播映(含放映,下同)服务。

① 广播影视节目(作品)制作服务。进行专题(特别节目)、专栏、综艺、体育、动画片、广播剧、电视剧、电影等广播影视节目和作品制作的服务,具体包括与广播影视节目和作品相关的策划、采编、拍摄、录音、音视频文字图片素材制作、场景布置、后期的剪辑、翻译(编译)、字幕制作、片头、片尾、片花制作、特效制作、影片修复、编目和确权等业务活动。

② 广播影视节目(作品)发行服务。以分账、买断、委托、代理等方式,向影院、电台、电视台、网站等单位和个人发行广播影视节目(作品)以及转让体育赛事等活动的报道及播映权的业务活动。

③ 广播影视节目(作品)播映服务。在影院、剧院、录像厅及其他场所播映广播影视节目(作品),以及通过电台、电视台、卫星通信、互联网、有线电视等无线或有线装置播映广播影视节目(作品)的业务活动。

三、纳税义务人与扣缴义务人

(一) 纳税义务人

在中华人民共和国境内(以下称境内)提供交通运输业、邮政业和部分现代服务业服务(以下称应税服务)的单位和个人,为增值税纳税人。纳税人提供应税服务,应当按照本办法缴纳增值税,不再缴纳营业税。单位是指企业、行政单位、事业单位、军事单位、社会团体及其他单位。个人是指个体工商户和其他个人。单位以承包、承租、挂靠方式经营的,承包人、承租人、挂靠人(以下统称承包人)以发包人、出租人、被挂靠人(以下统称发包人)名义对外经营并由发包人承担相关法律责任的,以该发包人为纳税人。否则,以承包人为纳税人。

纳税人分为一般纳税人和小规模纳税人。应税服务的年应征增值税销售额(以下称应税服务年销售额)超过财政部和国家税务总局规定标准的纳税人为一般纳税人,未超过规定标准的纳税人为小规模纳税人。应税服务年销售额超过规定标准的其他个人不属于一般纳税人;应税服务销售额超过规定标准但不经常提供应税服务的单位和个体工商户可选择按照小规模纳税人纳税。

未超过规定标准的纳税人会计核算健全,能够提供准确税务资料的,可以向主管税务机关申请一般纳税人资格认定,成为一般纳税人。会计核算健全,是指能够按照国家统一的会计制度规定设置账簿,根据合法、有效凭证核算。

符合一般纳税人条件的纳税人应当向主管税务机关申请一般纳税人资格认定。具体认定办法由国家税务总局制定。除国家税务总局另有规定外,一经认定为一般纳税人后,不得转为小规模纳税人。

(二) 扣缴义务人

中华人民共和国境外(以下称境外)的单位或者个人在境内提供应税服务,在境内未设有经营机构的,以其代理人为增值税扣缴义务人;在境内没有代理人的,以接受方为增值税扣缴义务人。

两个或者两个以上的纳税人,经财政部和国家税务总局批准可以视为一个纳税人合并纳税。具体办法由财政部和国家税务总局另行制定。

四、纳税义务、扣缴义务发生时间和纳税地点

(一) 增值税纳税义务发生时间

增值税纳税义务发生时间有以下四种情况。

(1) 纳税人提供应税服务并收讫销售款项或者取得索取销售款项凭据的当天;先开具发票的,为开具发票的当天。收讫销售款项是指纳税人提供应税服务

过程中或者完成后收到款项。取得索取销售款项凭据的当天,是指书面合同确定的付款日期;未签订书面合同或者书面合同未确定付款日期的,为应税服务完成的当天。

(2)纳税人提供有形动产租赁服务采取预收款方式的,其纳税义务发生时间为收到预收款的当天。

(3)纳税人发生本办法第十一条视同提供应税服务的,其纳税义务发生时间为应税服务完成的当天。

(4)增值税扣缴义务发生时间为纳税人增值税纳税义务发生的当天。

(二)增值税纳税地点

增值税纳税地点有以下三种情况。

(1)固定业户应当向其机构所在地或者居住地主管税务机关申报纳税。总机构和分支机构不在同一县(市)的,应当分别向各自所在地的主管税务机关申报纳税;经财政部和国家税务总局或者其授权的财政和税务机关批准,可以由总机构汇总向总机构所在地的主管税务机关申报纳税。

(2)非固定业户应当向应税服务发生地主管税务机关申报纳税;未申报纳税的,由其机构所在地或者居住地主管税务机关补征税款。

(3)扣缴义务人应当向其机构所在地或者居住地主管税务机关申报缴纳扣缴的税款。

增值税的纳税期限分别为1日、3日、5日、10日、15日、1个月或者1个季度。纳税人的具体纳税期限,由主管税务机关根据纳税人应纳税额的大小分别核定。以1个季度为纳税期限的规定适用于小规模纳税人以及财政部和国家税务总局规定的其他纳税人。不能按照固定期限纳税的,可以按次纳税。

纳税人以1个月或者1个季度为1个纳税期的,自期满之日起15日内申报纳税;以1日、3日、5日、10日或者15日为1个纳税期的,自期满之日起5日内预缴税款,于次月1日起15日内申报纳税并结清上月应纳税款。

扣缴义务人解缴税款的期限,按照前两款规定执行。

五、税收减免

纳税人提供应税服务适用免税、减税规定的,可以放弃免税、减税,依照本办法的规定缴纳增值税。放弃免税、减税后,36个月内不得再申请免税、减税。

纳税人提供应税服务同时适用免税和零税率规定的,优先适用零税率。

个人提供应税服务的销售额未达到增值税起征点的,免征增值税;达到起征点的,全额计算缴纳增值税。

增值税起征点不适用于认定为一般纳税人的个体工商户。

增值税起征点幅度如下:

(1) 按期纳税的,为月销售额 5 000—20 000 元(含本数)。

(2) 按次纳税的,为每次(日)销售额 300—500 元(含本数)。

起征点的调整由财政部和国家税务总局规定。省、自治区、直辖市财政厅(局)和国家税务局应当在规定的幅度内,根据实际情况确定本地区适用的起征点,并报财政部和国家税务总局备案。

六、税收征管

营业税改征的增值税,由国家税务局负责征收。纳税人提供适用零税率的应税服务,应当按期向主管税务机关申报办理退(免)税,具体办法由财政部和国家税务总局制定。

纳税人提供应税服务,应当向索取增值税专用发票的接受方开具增值税专用发票,并在增值税专用发票上分别注明销售额和销项税额。

属于下列情形之一的,不得开具增值税专用发票:

(1) 向消费者个人提供应税服务。

(2) 适用免征增值税规定的应税服务。

小规模纳税人提供应税服务,接受方索取增值税专用发票的,可以向主管税务机关申请代开。纳税人增值税的征收管理,按照本办法和《中华人民共和国税收征收管理法》及现行增值税征收管理有关规定执行。

营改增对存贷业务的影响:如果适用"增值税一般征税方法",收入成本费用核算、增值税申报、发票管理、发票开具等方面都将和现有行营业税的处理产生极大不同,因而对于内部管理流程、系统开发/改造都提出全新的要求;如果适用"增值税一般征税方法",将会对保理业务的盈亏分析、定价机制提出更高的要求,亦会对各相关前、中、后台的相关部门人员的税务知识结构和税务内控意识理念提出挑战。

由于我国正在逐步取消营业税,由增值税取而代之。到 2016 年底,营改增将覆盖全国所有行业,商业保理的收入也会转为缴纳增值税。

第五节　营业税案例分析

案例一

A公司为上海一家制造企业,赊销一批货物给B,价值RMB 100万元(含增值税),还款期为5个月。3个月后,A急需用钱,将该笔应收账款100万元转让给商业保理公司C,签订隐蔽型有追索权的商业保理合同。此外,保理手续费比例为应收账款的5%,采用折扣方式保理融资对A进行商业保理服务。问:该笔保理费收入应该缴纳什么税,税额为多少?

解析:

由于现行法规和实务操作中,针对保理费收入的规定和处理办法一致,因此,比照上海市现行实务处理办法,以及重庆、天津、深圳等市有关法规,经有关部门批准经营保理业务的单位从事保理业务的,取得的手续费收入应按照"金融业——金融经纪业"税目全额缴纳营业税。因此,保理手续费用收入为 $100 \times 5\% = 5$(万元),营业税为 $5 \times 5\% = 0.25$(万元)。

该笔保理费收入应按照服务业的手续费收入计入营业税的纳税范畴,按5%计算缴纳营业税,应缴纳的营业税为RMB 0.25万元。

案例二

A公司为上海一家制造企业,赊销一批货物给B,价值RMB 100万元(含增值税),还款期为5个月。3个月后,A急需用钱,将该笔应收账款100万元转让给商业保理公司C,签订隐蔽型有追索权的商业保理合同。C采用折扣方式保理融资对A进行商业保理服务。规定融资折扣比例为10%,C规定保理费比例为应收账款的5%。请问:该笔保理费收入应该缴纳什么税,税额为多少?

解析:

由于现行法规和实务操作中,针对保理费收入的规定和处理办法一致,因此,比照上海市现行实务处理办法,以及重庆、天津、深圳等市有关法规,经有关部门批准经营保理业务的单位从事保理业务的,取得的手续费收入应按照"金融业——金融经纪业"税目全额缴纳营业税。因此,保理费用收入为 $100 \times 5\% = 5$

(万元);营业税为 $5\times5\%=0.25$(万元)。

该笔保理费收入应按照服务业的手续费收入计入营业税的纳税范畴,按5%计算缴纳营业税,应缴纳的营业税为 RMB 0.25 万元。

案例三

A公司为上海一家制造企业,赊销一批货物给B,价值 RMB 100 万元(含增值税),还款期为5个月。3个月后,A急需用钱,将该笔应收账款100万元转让给商业保理公司C,签订公开型有追索权的商业保理合同。采用比例预付方式保理融资对A进行商业保理服务,A按照等额本金,分两个月偿还,月利率为2%,银行贷款年利率为12%,且A按时还款。请问:该笔保理费收入应该缴纳什么税,税额为多少;不还款的情况下,该笔保理费收入应该缴纳什么税,税额为多少?

解析:

如果C公司比照上海市现行实务处理办法,商业保理企业等同于一般服务类企业,实行全额纳税。第一个月的利息收入为 $100\times2\%=2$(万元);第二个月的利息收入为 $(100-50)\times2\%=1$(万元)。两个月的利息收入为 $2+1=3$(万元)。

应纳税所得额为3万元;应纳税额为 $3\times5\%=0.15$(万元)。

该笔保理融资应税收入应按照金融业的利息收入计入营业税的纳税范畴,按5%计算缴纳营业税,应缴纳的营业税为 RMB 0.15 万元。

如果C公司比照重庆、天津、深圳等市有关法规,商业保理的利息收入应按照"金融业——贷款"税目,以取得的利息收入减除支付给金融机构的贷款利息后的余额为计税营业额。

第一个月的利息收入为 $100\times2\%=2$(万元);第二个月的利息收入为 $(100-50)\times2\%=1$(万元)。两个月的利息收入为 $2+1=3$(万元)。

第一个月的利息支出为 $100\times12\%/12=1$(万元);第二个月的利息支出为 $(100-50)\times12\%/12=0.5$(万元)。两个月的利息支出为 $1+0.5=1.5$(万元)。

应纳税所得额为 $3-1.5=1.5$(万元);应纳税额为 $1.5\times5\%=0.075$(万元)。

该笔保理融资应税收入应按照金融业的利息收入计入营业税的纳税范畴,按5%计算缴纳营业税,应缴纳的营业税为 RMB 0.075 万元。

案例四

A公司为上海一家制造企业，赊销一批货物给B，价值RMB 100万元（含增值税），还款期为5个月。3个月后，A急需用钱，将该笔应收账款100万元转让给商业保理公司C，签订隐蔽型有追索权的商业保理合同。采用比例预付方式保理融资对A进行商业保理服务，A按照等额本金，分两个月偿还，月利率为2%，银行贷款年利率为12%，且A按时还款。此外，C还向A收入保理费收入，按照转让应收账款的5%。请问：该笔保理费收入应该缴纳什么税，税额为多少；不还款的情况下，该笔保理费收入应该缴纳什么税，税额为多少？

解析：

比照上海市现行实务处理办法，以及重庆、天津、深圳等市有关法规，经有关部门批准经营保理业务的单位从事保理业务的，取得的手续费收入应按照"金融业——金融经纪业"税目全额缴纳营业税。因此，保理费用收入为 $100×5\%=5$（万元）；营业税为 $5×5\%=0.25$（万元）。

如果C公司比照上海市现行实务处理办法，商业保理企业等同于一般服务类企业，实行全额纳税。

第一个月的利息收入为 $100×2\%=2$（万元）；第二个月的利息收入为 $(100-50)×2\%=1$（万元）。两个月的利息收入为 $2+1=3$（万元）。

应纳税额为 $3×5\%=0.15$（万元）；营业税应纳税总额为 $0.25+0.15=0.4$（万元）。

在上海成立的商业保理公司，从事上述商业保理收入共计缴纳营业税RMB 0.4万元。

如果C公司比照重庆、天津、深圳等市有关法规，商业保理的利息收入应按照"金融业——贷款"税目，以取得的利息收入减除支付给金融机构的贷款利息后的余额为计税营业额。

按照上述分析，两个月的利息收入为3万元。第一个月的利息支出为 $100×12\%/12=1$（万元）；第二个月的利息支出为 $(100-45.45)×12\%/12=0.545$（万元）。两个月的利息支出为 $1+0.545=1.545$（万元）。

应纳税所得额为 $3-1.545=1.455$（万元）；应纳税额为 $1.455×5\%=0.07275$（万元）。

营业税应纳税总额为 $0.25+0.07275=0.32275$（万元）。

在重庆、天津、深圳等地成立的商业保理公司,从事上述商业保理收入共计缴纳营业税 RMB 0.322 75 万元。

案例五

A 公司为上海一家制造企业,赊销一批货物给 B,价值 RMB 100 万元(含增值税),还款期为 5 个月。3 个月后,A 急需用钱,将该笔应收账款 100 万元转让给商业保理公司 C,签订隐蔽型有追索权的商业保理合同。采用比例预付方式保理融资对 A 进行商业保理服务,A 按照等额本息,分两个月偿还,月利率为 2%,银行贷款年利率为 12%,且 A 按时还款。此外,C 还向 A 收入保理费收入,按照转让应收账款的 5%。请问:该笔保理费收入应该缴纳什么税,税额为多少;不还款的情况下,该笔保理费收入应该缴纳什么税,税额为多少?

解析:

比照上海市现行实务处理办法,以及重庆、天津、深圳等市有关法规,经有关部门批准经营保理业务的单位从事保理业务的,取得的手续费收入应按照"金融业——金融经纪业"税目全额缴纳营业税。因此,保理费用收入为 $100 \times 5\% = 5$(万元);营业税为 $5 \times 5\% = 0.25$(万元)。

如果 C 公司比照上海市现行实务处理办法,商业保理企业等同于一般服务类企业,实行全额纳税。设第一个月支付的本金为 X 万元,则第二个月支付的本金为 $(100-X)$ 万元。第一个月支付的本息为 $X+100 \times 2\%$;第二个月支付的本息为 $(100-X) \times (1+2\%)$。

由 $$X + 100 \times 2\% = (100-X) \times (1+2\%)$$

得 $$X = 45.45。$$

第一个月的利息收入为 $100 \times 2\% = 2$(万元);第二个月的利息收入为 $(100-45.45) \times 2\% = 1.09$(万元)。两个月的利息收入为 $2+1.09 = 3.09$(万元)。

应纳税所得额为 3.09 万元;应纳税额为 $3.09 \times 5\% = 0.154\ 5$(万元)。

该笔保理融资应税收入应按照金融业的利息收入计入营业税的纳税范畴,按 5% 计算缴纳营业税,应缴纳的营业税为 RMB 0.154 5 万元。

如果 C 公司比照重庆、天津、深圳等市有关法规,商业保理的利息收入应按照"金融业——贷款"税目,以取得的利息收入减除支付给金融机构的贷款利息后的余额为计税营业额。

按照上述分析,两个月的利息收入为 3.09 万元。第一个月的利息支出为 $100 \times 12\%/12 = 1$(万元);第二个月的利息支出为 $(100 - 45.45) \times 12\%/12 = 0.545$(万元)。两个月的利息支出为 $1 + 0.545 = 1.545$(万元)。

应纳税所得额为 $3.09 - 1.545 = 1.545$(万元)。应纳税额为 $1.545 \times 5\% = 0.07725$(万元)。营业税应纳税总额为 $0.25 + 0.07725 = 0.32725$(万元)。

该笔保理费收入应按照金融业的利息收入计入营业税的纳税范畴,按5%计算缴纳营业税,应缴纳的营业税为 RMB 0.25 万元;而商业保理利息收入应计入金融行业的利息收入范畴,按5%计算缴纳营业税,应缴纳的营业税为 RMB 0.07725 万元。合计应缴纳营业税为 RMB 0.32725 万元。

习题

1. 营业税的税目有哪些?
2. 营业税各税目的税率分别是什么?
3. 截至目前,营业税改征增值税的范围是什么?
4. 营业税的纳税义务发生时间如何确定?
5. 营业税纳税期限如何确定?

第三章

商业保理的企业所得税

本章概要

本章概括介绍了企业所得税的概念、计税原理、纳税义务人、征税对象、税率以及税收优惠等基本知识;详细介绍了企业所得税的应税收入和纳税时点;用实例详细介绍了纳税申报表填写方法。

第一节 概 述

一、企业所得税的概念

企业所得税是对我国境内的企业和其他取得收入的组织的生产经营所得和其他所得征收的所得税。企业分为居民企业和非居民企业。居民企业是指依法在中国境内成立,或者依照外国(地区)法律成立但实际管理机构在中国境内的企业;非居民企业是指依照外国(地区)法律成立且实际管理机构不在中国境内,但在中国境内设立机构、场所的,或者在中国境内设立机构、场所,但有来源于中国境内所得的外国企业。

现行企业所得税的基本规范,是 2007 年 3 月 16 日第十届全国人民代表大会第五次全体会议通过的《中华人民共和国企业所得税法》(以下简称《企业所得税法》)和2007年11月28日国务院第197次常务会议通过的《中华人民共和国企业所得税法实施条例》(以下简称《企业所得税法实施条例》),以及国务院财政、税务部门发布的相关规定。

二、企业所得税的计税原理

所得税的特点主要是:第一,通常以净所得为征税对象;第二,通常以经过计算得出的应纳税所得额为计税依据;第三,纳税人和实际负担人通常是一致的,因而可以直接调节纳税人的所得。

由此可以看出,所得税的计税依据是利润,即所得额,而非收入。因此,计算所得税时,计税依据即应纳税所得额的计算涉及纳税人的收入、成本、费用、税金、损失和其他支出等各个方面,使得所得税计税依据的计算较为复杂。在征收企业所得税的过程中,为了其发挥对经济的调控作用、对产业结构的调整作用等,将会根据调控目的和需要,采用各种税收激励政策。

三、各国对企业所得税征税的一般性做法

企业所得税在国外也叫法人所得税或公司所得税,计税依据是以利润为基础的应纳税所得额,因此对法人所得税影响较大的几个因素是纳税义务人、税基、税率和税收优惠。我们可以从前述几个税制要素分析各国征收所得税的一般做法。

(一) 纳税义务人

各国对纳税义务人的规定大致是相同的,只对具有独立法人资格的公司等法人企业和其他组织征收公司所得税。不具有独立法人资格的个人独资和合伙企业则不以企业名义缴纳所得税,而是由自然人业主将其从合伙企业分得的利润连同来自其他方面的所得一起申报缴纳个人所得税,其法人投资者则征收企业所得税。

(二) 税基

各国企业所得税都是以利润即应纳税所得额为计税依据,其中利润包括生产经营利润和资本利得。应纳税所得额确定的基本点和关键点在于如何扣除赚取利润的成本,特别是对折旧和损失的处理方式等。因此,各国企业所得税在确定税基上的差异主要表现在资产的折旧方法及损失处理的不同上。

（三）税率

各国企业所得税的税率结构分为两类：一是比例税率，如法国、澳大利亚、波兰、新西兰、新加坡等国；二是累进税率，实行累进税率的国家虽然在级距、税率档次的设计上不一致，但绝大多数国家采用超额累进税率，如瑞士联邦所得税、美国所得税。这类税率对小型企业比较公平，对大型企业发挥税收调节作用，但不足之处是计算比较麻烦。

（四）税收优惠

各国普遍注重对税收优惠政策的应用，不仅采用直接的减免税，更注意应用间接的优惠政策。主要方法有：（1）税收抵免：主要有投资抵免和国外税收抵免两种形式。（2）税收豁免：分为豁免期和豁免税收项目。（3）加速折旧。另外，各国所得税优惠的一个共同特点是淡化区域优惠，突出行业优惠和产业优惠。

四、我国企业所得税的制度演变

（一）新中国成立后至改革开放前的企业所得税制度

1949年的首届全国税务会议通过了统一全国税收政策的基本方案，包括对企业所得和个人所得征税的办法。1950年，政务院发布了《全国税政实施要则》，规定全国设置14种税收，涉及对所得征税的有工商业税（所得税部分）、存款利息所得税和薪给报酬所得税等3种税收。

工商业税（所得税部分）1950年开征，主要征税对象是私营企业、集体企业和个体工商户的应税所得。国营企业因政府有关部门直接参与经营和管理，其财务核算制度也与一般企业差异较大，所以国营企业实行利润上缴制度，而不缴纳所得税。这种制度的设计适应了当时中国高度集中的计划经济管理体制的需要。

1958年和1973年我国进行了两次重大的税制改革，其核心是简化税制。其中，工商业税（所得税部分）主要还是对集体企业征收，国营企业只征一道工商税，不征所得税。在这个阶段，各项税收收入占财政收入的比重有所提高，占50%左右，但国营企业上缴的利润仍是国家财政收入主要来源之一。

（二）改革开放后的企业所得税制度

从20世纪70年代末起，中国开始实行改革开放政策，税制建设进入了一个新的发展时期，税收收入逐步成为政府财政收入的主要来源，同时税收也成为国家宏观经济调控的重要手段。

1. 1978—1982年的企业所得税制度

改革开放以后,为适应引进国外资金、技术和人才,开展对外经济技术合作的需要,根据党中央统一部署,税制改革工作在"七五"计划期间逐步推开。1980年9月,第五届全国人民代表大会第三次会议通过了《中华人民共和国中外合资经营企业所得税法》并公布施行。企业所得税税率确定为30%,另按应纳所得税额附征10%的地方所得税。1981年12月第五届全国人民代表大会第四次会议通过了《中华人民共和国外国企业所得税法》,实行20%—40%的5级超额累进税率,另按应纳税所得额附征10%的地方所得税。

2. 1983年至1990年的企业所得税制度

作为企业改革和城市改革的一项重大措施,1983年国务院决定在全国试行国营企业"利改税",即将新中国成立后实行了30多年的国营企业向国家上缴利润的制度改为缴纳企业所得税的制度。

1984年9月,国务院发布了《中华人民共和国国营企业所得税条例(草案)》和《国营企业调节税征收办法》。国营企业所得税的纳税人为实行独立经济核算的国营企业,大中型企业实行55%的比例税率,小型企业等适用10%—55%的8级超额累进税率。国营企业调节税的纳税人为大中型国营企业,税率由财税部门商企业主管部门核定。

1985年4月,国务院发布了《中华人民共和国集体企业所得税暂行条例》,实行10%—55%的8级超额累进税率,原来对集体企业征收的工商税(所得税部分)同时停止执行。

1988年6月,国务院发布了《中华人民共和国私营企业所得税暂行条例》,税率为35%。

国营企业"利改税"和集体企业、私营企业所得税制度的出台,重新确定了国家与企业的分配关系,使我国的企业所得税制建设进入健康发展的新阶段。

3. 1991年至今的企业所得税制度

为适应中国建立社会主义市场经济体制的新形势,进一步扩大改革开放,努力把国有企业推向市场,按照"统一税法、简化税制、公平税负、促进竞争"的原则,国家先后完成了外资企业所得税的统一和内资企业所得税的统一。

1991年4月,第七届全国人民代表大会将《中华人民共和国中外合资经营企业所得税法》与《中华人民共和国外国企业所得税法》合并,制定了《中华人民共和国外商投资企业和外国企业所得税法》,并于同年7月1日起施行。

1993年12月13日,国务院将《中华人民共和国国营企业所得税条例(草案)》《国营企业调节税征收办法》《中华人民共和国集体企业所得税暂行条例》和《中华人民共和国私营企业所得税暂行条例》整合,制定了《中华人民共和国企业所得税暂行条例》,自1994年1月1日起施行。上述改革标志着中国的所得税制度改革向着法制化、科学化和规范化的方向迈出了重要的步伐。

2007年3月16日,第十届全国人民代表大会第五次会议通过了《中华人民共和国企业所得税法》,并于2008年1月1日开始实行。内、外资企业从此实行统一的企业所得税法。

五、企业所得税的作用

企业所得税是对所得征税,有所得者缴税,无所得者不缴税。就其计税原理而言,所得税的作用体现在以下三个方面。

(一)促进企业改善经营管理活动,提升企业的盈利能力

由于企业所得税只对利润征税,往往采用比例税率,因此投资能力和盈利能力较强的企业能产生较多的利润。但是,在适用比例税率的情况下,盈利能力越强,则税负承担能力越强,相对降低了企业的税负水平,也相对增加了企业的税后利润。因此,在征税过程中,对企业的收入、成本、费用等进行检查,对企业的经营管理活动和财务管理活动展开监督,促使企业改善经营管理活动,提高盈利能力。

(二)调节产业结构,促进经济发展

所得税的调节作用在于公平税负、量能负担,虽然各国的法人所得税往往采用比例税率,在一定程度上削弱了所得税的调控功能,但在税制设计中,各国往往通过各项税收优惠政策的实施,发挥其对纳税人投资、产业结构调整、环境治理等方面的调控作用。

(三)为国家建设筹集财政资金

税收的首要职能就是筹集财政收入。随着我国国民收入向企业和居民分配的倾斜,以及经济的发展和企业盈利水平的提高,企业所得税占全部税收收入的比重越来越高,成为我国税制的主体税种之一。

六、纳税义务人

企业所得税的纳税义务人一般是指企业和其他取得收入的组织。《企业所

得税法》第一条规定，除个人独资企业、合伙企业不适用企业所得税法外，在我国境内，企业和其他取得收入的组织（以下统称企业）为企业所得税的纳税人，依照法律规定缴纳企业所得税。

企业所得税的纳税人分为居民企业和非居民企业，这是基于不同企业承担的纳税义务不同的分类。把企业分为居民企业和非居民企业，是为了更好地保障我国税收管辖权的有效行使和避免双重课税。税收管辖权是一国政府在征税方面的主权，是国家主权的重要组成部分。根据国际上的通行做法，我国选择了地域管辖权和居民管辖权的双重管辖权标准，最大限度地维护了我国的税收利益。

（一）居民企业

居民企业包括国有企业、集体企业、私营企业、联营企业、股份制企业、外商投资企业、外国企业以及有生产、经营所得和其他所得的其他组织。其中，有生产、经营所得和其他所得的其他组织，是指经国家有关部门批准，依法注册、登记的事业单位、社会团体等组织。由于我国的一些社会团体组织、事业单位在完成国家事业计划的过程中，开展多种经营和有偿服务活动，取得除财政部门各项拨款、财政部和国家物价部门批准的各项规费收入以外的经营收入，具有了经营的特点，应纳入征税范围。其中，实际管理机构，是指对企业的生产经营、人员、账务、财产等实施实质性全面管理和控制的机构。

（二）非居民企业

非居民企业是指依照外国（地区）法律成立且实际管理机构不在中国境内，但在中国境内设立机构、场所，或者在中国境内未设立机构、场所，但有来源于中国境内所得的企业。

上述所称机构、场所，是指在中国境内从事生产经营活动的机构、场所，包括：管理机构、营业机构、办事机构；工厂、农场、开采自然资源的场所；提供劳务的场所；从事建筑、安装、装配、修理、勘探等工程作业的场所；其他从事生产经营活动的机构、场所。

非居民企业委托营业代理人在中国境内从事生产经营活动的，包括委托单位或者个人经常代其签订合同，或者储存、交付货物等，该营业代理人被视为非居民企业在中国境内设立的机构、场所。

七、征税对象

企业所得税的征税对象是指企业取得的生产经营所得、其他所得和清算所得。

(一) 居民企业的征税对象

居民企业应就来源于中国境内、境外的所得作为征税对象。所得,包括销售货物所得、提供劳务所得、转让财产所得、股息红利等权益性投资所得、利息所得、租金所得、特许权使用费所得、接受捐赠所得和其他所得。

(二) 非居民企业的征税对象

非居民企业在中国境内设立机构、场所的,应当就其所设机构、场所取得的来源于中国境内的所得,以及发生在中国境外但与其所设机构、场所有实际联系的所得,缴纳企业所得税。非居民企业在中国境内未设立机构、场所,或者虽设立机构、场所,但取得的所得与其所设机构、场所没有实际联系的,应当就其来源于中国境内的所得缴纳企业所得税。

上述所称实际联系,是指非居民企业在中国境内设立的机构、场所拥有的据以取得所得的股权、债权,以及拥有、管理、控制据以取得所得的财产。

(三) 所得来源地的确定

依据《企业所得税法》及其实施条例的规定,所得来源地的确定有如下方法:

(1) 销售货物所得,按照交易活动发生地确定。

(2) 提供劳务所得,按照劳务发生地确定。

(3) 转让财产所得。① 不动产转让所得按照不动产所在地确定。② 动产转让所得按照转让动产的企业或者机构、场所所在地确定。③ 权益性投资资产转让所得按照被投资企业所在地确定。

(4) 股息、红利等权益性投资所得,按照分配所得的企业所在地确定。

(5) 利息所得、租金所得、特许权使用费所得,按照负担、支付所得的企业或者机构、场所所在地确定,或者按照负担、支付所得的个人的住所地确定。

(6) 其他所得,由国务院财政、税务主管部门确定。

八、税率

企业所得税税率是体现国家与企业分配关系的核心要素。税率设计的原则是兼顾国家、企业、职工个人三者利益,既要保证国家财政收入的稳定增长,又要使企业在发展生产、经营方面有一定的财力保证;既要考虑到企业的实际情况和负担能力,又要维护税率的统一性。

我国企业所得税实行比例税率。比例税率简便易行,透明度高,不会因征税而改变企业间收入分配比例,有利于促进效率的提高。现行规定有两个方面。

(1) 基本税率为 25%。适用于居民企业和在中国境内设有机构、场所且所得与机构、场所有关联的非居民企业(认定为境内常设机构)。

(2) 低税率为 20%。适用于在中国境内未设立机构、场所,或者虽设立机构、场所但取得的所得与其所设机构、场所没有实际联系的非居民企业。但是对这类企业实际征税时使用 10% 的税率(在后续章节"税收优惠"中作进一步介绍)。

现行企业所得税基本税率设定为 25%,与世界各国比较还是偏低的。据有关资料介绍,全世界上近 160 个实行企业所得税的国家(地区)平均税率为 28.6%,我国周边 18 个国家(地区)的平均税率为 26.7%。从历史上看,我国原企业所得税的名义税负为 33%,但根据多年的实际征收情况,其实际税负在 25% 左右。现行税率的确定,既考虑了我国财政承受能力,又考虑了企业负担水平。从税收负担的基本原理而言,设立 25% 的企业所得税税率,国家对企业的经营成果分配 1/4,企业自己占 3/4。由于计算企业经营成果的方法与企业所得税应纳税所得额的计算方法不完全一致,有可能存在经营成果的实际分配比例与基本原理的分配比例的差异。

九、税收优惠

税收优惠指国家运用税收政策在税收法律、行政法规中规定对某一部分特定企业和课税对象给予减轻或免除税收负担的一种措施。税法规定的企业所得税的税收优惠方式包括免税、减税、加计扣除、加速折旧、减计收入、税额抵免等。

(一) 免税收入

企业的下列收入为免税收入:一是国债利息收入;二是符合条件的居民企业之间的股息、红利等权益性投资收益;三是在中国境内设立机构、场所的非居民企业从居民企业取得与该机构、场所有实际联系的股息、红利等权益性投资收益;四是符合条件的非营利组织的收入。

根据《财政部国家税务总局关于非营利组织企业所得税免税收入问题的通知》(财税〔2009〕122 号)的规定,非营利组织的下列收入为免税收入:一是接受其他单位或者个人捐赠的收入;二是除《企业所得税法》第七条规定的财政拨款以外的其他政府补助收入,但不包括因政府购买服务取得的收入;三是按照省级以上民政、财政部门规定收取的会费;四是不征税收入和免税收入孳生的银行存款利息收入；五是财政部、国家税务总局规定的其他收入。

(二) 免征与减征优惠

企业的下列所得项目，可以免征、减征企业所得税；企业如果从事国家限制和禁止发展的项目，不得享受企业所得税优惠：从事农、林、牧、渔业项目的所得；从事国家重点扶持的公共基础设施项目投资经营的所得；从事符合条件的环境保护、节能节水项目的所得；符合条件的技术转让所得。

(三) 高新技术企业优惠

1. 国家需要重点扶持的高新技术企业减按 15% 的税率征收企业所得税

高新技术企业是指依照《企业所得税法》及其实施条例规定，经认定机构按照《高新技术企业认定管理办法》(国科发火〔2008〕172 号)和《高新技术企业认定管理工作指引》(国科发火〔2008〕362 号)认定取得高新技术企业证书并正在享受企业所得税 15% 税率优惠的企业。

国家需要重点扶持的高新技术企业，是指拥有核心自主知识产权，并同时符合下列 6 方面条件的企业：

(1) 拥有核心自主知识产权。这是指在中国境内(不含港、澳、台地区)注册的企业，近 3 年内通过自主研发、受让、受赠、并购等方式，或通过 5 年以上的独占许可方式，对其主要产品(服务)的核心技术拥有自主知识产权。

(2) 产品(服务)属于《国家重点支持的高新技术领域》规定的范围。

(3) 研究开发费用占销售收入的比例不低于规定比例。这是指企业为获得科学技术(不包括人文、社会科学)新知识，创造性运用科学技术新知识，或实质性改进技术、产品(服务)而持续进行了研究开发活动，且近 3 个会计年度的研究开发费用总额占销售收入总额的比例符合如下要求：① 最近一年销售收入小于 5 000 万元的企业，比例不低于 6%；② 最近一年销售收入在 5 000 万元至 20 000 万元的企业，比例不低于 4%；③ 最近一年销售收入在 20 000 万元以上的企业，比例不低于 3%。

其中，企业在中国境内发生的研究开发费用总额占全部研究开发费用总额的比例不低于 60%。企业注册成立时间不足 3 年的，按实际经营年限计算。

(4) 高新技术产品(服务)收入占企业总收入的比例不低于规定比例。是指高新技术产品(服务)收入占企业当年总收入的 60% 以上。

(5) 科技人员占企业职工总数的比例不低于规定比例。是指具有大学专科以上学历的科技人员占企业当年职工总数的 30% 以上，其中研发人员占企业当年职工总数的 10% 以上。

（6）高新技术企业认定管理办法规定的其他条件。《国家重点支持的高新技术领域》和《高新技术企业认定管理办法》由国务院科技、财政、税务主管部门等国务院有关部门制定。报国务院批准后公布施行。

高新技术企业应在资格期满前 3 个月内提出复审申请，在通过复审之前，在其高新技术企业资格有效期内，其当年企业所得税暂按 15% 的税率预缴。

以境内、境外全部生产经营活动有关的研究开发费用总额、总收入、销售收入总额、高新技术产品（服务）收入等指标申请并经认定的高新技术企业，其来源于境外的所得可以享受高新技术企业所得税优惠政策，即其来源于境外的所得可以按照 15% 的优惠税率缴纳企业所得税，在计算境外抵免限额时，可按照 15% 的优惠税率计算境内、外应纳税总额。

上述高新技术企业境外所得税收抵免的其他事项，仍按照财税〔2009〕125 号文件的有关规定执行。

2. 经济特区和上海浦东新区新设立高新技术企业过渡性税收优惠

对经济特区和上海浦东新区内在 2008 年 1 月 1 日（含）之后完成登记注册的国家需要重点扶持的高新技术企业（以下简称新设高新技术企业），在经济特区和上海浦东新区内取得的所得，自取得第一笔生产经营收入所属纳税年度起，第一年至第二年免征企业所得税，第三年至第五年按照 25% 的法定税率减半征收企业所得税。

经济特区和上海浦东新区内新设高新技术企业同时在经济特区和上海浦东新区以外的地区从事生产经营的，应当单独计算其在经济特区和上海浦东新区内取得的所得，并合理分摊企业的期间费用；没有单独计算的，不得享受企业所得税优惠。

经济特区和上海浦东新区内新设高新技术企业在按照规定享受过渡性税收优惠期间，由于复审或抽查不合格而不再具有高新技术企业资格的，从其不再具有高新技术企业资格年度起，停止享受过渡性税收优惠；以后再次被认定为高新技术企业的，不得继续享受或者重新享受过渡性税收优惠。

（四）小型微利企业优惠

小型微利企业是指企业的全部生产经营活动产生的所得均负有我国企业所得税纳税义务的企业。小型微利企业减按 20% 的税率征收企业所得税。小型微利企业的条件如下：

(1) 工业企业,年度应纳税所得额不超过 30 万元,从业人数不超过 100 人,资产总额不超过 3 000 万元。

(2) 其他企业,年度应纳税所得额不超过 30 万元,从业人数不超过 80 人,资产总额不超过 1 000 万元。

上述"从业人数"按企业全年平均从业人数计算,"资产总额"按企业年初和年末的资产总额平均计算。

仅有来源于我国所得、负有我国纳税义务的非居民企业,不适用上述规定。

自 2012 年 1 月 1 日至 2015 年 12 月 31 日,对年应纳税所得额低于 6 万元(含 6 万元)的小型微利企业,其所得减按 50% 计入应纳税所得额,按 20% 的税率缴纳企业所得税。

(五) 加计扣除优惠

加计扣除优惠包括以下两项内容。

1. 研究开发费

研究开发费是指企业为开发新技术、新产品、新工艺发生的研究开发费用,未形成无形资产计入当期损益的,在按照规定据实扣除的基础上,按照研究开发费用的 50% 加计扣除;形成无形资产的,按照无形资产成本的 150% 摊销。

从 2008 年 1 月 1 日起,可以加计扣除的研究开发费按下列十三项相关规定执行。

(1) 研究开发费是指从事规定范围内的研究开发活动发生的相关费用。研究开发活动是指企业为获得科学与技术(不包括人文、社会科学)新知识,创造性运用科学技术新知识,或实质性改进技术、工艺、产品(服务)而持续进行的具有明确目标的研究开发活动。

创造性运用科学技术新知识,或实质性改进技术、工艺、产品(服务),是指企业通过研究开发活动在技术、工艺、产品(服务)方面的创新取得了有价值的成果,对本地区(省、自治区、直辖市或计划单列市)相关行业的技术、工艺领先具有推动作用,不包括企业产品(服务)的常规性升级或对公开的科研成果直接应用等活动(如直接采用公开的新工艺、材料、装置、产品、服务或知识等)。

(2) 企业从事《国家重点支持的高新技术领域》和国家发展和改革委员会等部门公布的《当前优先发展的高技术产业化重点领域指南(2007 年度)》规定项目的研究开发活动,其在一个纳税年度中实际发生的下列八项费用支出,允许在计算应纳税所得额时按照规定实行加计扣除。

① 新产品设计费、新工艺规程制定费以及与研发活动直接相关的技术图书资料费、资料翻译费。

② 从事研发活动直接消耗的材料、燃料和动力费用。

③ 在职直接从事研发活动人员的工资、薪金、奖金、津贴、补贴。

④ 专门用于研发活动的仪器、设备的折旧费或租赁费。

⑤ 专门用于研发活动的软件、专利权、非专利技术等无形资产的摊销费用。

⑥ 专门用于中间试验和产品试制的模具、工艺装备开发及制造费。

⑦ 勘探开发技术的现场试验费。

⑧ 研发成果的论证、评审、验收费用。

自2013年1月1日起,除上述8类研发费用项目外,符合财税〔2013〕70号文件规定的5类研发费用也可计入加计扣除范围,包括如下五个方面。

① 企业依照国务院有关主管部门或者省级人民政府规定的范围和标准为在职直接从事研发活动人员缴纳的基本养老保险费、基本医疗保险费、失业保险费、工伤保险费、生育保险费和住房公积金。

② 专门用于研发活动的仪器、设备的运行维护、调整、检验、维修等费用。

③ 不构成固定资产的样品、样机及一般测试手段购置费。

④ 新药研制的临床试验费。

⑤ 研发成果的鉴定费用。

(3) 对企业共同合作开发的项目,凡符合上述条件的,由合作各方就自身承担的研发费用分别按照规定计算加计扣除。

(4) 对企业委托给外单位进行开发的研发费用,凡符合上述条件的,由委托方按照规定计算加计扣除,受托方不得再进行加计扣除。

对委托开发的项目,受托方应向委托方提供该研发项目的费用支出明细情况,否则,该委托开发项目的费用支出不得实行加计扣除。

(5) 企业根据财务会计核算和研发项目的实际情况,对发生的研发费用进行收益化或资本化处理的,可按下述两项规定计算加计扣除。

① 研发费用计入当期损益未形成无形资产的,允许再按其当年研发费用实际发生额的50%,直接抵扣当年的应纳税所得额。

② 研发费用形成无形资产的,按照该无形资产成本的150%在税前摊销。除法律另有规定外,摊销年限不得低于10年。

(6) 法律、行政法规和国家税务总局规定不允许企业所得税税前扣除的费用和支出项目,均不允许计入研究开发费用加计扣除。

(7) 企业未设立专门的研发机构或企业研发机构同时承担生产经营任务的,应对研发费用和生产经营费用分开进行核算,准确、合理地计算各项研究开发费用支出,对划分不清的,不得实行加计扣除。

(8) 企业必须对研究开发费用实行专账管理,同时必须按照规定项目,准确归集填写年度可加计扣除的各项研究开发费用实际发生金额。企业应于年度汇算清缴所得税申报时向主管税务机关报送规定的相应资料。申报的研究开发费用不真实或者资料不齐全的,不得享受研究开发费用加计扣除,主管税务机关有权对企业申报的结果进行合理调整。

企业在一个纳税年度内进行多个研究开发活动的,应按照不同开发项目分别归集可加计扣除的研究开发费用额。

(9) 企业申请研究开发费加计扣除时,应向主管税务机关报送如下六项资料。

① 自主、委托、合作研究开发项目计划书和研究开发费预算。

② 自主、委托、合作研究开发专门机构或项目组的编制情况和专业人员名单。

③ 自主、委托、合作研究开发项目当年研究开发费用发生情况归集表。

④ 企业总经理办公会或董事会关于自主、委托、合作研究开发项目立项的决议文件。

⑤ 委托、合作研究开发项目的合同或协议。

⑥ 研究开发项目的效用情况说明、研究成果报告等资料。

(10) 企业实际发生的研究开发费,在年度中间预缴所得税时,允许据实计算扣除,在年度终了进行所得税年度申报和汇算清缴时,再依照上述规定计算加计扣除。

(11) 主管税务机关对企业申报的研究开发项目有异议的,可要求企业提供政府科技部门的鉴定意见书。

(12) 企业研究开发费各项目的实际发生额归集不准确、汇总额计算不准确的,主管税务机关有权调整其税前扣除额或加计扣除额。

(13) 企业集团研究开发费用按下列五项规定处理。

① 企业集团根据生产经营和科技开发的实际情况,对技术要求高、投资数额大,需要由集团公司进行集中开发的研究开发项目,其实际发生的研究开发费,

可以按照合理的分摊方法在受益集团成员公司间进行分摊。

② 企业集团采取合理分摊研究开发费办法的,企业集团应提供集中研究开发项目的协议或合同,该协议或合同应明确规定参与各方在该研究开发项目中的权利和义务、费用分摊方法等内容。如果不提供协议或合同,研究开发费不得加计扣除。

③ 企业集团采取合理分摊研究开发费办法的,企业集团集中研究开发项目实际发生的研究开发费,应当按照权利和义务、费用支出和收益分享一致的原则,合理确定研究开发费用的分摊方法。

④ 企业集团采取合理分摊研究开发费办法的,企业集团母公司负责编制集中研究开发项目的立项书、研究开发费用预算表、决算表和决算分摊表。

⑤ 税企双方对企业集团集中研究开发费的分摊方法和金额有争议的:如果企业集团成员公司设在不同省、自治区、直辖市和计划单列市,企业按照国家税务总局的裁决意见扣除实际分摊的研究开发费;如果企业集团成员公司在同一省、自治区、直辖市和计划单列市的,企业按照省级税务机关的裁决意见扣除实际分摊的研究开发费。

2. 企业安置残疾人员所支付的工资

企业安置残疾人员所支付工资费用的加计扣除,是指企业安置残疾人员的,在按照支付给残疾职工工资据实扣除的基础上,按照支付给残疾职工工资的100％加计扣除。残疾人员的范围适用《中华人民共和国残疾人保障法》的有关规定。企业安置国家鼓励安置的其他就业人员所支付的工资的加计扣除办法,由国务院另行规定。

依据财税〔2009〕70号文件,对企业安置残疾人员所支付工资费用的加计扣除有三项规定如下。

(1) 企业享受安置残疾职工工资100％加计扣除应同时具备如下四项条件。

① 依法与安置的每位残疾人签订了1年以上(含1年)的劳动合同或服务协议,并且安置的每位残疾人在企业实际上岗工作。

② 为安置的每位残疾人按月足额缴纳了企业所在区、县人民政府根据国家政策规定的基本养老保险、基本医疗保险、失业保险和工伤保险等社会保险。

③ 定期通过银行等金融机构向安置的每位残疾人实际支付了不低于企业所在区、县适用的经省级人民政府批准的最低工资标准的工资。

④ 具备安置残疾人上岗工作的基本设施。

(2) 企业应在年度终了进行企业所得税年度申报和汇算清缴时，向主管税务机关报送已安置残疾职工名单及其《中华人民共和国残疾人证》或《中华人民共和国残疾军人证(1 至 8 级)》复印件和主管税务机关要求提供的其他资料，办理享受企业所得税加计扣除优惠的备案手续。

(3) 在企业汇算清缴结束后，主管税务机关在对企业进行日常管理，纳税评估和纳税检查时，应对安置残疾人员企业所得税加计扣除优惠的情况进行核实。

(六) 加速折旧优惠

企业的固定资产由于技术进步等原因，确需加速折旧的，可以缩短折旧年限或者采取加速折旧的方法。可采用以上折旧方法的固定资产是指：① 由于技术进步，产品更新换代较快的固定资产；② 常年处于强震动、高腐蚀状态的固定资产。

采取缩短折旧年限方法的，最低折旧年限不得低于规定折旧年限的 60%；采取加速折旧方法的，可以采取双倍余额递减法或者年数总和法。

(七) 减计收入优惠

(1) 企业综合利用资源。生产符合国家产业政策规定的产品所取得的收入，可以在计算应纳税所得额时减计收入。

综合利用资源指企业以《资源综合利用企业所得税优惠目录》规定的资源作为主要原材料，生产国家非限制和禁止并符合国家和行业相关标准的产品取得的收入，减按 90% 计入收入总额。

上述所称原材料占生产产品材料的比例不得低于《资源综合利用企业所得税优惠目录》规定的标准。

(2) 农村金融减计收入。根据《财政部、国家税务总局关于农村金融有关税收政策的通知》(财税〔2010〕4 号)规定，自 2009 年 1 月 1 日至 2013 年 12 月 31 日，对金融机构农户小额贷款的利息收入，保险公司为种植业、养殖业提供保险业务的保费收入，在计算应纳税所得额时，按 90% 比例减计收入。

(八) 税额抵免优惠

税额抵免是指企业购置并实际使用《环境保护专用设备企业所得税优惠目录》《节能节水专用设备企业所得税优惠目录》和《安全生产专用设备企业所得税优惠目录》规定的环境保护、节能节水、安全生产等专用设备的，该专用设备的投资额的 10% 可以从企业当年的应纳税额中抵免；当年不足抵免的，可以在以后 5 个纳税年度结转抵免。

享受上述企业所得税优惠的企业,应当实际购置并自身实际投入适用前款规定的专用设备;企业购置上述专用设备在5年内转让、出租的,应当停止享受企业所得税优惠,并补缴已经抵免的企业所得税税款。转让的受让方可以按照该专用设备投资额的10%抵免当年企业所得税应纳税额;当年应纳税额不足抵免的,可以在以后5个纳税年度结转抵免。

企业所得税优惠目录,由国务院财政、税务主管部门商国务院有关部门制定,报国务院批准后公布施行。

企业同时从事适用不同企业所得税待遇的项目的,其优惠项目应当单独计算所得,并合理分摊企业的期间费用;没有单独核算的,不得享受企业所得税优惠。

自2009年1月1日起,增值税一般纳税人购进固定资产发生的进项税额可从其销项税额中抵扣。如果增值税进项税额允许抵扣,其专用设备投资额不再包括增值税进项税额;如果增值税进项税额不允许抵扣,其专用设备投资额应为增值税专用发票上注明的价税合计金额。企业购买专用设备取得普通发票的,其专用设备投资额为普通发票上注明的金额。

(九) 民族自治地方的优惠

民族自治地方的自治机关对本民族自治地方的企业应缴纳的企业所得税中属于地方分享的部分,可以决定减征或者免征。自治州、自治县决定减征或者免征的,须报省、自治区、直辖市人民政府批准。

《企业所得税法》所称民族自治地方,是指依照《中华人民共和国民族区域自治法》的规定,实行民族区域自治的自治区、自治州、自治县。

对民族自治地方内国家限制和禁止行业的企业,不得减征或者免征企业所得税。

民族自治地方在新税法实施前已经按照《财政部国家税务总局海关总署关于西部大开发税收优惠政策问题的通知》(财税〔2001〕202号)第二条第二款有关减免税规定批准享受减免企业所得税(包括减免中央分享企业所得税的部分)的,自2008年1月1日起计算,对减免税期限在5年以内(含5年)的,继续执行至期满后停止;对减免税期限超过5年的,从第6年起按《企业所得税法》第二十九条的规定执行。

(十) 非居民企业优惠

非居民企业减按10%的税率征收企业所得税。这里的非居民企业是指在中国境内未设立机构、场所,或者虽设立机构、场所但取得的所得与其所设机构、场所没有实际联系的企业。该类非居民企业取得下列所得免征企业所得税:

(1) 外国政府向中国政府提供贷款取得的利息所得。

(2) 国际金融组织向中国政府和居民企业提供优惠贷款取得的利息所得。

(3) 经国务院批准的其他所得。

(十一) 促进节能服务产业发展的优惠

对符合条件的节能服务公司实施合同能源管理项目,符合《企业所得税法》有关规定的,自项目取得第一笔生产经营收入所属纳税年度起,第一年至第三年免征企业所得税,第四年至第六年按照25%的法定税率减半征收企业所得税。

对符合条件的节能服务公司,以及与其签订节能效益分享型合同的用能企业,实施合同能源管理项目有关资产的企业所得税税务处理按以下三项规定执行。

(1) 用能企业按照能源管理合同实际支付给节能服务公司的合理支出,均可以在计算当期应纳税所得额时扣除,不再区分服务费用和资产价款进行税务处理。

(2) 能源管理合同期满后,节能服务公司转让给用能企业的因实施合同能源管理项目形成的资产,按折旧或摊销期满的资产进行税务处理,用能企业从节能服务公司接受有关资产的计税基础也应按折旧或摊销期满的资产进行税务处理。

(3) 能源管理合同期满后,节能服务公司与用能企业办理有关资产的权属转移时,用能企业已支付的资产价款,不再另行计入节能服务公司的收入。

所称"符合条件"是指同时满足以下六项条件。

(1) 具有独立法人资格,注册资金不低于100万元,且能够单独提供用能状况诊断、节能项目设计、融资、改造(包括施工、设备安装、调试、验收等)、运行管理、人员培训等服务的专业化节能服务公司。

(2) 节能服务公司实施合同能源管理项目相关技术应符合国家质量监督检验检疫总局和国家标准化管理委员会发布的《合同能源管理技术通则》(GB/T24915—2010)规定的技术要求。

(3) 节能服务公司与用能企业签订《节能效益分享型》合同,其合同格式和内容,符合《合同法》和国家质量监督检验检疫总局和国家标准化管理委员会发布的《合同能源管理技术通则》(GB/T24915—2010)等规定。

(4) 节能服务公司实施合同能源管理的项目符合《财政部国家税务总局国家发展改革委关于公布环境保护、节能节水项目企业所得税优惠目录(试行)的通知》(财税〔2009〕166号)"节能减排技术改造"类中第一项至第八项规定的项目和条件。

(5) 节能服务公司投资额不低于实施合同能源管理项目投资总额的70%。

(6) 节能服务公司拥有匹配的专职技术人员和合同能源管理人才,具有保障项目顺利实施和稳定运行的能力。

节能服务公司与用能企业之间的业务往来,应当按照独立企业之间的业务往来收取或者支付价款、费用。不按照独立企业之间的业务往来收取或者支付价款、费用,而减少其应纳税所得额的,税务机关有权进行合理调整。

用能企业对从节能服务公司取得的与实施合同能源管理项目有关的资产,应与企业其他资产分开核算,并建立辅助账或明细账。

节能服务公司同时从事适用不同税收政策待遇项目的,其享受税收优惠项目应当单独计算收入、扣除,并合理分摊企业的期间费用;没有单独计算的不得享受税收优惠政策。

(十二) 其他过渡性优惠

《企业所得税法》公布前(2007年3月16日)已经批准设立(已经完成工商登记注册)的企业,依照当时的税收法律、行政法规规定,享受低税率优惠的,按照国务院规定,可以在《企业所得税法》施行后5年内,逐步过渡到税法规定的税率;享受定期减免税优惠的,可以在《企业所得税法》施行后继续享受到期满为止,但因未获利而尚未享受优惠的,优惠期限从税法施行年度起计算。具体七个方面规定如下。

1. 低税率优惠过渡政策

自2008年1月1日起,原享受低税率优惠政策的企业,在新税法施行后5年内逐步过渡到法定税率。享受企业所得税15%税率的企业:2008年按18%税率执行;2009年按20%税率执行;2010年按22%税率执行;2011年按24%税率执行;2012年按25%税率执行。原执行24%税率的企业,2008年起按25%税率执行。

2. "两免三减半""五免五减半"过渡政策

自2008年1月1日起,原享受企业所得税"两免三减半""五免五减半"等定期减免税优惠的企业,新税法施行后继续按原税收法律、行政法规及相关文件规定的优惠办法及年限享受至期满为止。

如果因未获利而尚未享受税收优惠的,其优惠期限从2008年度起计算。

适用15%企业所得税率并享受企业所得税定期减半优惠过渡的企业,应一律按照规定的过渡税率计算的应纳税额实行减半征税,即2008年按18%税率计算的应纳税额实行减半征税,2009年按20%税率计算的应纳税额实行减半征税,2010年按22%税率计算的应纳税额实行减半征税,2011年按24%税率计算的应纳税额实行减半征税。2012年及以后年度按25%税率计算的应纳税额实行减半征税。

对原适用24%或33%企业所得税率并享受《国务院关于实施企业所得税过渡优惠政策的通知》(国发〔2007〕39号)规定的企业所得税定期减半优惠过渡的企业,2008年及以后年度一律按25%的税率计算的应纳税额实行减半征税。

3. 原外商投资企业税收优惠的处理

(1) 2008年1月1日之前外商投资企业形成的累积未分配利润,在2008年以后分配给外国投资者的,免征企业所得税;2008年及以后年度外商投资企业新增利润分配给外国投资者的,依法缴纳企业所得税。

(2) 外国投资者从外商投资企业取得的税后利润直接再投资本企业增加注册资本,或者作为资本投资开办其他外商投资企业,凡在2007年底以前完成再投资事项,并在国家工商管理部门完成变更或注册登记的,可以按照原《外商投资企业和外国企业所得税法》及有关规定,给予办理再投资退税。对在2007年底以前用2007年度预分配利润进行再投资的,不给予退税。

(3) 外国企业向我国转让专有技术或提供贷款等取得所得,凡上述事项所涉及的合同是在2007年底以前签订,且符合《外商投资企业和外国企业所得税法》规定免税条件,经税务机关批准给予免税的,在合同有效期内可继续给予免税,但不包括延期、补充合同或扩大的条款。各主管税务机关应做好合同执行跟踪管理工作,及时开具完税证明。

(4) 外商投资企业按照《外商投资企业和外国企业所得税法》规定享受定期减免税优惠,2008年后,企业生产经营业务性质或经营期发生变化,导致其不符合《外商投资企业和外国企业所得税法》规定条件的,仍应依据该法规定补缴其此前(包括在优惠过渡期内)已经享受的定期减免税税款。各主管税务机关在每年对这类企业进行汇算清缴时,应对其经营业务内容和经营期限等变化情况审核。

4. 关于居民企业选择适用税率及减半征税的具体界定

(1) 居民企业被认定为高新技术企业,同时又处于《国务院关于实施企业所得税过渡优惠政策的通知》(国发〔2007〕39号)第一条第三款规定享受企业所得税"两免三减半""五免五减半"等定期减免税优惠过渡期的,该居民企业的所得税适用税率可以选择依照过渡期适用税率并适用减半征税至期满,或者选择适用高新技术企业的15%税率,但不能享受15%税率的减半征税。

(2) 居民企业被认定为高新技术企业,同时又符合软件生产企业和集成电路生产企业定期减半征收企业所得税优惠条件的,该居民企业的所得税适用税率可以选择适用高新技术企业的15%税率,也可以选择依照25%的法定税率减半征税,但不能享受15%税率的减半征税。

(3) 居民企业取得《企业所得税法实施条例》第八十六条、第八十七条、第八十八条和第九十条规定可减半征收企业所得税的所得,是指居民企业应就该部分所得单独核算并依照25%的法定税率减半缴纳企业所得税。

(4) 高新技术企业减低税率优惠属于变更适用条件的延续政策而未列入过渡政策,因此,凡居民企业经税务机关核准2007年度及以前享受高新技术企业或新技术企业所得税优惠,2008年及以后年度未被认定为高新技术企业的,自2008年起不得适用高新技术企业的15%税率,也不适用国发〔2007〕39号文件第一条第二款规定的过渡税率,而应自2008年度起适用25%的法定税率。

5. 西部大开发的税收优惠

(1) 适用范围

本政策的适用范围包括重庆市、四川省、贵州省、云南省、西藏自治区、陕西省、甘肃省、宁夏回族自治区、青海省、新疆维吾尔自治区、新疆生产建设兵团、内蒙古自治区和广西壮族自治区(上述地区统称"西部地区")。湖南省湘西土家族苗族自治州,湖北省恩施土家族苗族自治州、吉林省延边朝鲜族自治州,可以比照西部地区的税收优惠政策执行。

(2) 具体内容

① 西部地区内资鼓励类产业、外商投资鼓励类产业及优势产业的项目在投资总额内进口的自用设备,在政策规定范围内免征关税。

② 自2011年1月1日至2020年12月31日,对设在西部地区的鼓励类产业企业减按15%的税率征收企业所得税。

上述鼓励类产业企业是指以《西部地区鼓励类产业目录》中规定的产业项目

为主营业务，且其主营业务收入占企业收入总额70%以上的企业。

③ 对西部地区2010年12月31日前新办的、根据《财政部、国家税务总局、海关总署关于西部大开发税收优惠政策问题的通知》（财税〔2001〕202号）第二条第三款规定可以享受企业所得税"两免三减半"优惠的交通、电力、水利、邮政、广播电视企业，其享受的企业所得税"两免三减半"优惠可以继续享受到期满为止。

6. 赣州市执行西部大开发税收政策优惠

(1) 对赣州市内资鼓励类产业、外商投资鼓励类产业及优势产业的项目在投资总额内进口的自用设备，在政策规定范围内免征关税。

(2) 自2012年1月1日至2020年12月31日，对设在赣州市的鼓励类产业的内资企业和外商投资企业减按15%的税率征收企业所得税。

鼓励类产业的内资企业是指以《产业结构调整指导目录》中规定的鼓励类产业项目为主营业务，且其主营业务收入占企业收入总额70%以上的企业。

鼓励类产业的外商投资企业是指以《外商投资产业指导目录》中规定的鼓励类项目和《中西部地区外商投资优势产业目录》中规定的江西省产业项目为主营业务，且其主营业务收入占企业收入总额70%以上的企业。

7. 其他事项

(1) 享受企业所得税过渡优惠政策的企业，应按照《企业所得税法》及其实施条例中有关收入和扣除的规定计算应纳税所得额。

(2) 企业所得税过渡优惠政策与《企业所得税法》及其实施条例规定的优惠政策存在交叉的，由企业选择最优惠的政策执行，不得叠加享受，且一经选择，不得改变。

(3) 法律设置的发展对外经济合作和技术交流的特定地区内，以及国务院已规定执行上述地区特殊政策的地区内新设立的国家需要重点扶持的高新技术企业，可以享受过渡性税收优惠，具体办法由国务院规定。

(4) 国家已确定的其他鼓励类企业，可以按照国务院规定享受减免税优惠。

第二节　应税收入和纳税时点

应纳税所得额是企业所得税的计税依据，按照《企业所得税法》的规定，应纳税所得额为企业每一个纳税年度的收入总额，减除不征税收入、免税收入、各项

扣除以及允许弥补的以前年度亏损后的余额。基本公式为

$$应纳税所得额＝收入总额－不征税收入－免税收入－各项扣除－以前年度亏损。$$

企业应纳税所得额的计算，除特殊规定外，以权责发生制为原则，即属于当期的收入和费用，不论款项是否收付，均作为当期的收入和费用；不属于当期的收入和费用，即使款项已经在当期收付，也不作为当期的收入和费用。应纳税所得额的正确计算直接关系到国家财政收入和企业的税收负担，并且同成本、费用核算关系密切。因此，《企业所得税法》对应纳税所得额计算作了明确规定，主要内容包括收入总额、扣除范围和标准、资产的税务处理、亏损弥补等。

一、收入总额

企业的收入总额包括以货币形式和非货币形式从各种来源取得的收入，具体有销售货物收入，提供劳务收入，转让财产收入，股息、红利等权益性投资收益，利息收入，租金收入，特许权使用费收入，接受捐赠收入，其他收入。

企业取得收入的货币形式，包括现金、存款、应收账款、应收票据、准备持有至到期的债券投资以及债务的豁免等；纳税人以非货币形式取得的收入，包括固定资产、生物资产、无形资产、股权投资、存货、不准备持有至到期的债券投资、劳务以及有关权益等，这些非货币资产应当按照公允价值确定收入额，公允价值是指按照市场价格确定的价值。

（一）一般收入的确认

1. 销售货物收入

企业销售商品、产品、原材料、包装物、低值易耗品以及其他存货取得的收入。

2. 提供劳务收入

企业从事建筑安装、修理修配、交通运输、仓储租赁、金融保险、邮电通信、咨询经纪、文化体育、科学研究、技术服务、教育培训、餐饮住宿、中介代理、卫生保健、社区服务、旅游、娱乐、加工以及其他劳务服务活动取得的收入。

3. 转让财产收入

企业转让固定资产、生物资产、无形资产、股权、债权等财产取得的收入。企业转让股权收入，应于转让协议生效且完成股权变更手续时，确认收入的实现。

转让股权收入扣除为取得该股权所发生的成本后,为股权转让所得。企业在计算股权转让所得时,不得扣除被投资企业未分配利润等股东留存收益中按该项股权所可能分配的金额。

4. 股息、红利等权益性投资收益

企业因权益性投资从被投资方取得的收入。股息、红利等权益性投资收益,除国务院财政、税务主管部门另有规定外,应以被投资企业股东会或股东大会作出利润分配或转股决定的日期,确认收入的实现。被投资企业将股权(票)溢价所形成的资本公积转为股本的,不作为投资方企业的股息、红利收入,投资方企业也不得增加该项长期投资的计税基础。

5. 利息收入

企业将资金提供他人使用但不构成权益性投资,或者因他人占用本企业资金取得的收入,包括存款利息、贷款利息、债券利息、欠款利息等收入。利息收入按照合同约定的债务人应付利息的日期确认收入的实现。

根据《国家税务总局关于企业混合性投资业务企业所得税处理问题的公告》(国家税务总局公告2013年第41号)规定,企业混合性投资业务企业所得税处理如下。

(1)企业混合性投资业务,是指兼具权益和债权双重特性的投资业务。同时符合下列五项条件的混合性投资业务,按下列(2)进行企业所得税处理。

① 被投资企业接受投资后,需要按投资合同或协议约定的利率定期支付利息(或定期支付保底利息、固定利润、固定股息,下同);

② 有明确的投资期限或特定的投资条件,并在投资期满或者满足特定投资条件后,被投资企业需要赎回投资或偿还本金;

③ 投资企业对被投资企业净资产不拥有所有权;

④ 投资企业不具有选举权和被选举权;

⑤ 投资企业不参与被投资企业日常生产经营活动。

(2)符合本公告第一条规定的混合性投资业务,按下列两项规定进行企业所得税处理。

① 对于被投资企业支付的利息,投资企业应于被投资企业应付利息的日期,确认收入的实现并计入当期应纳税所得额;被投资企业应于应付利息的日期,确认利息支出,并按税法和《国家税务总局关于企业所得税若干问题的公告》(国家税务总局公告2011年第34号)第一条的规定,即"非金融企业向非金融企业借

款利息支出"的规定进行税前扣除。

② 对于被投资企业赎回的投资,投资双方应于赎回时将赎价与投资成本之间的差额确认为债务重组损益,分别计入当期应纳税所得额。

(3) 该规定自 2013 年 9 月 1 日起执行。此前发生的已进行税务处理的混合性投资业务,不再进行纳税调整。

6. 租金收入

企业提供股东资产、包装物或者其他有形资产的使用权取得的收入。租金收入,按照合同约定的承租人应付租金的日期确认收入的实现。

如果交易合同或协议中规定租赁期限跨年度,且租金提前一次性支付的,根据《企业所得税法实施条例》第九条规定的收入与费用配比原则,出租人可对上述已确认的收入,在租赁期内,分期均匀计入相关年度收入。

7. 特许权使用费收入

企业提供专利权、非专利技术、商标权、著作权以及其他特许权的使用权取得的收入。特许权使用费收入,按照合同约定的特许权使用人应付特许权使用费的日期确认收入的实现。

8. 接受捐赠收入

企业接受的来自其他企业、组织或者个人无偿给予的货币性资产、非货币性资产。接受捐赠收入,按照实际收到捐赠资产的日期确认收入的实现。

9. 其他收入

企业取得的除上述收入外的其他收入,包括企业资产溢余收入、逾期未退包装物押金收入、确实无法偿付的应付款项、已作坏账损失处理后又收回的应收款项、债务重组收入、补贴收入、违约金收入、汇兑收益等。

《商务部关于商业保理试点有关工作的通知》规定,商业保理公司可以为企业提供贸易融资、销售分户账管理、客户资信调查与评估、应收账款管理与催收、信用风险担保等服务。开展商业保理原则上应设立独立的公司;不混业经营,不得从事吸收存款、发放贷款等金融活动,禁止专门从事或受托开展催收业务,禁止从事讨债业务。

根据上述商业保理公司的业务类型,商业保理公司的收入主要包括因提供贸易融资而取得的利息收入和提供销售分户账管理、客户资信调查与评估、应收账款管理与催收、信用风险担保等服务的劳务收入。

利息收入根据合同的约定,通常为按照合同约定的支付利息的方式分期确认收入。在实践中,还存在提供资金时一次性收取"保理额度使用费"的情形,类似于银行、金融小贷公司提供借款时收取的"财务顾问费"。

(二) 特殊收入的确认

(1) 以分期收款方式销售货物的,按照合同约定的收款日期确认收入的实现。

(2) 企业受托加工制造大型机械设备、船舶、飞机,以及从事建筑、安装、装配工程业务或者提供其他劳务等,持续时间超过 12 个月的,按照纳税年度内完工进度或者完成的工作量确认收入的实现。

(3) 采取产品分成方式取得收入的,按照企业分得产品的日期确认收入的实现,其收入额按照产品的公允价值确定。

(4) 企业发生非货币性资产交换,以及将货物、财产、劳务用于捐赠、偿债、赞助、集资、广告、样品、职工福利或者利润分配等用途的,应当视同销售货物、转让财产或者提供劳务,但国务院财政、税务主管部门另有规定的除外。

(三) 处置资产收入的确认

自 2008 年 1 月 1 日起,企业处置资产的所得税处理根据《企业所得税法实施条例》第二十五条的规定执行,对 2008 年 1 月 1 日以前发生的处置资产,2008 年 1 月 1 日以后尚未进行税务处理的,也按此规定执行。

(1) 企业发生下列情形的处置资产,除将资产转移至境外以外,由于资产所有权属在形式和实质上均不发生改变,可作为内部处置资产,不视同销售确认收入,相关资产的计税基础延续计算:① 将资产用于生产、制造、加工另一产品;② 改变资产形状、结构或性能;③ 改变资产用途(如自建商品房转为自用或经营);④ 将资产在总机构及其分支机构之间转移;⑤ 上述两种或两种以上情形的混合;⑥ 其他不改变资产所有权属的用途。

(2) 企业将资产移送他人的下列情形,因资产所有权属已发生改变而不属于内部处置资产,应按规定视同销售确定收入:① 用于市场推广或销售;② 用于交际应酬;③ 用于职工奖励或福利;④ 用于股息分配;⑤ 用于对外捐赠;⑥ 其他改变资产所有权属的用途。

(3) 企业发生第二种情形时,属于企业自制的资产,应按企业同类资产同期对外销售价格确定销售收入;属于外购的资产,不以销售为目的,具有替代职工福利等费用支出性质,且购买后在一个纳税年度内处置的,可按购入时的价格确定销售收入。

(四)相关收入实现的确认

除《企业所得税法》及其实施条例前述关于收入的规定外,企业销售收入的确认,必须遵循权责发生制原则和实质重于形式原则。

企业销售商品同时满足下列四个条件的,应确认收入的实现。

(1)商品销售合同已经签订,企业已将商品所有权相关的主要风险和报酬转移给购货方。

(2)企业对已售出的商品既没有保留通常与所有权相联系的继续管理权,也没有实施有效控制。

(3)收入的金额能够可靠地计量。

(4)已发生或将发生的销售方的成本能够可靠地核算。

符合上款收入确认条件,采取下列商品销售方式的,应按以下四个规定确认收入实现时间。

(1)销售商品采用托收承付方式的,在办妥托收手续时确认收入。

(2)销售商品采取预收款方式的,在发出商品时确认收入。

(3)销售商品需要安装和检验的,在购买方接受商品以及安装和检验完毕时确认收入。如果安装程序比较简单,可在发出商品时确认收入。

(4)销售商品采用支付手续费方式委托代销的,在收到代销清单时确认收入。

采用售后回购方式销售商品的,销售的商品按售价确认收入,回购的商品作为购进商品处理。有证据表明不符合销售收入确认条件的,如以销售商品方式进行融资,收到的款项应确认为负债,回购价格大于原售价的,差额应在回购期间确认为利息费用。

值得注意的是,上述"有证据表明不符合销售收入确认条件的,如以销售商品方式进行融资",一般情况是指甲方以商品作抵押或质押向乙方进行借款,在此期间乙方接受的商品拥有所有权,但不能处置,在一定期间内甲方再以高于抵押或质押借款的金额将商品取回。

销售商品以旧换新的,销售商品应当按照销售商品收入确认条件确认收入,回收的商品作为购进商品处理。

企业为促进商品销售而在商品价格上给予的价格扣除属于商业折扣,商品销售涉及商业折扣的,应当按照扣除商业折扣后的金额确定销售商品收入金额。债权人为鼓励债务人在规定的期限内付款而向债务人提供的债务扣除属于现金折扣,销售商品涉及现金折扣的,应当按扣除现金折扣前的金额确定销售商品收入金额,现金折扣在实际发生时作为财务费用扣除。企业因售出商品的质量不合格等原因而在售价上给予的减让属于销售折让;企业因售出商品质量、品种不符合要求等原因而发生的退货属于销售退回。企业已经确认销售收入的售出商品发生销售折让和销售退回,应当在发生当期冲减当期销售商品收入。

企业在各个纳税期末,提供劳务交易的结果能够可靠估计的,应采用完工进度法(完工百分比)确认提供劳务收入如下四个方面。

(1) 提供劳务交易的结果能够可靠估计,是指同时满足下列三个条件:① 收入的金额能够可靠地计量;② 交易的完工进度能够可靠地确定;③ 交易中已发生和将发生的成本能够可靠地核算。

(2) 企业提供劳务完工进度的确定,可选用下列三种方法:① 已完工作的测量;② 已提供劳务占劳务总量的比例;③ 发生成本占总成本的比例。

(3) 企业应按照从接受劳务方已收或应收的合同或协议价款确定劳务收入总额,根据纳税期末提供劳务收入总额乘以完工进度扣除以前纳税年度累计已确认提供劳务收入后的金额,确认为当期劳务收入;同时,按照提供劳务估计总成本乘以完工进度扣除以前纳税期间累计已确认劳务成本后的金额,结转为当期劳务成本。

(4) 下列提供劳务满足收入确认条件的,应按如下八项规定确认收入。

① 安装费。应根据安装完工进度确认收入。安装工作是商品销售附带条件的,安装费在确认商品销售实现时确认收入。

② 宣传媒介的收费。应在相关的广告或商业行为出现于公众面前时确认收入。广告的制作费,应根据制作广告的完工进度确认收入。

③ 软件费。为特定客户开发软件的收费,应根据开发的完工进度确认收入。

④ 服务费。包含在商品售价内可区分的服务费,在提供服务的期间分期确认收入。

⑤ 艺术表演、招待宴会和其他特殊活动的收费。在相关活动发生时确认收入。收费涉及几项活动的,预收的款项应合理分配给每项活动,分别确认收入。

⑥ 会员费。申请入会或加入会员,只允许取得会籍,所有其他服务或商品都要另行收费的,在取得该会员费时确认收入。申请入会或加入会员后,会员在会员期内不再付费就可得到各种服务或商品,或者以低于非会员的价格销售商品

或提供服务的,该会员费应在整个受益期内分期确认收入。

⑦ 特许权费。属于提供设备和其他有形资产的特许权费,在交付资产或转移资产所有权时确认收入;属于提供初始及后续服务的特许权费,在提供服务时确认收入。

⑧ 劳务费。长期为客户提供重复的劳务收取的劳务费,在相关劳务活动发生时确认收入。

企业以"买一赠一"等方式组合销售本企业商品的,不属于捐赠,应将总的销售金额按各项商品的公允价值的比例来分摊确认销售收入。

二、不征税收入和免税收入

国家为了扶持和鼓励某些特定的项目,对企业取得的某些收入予以不征税或免税的特殊政策,促进经济的协调发展。

(一) 不征税收入

1. 财政拨款

各级人民政府对纳入预算管理的事业单位、社会团体等组织拨付的财政资金,但国务院和国务院财政、税务主管部门另有规定的除外。

2. 依法收取并纳入财政管理的行政事业性收费、政府性基金

行政事业性收费是指依照法律、法规等有关规定,按照规定程序批准,在实施社会公共管理,以及在向公民、法人或者其他组织提供特定公共服务过程中,向特定对象收取并纳入财政管理的费用。政府性基金是指企业依照法律、行政法规等有关规定,代政府收取的具有专项用途的财政资金。具体三项规定如下。

(1) 企业按照规定缴纳的、由国务院或财政部批准设立的政府性基金以及由国务院和省、自治区、直辖市人民政府及其财政、价格主管部门批准设立的行政事业性收费,准予在计算应纳税所得额时扣除。企业缴纳的不符合上述审批管理权限设立的基金、收费,不得在计算应纳税所得额时扣除。

(2) 企业收取的各种基金、收费,应计入企业当年收入总额。

(3) 对企业依照法律、法规及国务院有关规定收取并上缴财政的政府性基金和行政事业性收费,准予作为不征税收入,于上缴财政的当年在计算应纳税所得额时从收入总额中减除;未上缴财政的部分,不得从收入总额中减除。

3. 国务院规定的其他不征税收入

企业取得的,由国务院财政、税务主管部门规定专项用途并经国务院批准的

财政性资金。

财政性资金是指企业取得的来源于政府及其有关部门的财政补助、补贴、贷款贴息,以及其他各类财政专项资金,包括增值税即征即退、先征后退、先征后返的各种税收,但不包括企业按规定取得的出口退税款。

(1) 企业取得的各类财政性资金,除属于国家投资和资金使用后要求归还本金的以外,均应计入企业当年收入总额。国家投资是指国家以投资者身份投入企业并按有关规定相应增加企业实收资本(股本)的直接投资。

(2) 对企业取得的由国务院财政、税务主管部门规定专项用途并经国务院批准的财政性资金,准予作为不征税收入,在计算应纳税所得额时从收入总额中减除。

企业取得的专项用途的财政性资金,在进行企业所得税处理时一般应按以下两项规定执行。

① 企业从县级以上各级人民政府财政部门及其他部门取得的应计入收入总额的财政性资金,凡同时符合以下条件的,可以作为不征税收入,在计算应纳税所得额时从收入总额中减除:企业能够提供规定资金专项用途的资金拨付文件;财政部门或其他拨付资金的政府部门对该资金有专门的资金管理办法或具体管理要求;企业对该资金以及以该资金发生的支出单独进行核算。

② 企业将符合规定条件的财政性资金作不征税收入处理后,在5年(60个月)内未发生支出且未缴回财政部门或其他拨付资金的政府部门的部分,应计入取得资金第6年的应税收入总额;计入应税收入总额的财政性资金发生的支出,允许在计算应纳税所得额时扣除。

(3) 纳入预算管理的事业单位、社会团体等组织按照核定的预算和经费报领关系收到的由财政部门或上级单位拨入的财政补助收入,准予作为不征税收入,在计算应纳税所得额时从收入总额中减除,但国务院和国务院财政、税务主管部门另有规定的除外。

值得注意的是,企业的不征税收入用于支出所形成的费用,不得在计算应纳税所得额时扣除;企业的不征税收入用于支出所形成的资产,其计算的折旧、摊销不得在计算应纳税所得额时扣除。

4. 企业取得的不征税收入

应按照《财政部国家税务总局关于专项用途财政性资金企业所得税处理问题的通知》(财税〔2011〕70号)的规定进行处理。凡未按照文件规定进行管理的,应作为企业应税收入计入应纳税所得额,依法缴纳企业所得税。

(二) 免税收入

1. 国债利息收入

为鼓励企业积极购买国债,支援国家建设,税法规定,企业因购买国债所得的利息收入,免征企业所得税。

2. 符合条件的居民企业之间的股息、红利等权益性收益

居民企业直接投资于其他居民企业取得的投资收益。

3. 在中国境内设立机构、场所的非居民企业从居民企业取得与该机构、场所有实际联系的股息、红利等权益性投资收益

居民企业和非居民企业取得的上述免税的投资收益不包括连续持有居民企业公开发行并上市流通的股票不足12个月取得的投资收益。

4. 符合条件的非营利组织的收入

(1) 符合条件的非营利组织是指:① 依法履行非营利组织登记手续;② 从事公益性或者非营利性活动;③ 取得的收入除用于与该组织有关的、合理的支出外,全部用于登记核定或者章程规定的公益性或者非营利性事业;④ 财产及其孳息不用于分配;⑤ 按照登记核定或者章程规定,该组织注销后的剩余财产用于公益性或者非营利性目的,或者由登记管理机关转赠给予该组织性质、宗旨相同的组织,并向社会公告;⑥ 投入人对投入该组织的财产不保留或者享有任何财产权利;⑦ 工作人员工资福利开支控制在规定的比例内,不变相分配该组织的财产;⑧ 国务院财政、税务主管部门规定的其他条件。

(2)《企业所得税法》第二十六条第四项所称符合条件的非营利组织的收入,不包括非营利组织从事营利性活动取得的收入,但国务院财政、税务主管部门另有规定的除外。

(3) 非营利组织的下列收入为免税收入:① 接受其他单位或者个人捐赠的收入;② 除《企业所得税法》第七条规定的财政拨款以外的其他政府补助收入,但不包括因政府购买服务而取得的收入;③ 按照省级以上民政、财政部门规定收取的会费;④ 不征税收入和免税收入孳生的银行存款利息收入;⑤ 财政部、国家税务总局规定的其他收入。

5. 对企业取得的2009年及以后年度发行的地方政府债券利息所得,免征企业所得税

地方政府债券是指经国务院批准,以省、自治区、直辖市和计划单列市政府

为发行和偿还主体的债券。

三、扣除原则和范围

（一）税前扣除项目的原则

企业申报的扣除项目和金额要真实、合法。真实是指能提供证明有关支出确属已经实际发生；合法是指符合国家税法的规定，若其他法规规定与税收法规规定不一致，应以税收法规的规定为标准。除税收法规另有规定外，税前扣除一般应遵循以下三项原则。

（1）权责发生制原则。企业费用应在发生的所属期扣除。

（2）配比原则。企业发生的费用应当与收入配比扣除。除特殊规定外，企业发生的费用不得提前或滞后申报扣除。

（3）合理性原则。符合生产经营活动常规，应当计入当期损益或者有关资产成本的必要和正常的支出。

（二）扣除项目的范围

《企业所得税法》规定，企业实际发生的与取得收入有关的、合理的支出，包括成本、费用、税金、损失和其他支出，准予在计算应纳税所得额时扣除。在实际业务中，计算应纳税所得额时还应注意三方面的内容：① 企业发生的支出应当区分收益性支出和资本性支出。收益性支出在发生当期直接扣除；资本性支出应当分期扣除或者计入有关资产成本，不得在发生当期直接扣除。② 企业的不征税收入用于支出所形成的费用或者财产，不得扣除或者计算对应的折旧、摊销扣除。③ 除《企业所得税法》及其实施条例另有规定外，企业实际发生的成本、费用、税金、损失和其他支出，不得重复扣除。

1. 成本

企业在生产经营活动中发生的销售成本、销货成本、业务支出以及其他耗费，即企业销售商品（产品、材料、下脚料、废料、废旧物资等）、提供劳务、转让固定资产、无形资产（包括技术转让）的成本。

企业必须将经营活动中发生的成本合理划分为直接成本和间接成本。直接成本是指可直接计入有关成本计算对象或劳务的经营成本中的直接材料、直接人工等。间接成本是指多个部门为同一成本对象提供服务的共同成本，或者同一种投入可以制造、提供两种或两种以上的产品或劳务的联合成本。

直接成本可根据有关会计凭证、记录直接计入有关成本计算对象或劳务的经营成本中。间接成本必须根据与成本计算对象之间的因果关系、成本计算对象的产量等,以合理的方法分配计入有关成本计算对象中。

2. 费用

企业每一个纳税年度为生产、经验那个商品和提供劳务等所发生的销售(经营)费用、管理费用和财务费用。已经计入成本的有关费用除外。

销售费用是指应由企业负担的为销售商品而发生的费用,包括广告费、运输费、装卸费、包装费、展览费、保险费、销售佣金(能直接认定的进口佣金调整商品进价成本)、代销手续费、经营性租赁费及销售部门发生的差旅费、工资、福利费等费用。

管理费用是指企业的行政管理部门为管理组织经营活动提供各项支援性服务而发生的费用。

财务费用是指企业筹集经营性资金而发生的费用,包括利息净支出、汇兑净损失、金融机构手续费以及其他非资本化支出。

商业保理公司最主要的费用就是其获得资金的成本——利息支出。

企业当年度实际发生的相关成本、费用,由于各种原因未能及时取得该成本、费用的有效凭证,企业在预缴季度所得税时,可暂按账面发生金额进行核算;但在汇算清缴时,应补充提供该成本、费用的有效凭证。

3. 税金

企业发生的除企业所得税和允许抵扣的增值税以外的企业缴纳的各项税金及其附加,即企业按规定缴纳的消费税、营业税、城市维护建设税、关税、资源税、土地增值税、房产税、车船税、土地使用税、印花税、教育费附加等产品销售税金及附加。这些已纳税金准予税前扣除。扣除的方式有两种:一是在发生当期扣除;二是在发生当期计入相关资产的成本,在以后各期分摊扣除。

目前商业保理主要的税金为营业税及相应的城市维护建设税、教育费附加和地方教育费附加。随着我国营改增范围的进一步扩大,商业保理业务的主要收入将可能成为增值税应税收入。具体内容可以参加本书第二章中营改增相应章节。

4. 损失

企业在生产经营活动中发生的固定资产和存货的盘亏、毁损、报废损失,转让财产损失,呆账损失,坏账损失,自然灾害等不可抗力因素造成的损失以及其他损失。

企业发生的损失，减除责任人赔偿和保险赔款后的余额，依照国务院财政、税务主管部门的规定扣除。

企业已经作为损失处理的资产，在以后纳税年度又全部收回或者部分收回时，应当计入当期收入。

5. 其他支出

除成本、费用、税金、损失外，企业在生产经营活动中发生的与生产经营活动有关的、合理的支出。

(三) 扣除项目及其标准

在计算应纳税所得额时，下列二十一个方面的项目可按照实际发生额或规定的标准扣除。

1. 工资、薪金支出

企业发生的合理的工资、薪金支出准予据实扣除。工资、薪金支出是企业每一纳税年度支付给本企业任职或与其有雇佣关系的员工的所有现金或非现金形式的劳动报酬，包括基本工资、奖金、津贴、补贴、年终加薪、加班工资，以及与任职或者是受雇有关的其他支出。

"合理的工资、薪金"，是指企业按照股东大会、董事会、薪酬委员会或相关管理机构制定的工资、薪金制度规定实际发放给员工的工资、薪金。税务机关在对工资、薪金进行合理性确认时，可按以下七项原则掌握。

(1) 企业制定了较为规范的员工工资、薪金制度。

(2) 企业所制定的工资、薪金制度符合行业及地区水平。

(3) 企业在一定时期发放的工资、薪金是相对固定的，工资、薪金的调整是有序进行的。

(4) 企业对实际发放的工资、薪金，已依法履行了代扣代缴个人所得税义务。

(5) 有关工资、薪金的安排，不以减少或逃避税款为目的。

(6) 属于国有性质的企业，其工资、薪金，不得超过政府有关部门给予的限定数额；超过部分，不得计入企业工资、薪金总额，也不得在计算企业应纳税所得额时扣除。

(7) 企业因雇用季节工、临时工、实习生、返聘离退休人员以及接受外部劳务派遣用工所实际发生的费用，应区分为工资薪金支出和职工福利费支出，并按《企业所得税法》规定在企业所得税税前扣除。其中属于工资薪金支出的，准予计入企业工资薪金总额的基数，作为计算其他各项相关费用扣除的依据。

2. 职工福利费、工会经费、职工教育经费

企业发生的职工福利费、工会经费、职工教育经费按标准扣除,未超过标准的按实际数扣除,超过标准的只能按标准扣除,超出标准的部分不得扣除,也不得在以后年度结转扣除。

(1) 企业发生的职工福利费支出,不超过工资、薪金总额14%的部分准予扣除。企业职工福利费是指企业为职工提供的除职工工资、奖金、津贴、纳入工资总额管理的补贴、职工教育经费、社会保险费和补充养老保险费(年金)、补充医疗保险费及住房公积金以外的福利待遇支出,包括发放给职工或为职工支付的以下五项现金补贴和非货币性集体福利。

① 为职工卫生保健、生活等发放或支付的各项现金补贴和非货币性福利,包括职工因公外地就医费用,暂未实行医疗统筹企业职工医疗费用,职工供养直系亲属医疗补贴,职工疗养费用,自办职工食堂经费补贴或未办职工食堂统一供应午餐支用,符合国家有关财务规定的供暖费补贴、防暑降温费等。

② 企业尚未分离的内设集体福利部门所发生的设备、设施和人员费用,包括职工食堂、职工浴室、理发室、医务所、托儿所、疗养院、集体宿舍等集体福利部门设备、设施的折旧、维修保养费用,以及集体福利部门工作人员的工资薪金、社会保险费、住房公积金、劳务费等人工费用。

③ 职工困难补助,或者企业统筹建立和管理的专门用于帮助、救济困难职工的基金支出。

④ 离退休人员统筹外费用,包括离休人员的医疗费及离退休人员其他统筹外费用。企业重组涉及的离退休人员统筹外费用,按照《财政部关于企业重组有关职工安置费用财务管理问题的通知》(财企〔2009〕117号)执行。国家另有规定的,从其规定。

⑤ 按规定发生的其他职工福利费,包括丧葬补助费、抚恤费、职工异地安家费、独生子女费、探亲假路费,以及符合企业职工福利费定义但没有包括在本通知各条款项目中的其他支出。

值得注意的是,企业发生的职工福利费,应该单独设置账册,准确核算。没有单独设置账册准确核算的,税务机关应责令企业在规定的期限内改正。逾期仍未改正的,税务机关可对企业发生的职工福利费进行合理的核定。

(2) 企业拨缴的工会经费,不超过工资、薪金总额2%的部分准予扣除。自2010年1月1日起,在委托税务机关代收工会经费的地区,企业拨缴的工会经

费,也可凭合法、有效的工会经费代收凭据依法在税前扣除。

(3) 除国务院财政、税务主管部门另有规定外,企业发生的职工教育经费支出,不超过工资、薪金总额2.5%的部分准予扣除,超过部分准予结转以后纳税年度扣除。

上述计算职工福利费、工会经费、职工教育经费的"工资、薪金总额",是指企业按照上述第1条规定实际发放的工资、薪金总和,不包括企业的职工福利费、职工教育经费、工会经费以及养老保险费、医疗保险费、失业保险费、工伤保险费、生育保险费等社会保险费和住房公积金。

3. 社会保险费

(1) 企业依照国务院有关主管部门或者省级人民政府规定的范围和标准为职工缴纳的"五险一金",即基本养老保险费、基本医疗保险费、失业保险费、工伤保险费、生育保险费等基本社会保险费和住房公积金,准予扣除。

(2) 企业为在本企业任职或受雇的全体员工支付的补充养老保险费、补充医疗保险费,分别在不超过职工工资总额5%标准内的部分,准予扣除。超过部分,不得扣除。企业依照国家有关规定为特殊工种职工支付的人身安全保险费和符合国务院财政、税务主管部门规定可以扣除的商业保险费准予扣除。

(3) 企业参加财产保险,按照规定缴纳的保险费,准予扣除。企业为投资者或者职工支付的商业保险费,不得扣除。

4. 利息费用

企业在生产经营活动中发生的利息费用,按下列五项规定扣除。

(1) 非金融企业向金融企业借款的利息支出、金融企业的各项存款利息支出和同业拆借利息支出,企业经批准发行债券的利息支出可据实扣除。

所谓金融机构,是指各类银行、保险公司及经中国人民银行批准从事金融业务的非银行金融机构:国家专业银行、区域性银行、股份制银行、外资银行、中外合资银行以及其他综合性银行;全国性保险企业、区域性保险企业、股份制保险企业、中外合资保险企业以及其他专业性保险企业;城市、农村信用社、各类财务公司以及其他从事信托投资、租赁等业务的专业和综合性非银行金融机构。非金融机构,是指除上述金融机构以外的所有企业、事业单位以及社会团体等企业或组织。

(2) 非金融企业向非金融企业借款的利息支出,不超过按照金融企业同期同类贷款利率计算的数额的部分可据实扣除,超过部分不允许扣除。

企业在按照合同要求首次支付利息并进行税前扣除时,应提供"金融企业的同期同类贷款利率情况说明",以证明其利息支出的合理性。

"金融企业的同期同类贷款利率情况说明"中,应包括在签订该借款合同当时,本省任何一家金融企业提供同期同类贷款利率情况。该金融企业应为经政府有关部门批准成立的可以从事贷款业务的企业,包括银行、财务公司、信托公司等金融机构。"同期同类贷款利率"是指在贷款期限、贷款金额、贷款担保以及企业信誉等条件基本相同时,金融企业提供贷款的利率。既可以是金融企业公布的同期同类平均利率,也可以是金融企业对某些企业提供的实际贷款利率。

(3) 关联企业利息费用的扣除。企业从其关联方接受的债权性投资与权益性投资的比例超过规定标准而发生的利息支出,不得在计算应纳税所得额时扣除。

① 在计算应纳税所得额时,企业实际支付给关联方的利息支出,不超过以下规定比例和税法及其实施条例有关规定计算的部分,准予扣除,超过的部分不得在发生当期和以后年度扣除。

企业实际支付给关联方的利息支出,除符合下面第②条规定外,其接受关联方债权性投资与其权益性投资比例为:金融企业,5∶1;其他企业,2∶1。

② 企业如果能够按照税法及其实施条例的有关规定提供相关资料,并证明相关交易活动符合独立交易原则;或者该企业的实际税负不高于境内关联方的,其实际支付给境内关联方的利息支出,在计算应纳税所得额时准予扣除。

③ 企业同时从事金融业务和非金融业务,其实际支付给关联方的利息支出,应按照合理方法分开计算;没有按照合理方法分开计算的,一律按前述有关其他企业的比例计算准予税前扣除的利息支出。

④ 企业自关联方取得的不符合规定的利息收入应按照有关规定缴纳企业所得税。

(4) 企业向自然人借款的利息支出在企业所得税税前的扣除。

① 企业向股东或其他与企业有关联关系的自然人借款的利息支出,应根据《企业所得税法》第四十六条及《财政部国家税务总局关于企业关联方利息支出税前扣除标准有关税收政策问题的通知》(财税〔2008〕121号)规定的条件,计算企业所得税扣除额。

② 企业向除①规定以外的内部职工或其他人员借款的利息支出,其借款情况同时符合以下条件的,其利息支出在不超过按照金融企业同期同类贷款利率

计算的数额的部分,准予扣除:企业与个人之间的借贷是真实、合法、有效的,并且不具有非法集资目的或其他违反法律、法规的行为;企业与个人之间签订了借款合同。

(5) 企业投资者投资未到位发生利息支出的扣除问题。根据《国家税务总局关于企业投资者投资未到位而发生的利息支出企业所得税前扣除问题的批复》(国税函〔2009〕312号),企业投资者在规定期限内未缴足其应缴资本额的,该企业对外借款所发生的利息,相当于投资者实缴资本额与在规定期限内应缴资本额的差额应计付的利息,不属于企业合理的支出,应由企业投资者负担,不得在计算企业应纳税所得额时扣除。

具体计算不得扣除的利息,应以企业一个年度内每一账面实收资本与借款余额保持不变的期间作为一个计算期,每一计算期内不得扣除的借款利息按该期间借款利息发生额乘以该期间企业未缴足的注册资本占借款总额的比例计算,公式为

企业每一计算期不得扣除的借款利息
=该期间借款利息额×该期间未缴足注册资本额÷该期间借款额。

企业一个年度内不得扣除的借款利息总额为该年度内每一计算期不得扣除的借款利息额之和。

5. 借款费用

(1) 企业在生产经营活动中发生的合理的不需要资本化的借款费用,准予扣除。

(2) 企业为购置、建造固定资产、无形资产和经过12个月以上的建造才能达到预定可销售状态的存货发生借款的,在有关资产购置、建造期间发生的合理的借款费用,应予以资本化,作为资本性支出计入有关资产的成本;有关资产交付使用后发生的借款利息,可在发生当期扣除。

(3) 企业通过发行债券、取得贷款、吸收保户储金等方式融资而发生的合理的费用支出,符合资本化条件的,应计入相关资产成本;不符合资本化条件的,应作为财务费用,准予在企业所得税前据实扣除。

6. 汇兑损失

企业在货币交易中,以及纳税年度终了时将人民币以外的货币性资产、负债按照期末即期人民币汇率中间价折算为人民币时产生的汇兑损失,除已经计入

有关资产成本以及与向所有者进行利润分配相关的部分外,准予扣除。

7. 业务招待费

(1) 企业发生的与生产经营活动有关的业务招待费支出,按照发生额的 60% 扣除,但最高不得超过当年销售(营业)收入的 5‰。当年销售(营业)收入包括实施条例第二十五条规定的视同销售(营业)收入额。

(2) 对从事股权投资业务的企业(包括集团公司总部、创业投资企业等),其从被投资企业所分配的股息、红利以及股权转让收入,可以按规定的比例计算业务招待费扣除限额。

(3) 企业在筹建期间,发生的与筹办活动有关的业务招待费支出,可按实际发生额的 60% 计入企业筹办费,并按有关规定在税前扣除。

8. 广告费和业务宣传费

企业发生的符合条件的广告费和业务宣传费支出,除国务院财政、税务主管部门另有规定外,不超过当年销售(营业)收入 15% 的部分,准予扣除;超过部分准予结转以后纳税年度扣除。当年销售(营业)收入包括实施条例第二十五条规定的视同销售(营业)收入额。

企业申报扣除的广告费支出应与赞助支出严格区分。企业申报扣除的广告费支出,必须符合下列条件:广告是通过工商部门批准的专门机构制作的;已实际支付费用,并已取得相应发票;通过一定的媒体传播。

自 2011 年 1 月 1 日起,企业在筹建期间,发生的广告费和业务宣传费可按实际发生额计入企业筹办费,并按有关规定在税前扣除。

9. 环境保护专项资金

企业依照法律、行政法规有关规定提取的用于环境保护、生态恢复等方面的专项资金,准予扣除。上述专项资金提取后改变用途的,不得扣除。

10. 租赁费

企业根据生产经营活动的需要租入固定资产支付的租赁费,按照以下方法扣除:

(1) 以经营租赁方式租入固定资产发生的租赁费支出,按照租赁期限均匀扣除。经营性租赁是指所有权不转移的租赁。

(2) 以融资租赁方式租入固定资产发生的租赁费支出,按照规定构成融资租入固定资产价值的部分应当提取折旧费用,分期扣除。融资租赁是指在实质上转移与一项资产所有权有关的全部风险和报酬的一种租赁。

11. 劳动保护费

企业发生的合理的劳动保护支出,准予扣除。企业根据其工作性质和特点,由企业统一制作并要求员工工作时统一着装所发生的工作服饰费用,根据实施条例第二十七条的规定,可以作为企业合理的支出给予税前扣除。

12. 公益性捐赠支出

公益性捐赠是指企业通过公益性社会团体或者县级以上人民政府及其部门,用于《中华人民共和网公益事业捐赠法》规定的公益事业的捐赠。

企业发生的公益性捐赠支出,不超过年度利润总额12%的部分,准予扣除。年度利润总额,是指企业依照国家会计制度的规定计算的年度会计利润。

(1) 用于公益事业的捐赠支出,是指《中华人民共和国公益事业捐赠法》规定的向公益事业的捐赠支出,具体范围包括:① 救助灾害、救济贫困、扶助残疾人等困难的社会群体和个人的活动;② 教育、科学、文化、卫生、体育事业;③ 环境保护、社会公共设施建设;④ 促进社会发展和进步的其他社会公共和福利事业。

企事业单位、社会团体以及其他组织捐赠住房作为廉租住房的,视同公益性捐赠,按上述规定执行。

(2) 公益性社会团体,是指同时符合下列条件的基金会、慈善组织等社会团体:① 依法登记,具有法人资格;② 以发展公益事业为宗旨,且不以营利为目的;③ 全部资产及其增值为该法人所有;④ 收益和营运结余主要用于符合该法人设立目的的事业;⑤ 终止后的剩余财产不归属任何个人或者营利组织;⑥ 不经营与其设立目的无关的业务;⑦ 有健全的财务会计制度;⑧ 捐赠者不以任何形式参与社会团体财产的分配;⑨ 国务院财政、税务主管部门会同国务院民政部门等登记管理部门规定的其他条件。

(3) 公益性社会团体和县级以上人民政府及其组成部门和直属机构在接受捐赠时,捐赠资产的价值,按以下原则确认:① 接受捐赠的货币性资产,应当按照实际收到的金额计算。② 接受捐赠的非货币性资产,应当以其公允价值计算。捐赠方在向公益性社会团体和县级以上人民政府及其组成部门和直属机构捐赠时,应当提供注明捐赠非货币性资产公允价值的证明,如果不能提供上述证明,公益性社会团体和县级以上人民政府及其组成部门和直属机构不得向其开具公益性捐赠票据。

(4) 公益性社会团体和县级以上人民政府及其组成部门和直属机构在接受捐赠时,应按照行政管理级次分别使用由财政部或省、自治区、直辖市财政部门印制的公益性捐赠票,并加盖本单位的印章;对个人索取捐赠票据的,应予以开具。

新设立的基金会在申请获得捐赠税前扣除资格后,原始基金的捐赠人可凭捐赠票据依法享受税前扣除。

另外,依据国税函〔2009〕202号等文件,企业发生为汶川地震、玉树地震灾后重建、举办北京奥运会和上海世博会等特定事项的捐赠,按照《财政部 海关总署 国家税务总局关于支持玉树地震灾后恢复重建有关税收政策问题的通知》(财税〔2010〕59号)、《财政部海关总署国家税务总局关于支持汶川地震灾后恢复重建有关税收政策问题的通知》(财税〔2008〕104号)、《财政部国家税务总局海关总署关于29届奥运会税收政策问题的通知》(财税〔2003〕10号)、《财政部国家税务总局关于2010年上海世博会有关税收政策问题的通知》(财税〔2005〕180号)等相关规定,可以据实全额扣除。企业发生的其他捐赠,应按《企业所得税法》第九条及其实施条例第五十一条至第五十三条的规定计算扣除。

《财政部国家税务总局海关总署关于支持舟曲灾后恢复重建有关税收政策问题的通过》(财税〔2010〕107号)规定,自2010年8月至2012年底,企业通过公益性社会团体、县级以上人民政府及其部门向灾后的附赠,允许在当年企业所得税前全额扣除。

(5) 对符合条件的公益性群众团体,应按照管理权限,由财政部、国家税务总局和省、自治区、直辖市、计划单列市财政、税务部门分别每年联合公布名单。名单应当包括继续获得公益性捐赠税前扣除资格和新获得公益性捐赠税前扣除资格的群众团体,企业和个人在名单所属年度内向名单内的群众团体进行的公益性捐赠支出,可以按规定进行税前扣除。

对存在以下情形之一的公益性群众团体,应取消其公益性捐赠税前扣除资格:① 前3年接受捐赠的总收入中用于公益事业的支出比例低于70%的;② 在申请公益性捐赠税前扣除资格时有弄虚作假行为的;③ 存在逃避缴纳税款行为或为他人逃避缴纳税款提供便利的;④ 存在违反该组织章程的活动,或者接受的捐赠款项用于组织章程规定用途之外的支出等情况的;⑤ 受到行政处罚的。

被取消公益性捐赠税前扣除资格的公益性群众团体3年内不得重新申请公益性捐赠税前扣除资格。

(6) 对于通过公益性群众团体发生的公益性捐赠支出,主管税务机关应对照财政、税务部门联合发布的名单,接受捐赠的群众团体位于名单内,则企业或个人在名单所属年度发生的公益性捐赠支出可按规定进行税前扣除；接受捐赠的群众团体不在名单内，或虽在名单内但企业或个人发生的公益性捐赠支出不属于名单所属年度的，不得扣除。

13. 总机构分摊的费用

非居民企业在中国境内设立的机构、场所，就其中国境外总机构发生的与该机构、场所生产经营有关的费用，能够提供总机构出具的费用汇集范围、定额、分配依据和方法等证明文件，并合理分摊的，准予扣除。

14. 资产损失

企业当期发生的固定资产和流动资产盘亏、毁损净损失，由其提供清查盘存资料经向主管税务机关备案后，准予扣除；企业因存货盘亏、毁损、报废等原因不得从销项税金中抵扣的进项税金，应视同企业财产损失，准予与存货损失一起在所得税前按规定扣除。

在无追索权保理的情况下，如果商业保理公司的客户折价转让应收账款，其差异如何进行税前扣除？如果将保理服务看成是债权转让，而不是融资行为，一种处理方式便是将这部分差异看成是企业正常经营活动中产生的普通债权转让损失。这部分损失是企业正常经营活动中产生的，应该可以税前列支。

考虑到债权转让损失并不是在一个活跃的市场进行交易而产生，也不属于国家税务总局公告 2011 年第 25 号（25 号公告）中列举的其他清单申报项目，因此建议采用专项申报的方式。由于商业保理行为在以后的市场交易中将越来越多地被采用，因此不建议按照 25 号公告第四十五条的规定，要求出具中介机构出具的专项报告。因为商业保理业务一般发生在非关联方之间，专项报告的作用不大。但是，可以参照第四十七条的规定提交类似的证明文件，如管理层对应收账款做出保理决定的批准、应收账款产生的证明（买卖合同等）、保理合同或协议、成交及入账证明等资料。

25 号公告第四十五条：企业按独立交易原则向关联企业转让资产而发生的损失，或向关联企业提供借款、担保而形成的债权损失，准予扣除，但企业应作专项说明，同时出具中介机构出具的专项报告及其相关的证明材料。

25 号公告第四十七条：企业将不同类别的资产捆绑（打包），以拍卖、询价、竞争性谈判、招标等市场方式出售，其出售价格低于计税成本的差额，可以作为资产损失并准予在税前申报扣除，但应出具资产处置方案、各类资产作价依据、出售过程的情况说明、出售合同或协议、成交及入账证明、资产计税基础等确定依据。

15. 依照有关法律、行政法规和国家有关税法规定准予扣除的其他项目如会员费、合理的会议费、差旅费、违约金、诉讼费用等。

16. 手续费及佣金支出

(1) 企业发生与生产经营有关的手续费及佣金支出，不超过以下规定计算限额以内的部分，准予扣除；超过部分，不得扣除：

① 保险企业：财产保险企业按当年全部保费收入扣除退保金等后余额的15%（含本数，下同）计算限额；人身保险企业按当年全部保费收入扣除退保金等后余额的10%计算限额。

② 电信企业在发展客户、拓展业务等过程中（如委托销售电话入网卡、电话充值卡等），需向经纪人、代办商支付手续费及佣金的，其实际发生的相关手续费及佣金支出，不超过企业当年收入总额5%的部分，准予在企业所得税前据实扣除。

③ 其他企业：按与具有合法经营资格中介服务机构或个人（不含交易双方及其雇员、代理人和代表人等）所签订服务协议或合同确认的收入金额的5%计算限额。

(2) 企业应与具有合法经营资格的中介服务企业或个人签订代办协议或合同，并按国家有关规定支付手续费及佣金。除委托个人代理外，企业以现金等非转账方式支付的手续费及佣金不得在税前扣除。企业为发行权益性证券支付给有关证券承销机构的手续费及佣金不得在税前扣除。

(3) 企业不得将手续费及佣金支出计入回扣、业务提成、返利、进场费等费用。

(4) 企业已计入固定资产、无形资产等相关资产的手续费及佣金支出，应当通过折旧、摊销等方式分期扣除，不得在发生当期直接扣除。

(5) 企业支付的手续费及佣金不得直接冲减服务协议或合同金额，并如实入账。

(6) 企业应当如实向当地主管税务机关提供当年手续费及佣金计算分配表和其他相关资料，并依法取得合法真实凭证。

(7) 从事代理服务、主营业务收入为手续费、佣金的企业（如证券、期货、保险代理等企业），其为取得该类收入而实际发生的营业成本（包括手续费及佣金支出），准予在企业所得税前据实扣除。

17. 航空企业空勤训练费

航空企业实际发生的飞行员养成费、飞行训练费、乘务训练费、空中保卫员训练费等空勤训练费用,根据实施条例第二十七条的规定,可以作为航空企业运输成本在税前扣除。

18. 投资企业撤回或减少投资

投资企业从被投资企业撤回或减少投资,其取得的资产中,相当于初始出资的部分,应确认为投资收回;相当于被投资企业累计未分配利润和累计盈余公积按减少实收资本比例计算的部分,应确认为股息所得;其余部分确认为投资资产转让所得。

被投资企业发生的经营亏损,由被投资企业按规定结转弥补;投资企业不得调整减低其投资成本,也不得将其确认为投资损失。

19. 关于我国居民企业实行股权激励计划有关企业所得税的税务处理

为推进我国资本市场改革,促进企业建立健全激励与约束机制,根据国务院证券管理委员会发布的《上市公司股权激励管理办法(试行)》(证监公司字〔2005〕151号,以下简称《管理办法》)的规定,一些在我国境内上市的居民企业(以下简称上市公司),为其职工建立了股权激励计划。根据《企业所得税法》及其实施条例的有关规定,对上市公司实施股权激励计划有关企业所得税处理规定如下,自2012年7月1日起施行。

(1) 股权激励是指《管理办法》中规定的上市公司以本公司股票为标的,对其董事、监事、高级管理人员及其他员工(以下简称激励对象)进行的长期性激励。股权激励实行方式包括授予限制性股票、股票期权以及其他法律法规规定的方式。限制性股票是指《管理办法》中规定的激励对象按照股权激励计划规定的条件,从上市公司获得的一定数量的本公司股票。股票期权是指《管理办法》中规定的上市公司按照股权激励计划授予激励对象在未来一定期限内,以预先确定的价格和条件购买本公司一定数量股票的权利。

(2) 上市公司依照《管理办法》要求建立职工股权激励计划,并按我国企业会计准则的有关规定,在股权激励计划授予激励对象时,按照该股票的公允价格及数量,计算确定作为上市公司相关年度的成本或费用,作为换取激励对象提供服务的对价。上述企业建立的职工股权激励计划,其企业所得税的处理,按以下三项规定执行。

① 对股权激励计划实行后立即可以行权的,上市公司可以根据实际行权时

该股票的公允价格与激励对象实际行权支付价格的差额和数量,计算确定作为当年上市公司工资薪金支出,依照税法规定进行税前扣除。

② 对股权激励计划实行后,需待一定服务年限或者达到规定业绩条件(以下简称等待期)方可行权的。上市公司等待期内会计上计算确认的相关成本费用,不得在对应年度计算缴纳企业所得税时扣除。在股权激励计划可行权后,上市公司方可根据该股票实际行权时的公允价格与当年激励对象实际行权支付价格的差额及数量,计算确定作为当年上市公司工资薪金支出,依照税法规定进行税前扣除。

③ 股票实际行权时的公允价格,以实际行权日该股票的收盘价格确定。

(3) 在我国境外上市的居民企业和非上市公司,凡比照《管理办法》的规定建立职工股权激励计划,且在企业会计处理上,也按我国会计准则的有关规定处理的,其股权激励计划有关企业所得税处理。可以按照上述规定执行。

20. 关于以前年度发生应扣未扣支出的税务处理

根据《税收征管法》的有关规定,对企业发现以前年度实际发生的、按照税收规定应在企业所得税前扣除而未扣除或者少扣除的支出,企业做出专项申报及说明后,准予追补至该项目发生年度计算扣除,但追补确认期限不得超过5年。

企业由于上述原因多缴的企业所得税税款,可以在追补确认年度企业所得税应纳税款中抵扣,不足抵扣的可以向以后年度递延抵扣或申请退税。

亏损企业追补确认以前年度未在企业所得税前扣除的支出,或盈利企业经过追补确认后出现亏损的,应首先调整该项支出所属年度的亏损额,然后再按照弥补亏损的原则计算以后年度多缴的企业所得税款,并按前款规定处理。

21. 关于税前扣除规定与企业实际会计处理之间的税务处理

《企业所得税法》第二十一条规定,对企业依据财务会计制度规定,并实际在财务会计处理上已确认的支出,凡没有超过《企业所得税法》和有关税收法规规定的税前扣除范围和标准的,可按企业实际会计处理确认的支出,在企业所得税前扣除,计算其应纳税所得额。

四、不得扣除的项目

在计算应纳税所得额时,下列九个方面支出不得扣除。

(1) 向投资者支付的股息、红利等权益性投资收益款项。

(2) 企业所得税税款。

（3）税收滞纳金。这是指纳税人违反税收法规，被税务机关处以的滞纳金。

（4）罚金、罚款和被没收财物的损失。这是指纳税人违反国家有关法律、法规规定，被有关部门处以的罚款，以及被司法机关处以的罚金和被没收财物。

（5）超过规定标准的捐赠支出。

（6）赞助支出。这是指企业发生的与生产经营活动无关的各种非广告性质支出。

（7）未经核定的准备金支出。这是指不符合国务院财政、税务主管部门规定的各项资产减值准备、风险准备等准备金支出。

根据《企业所得税法实施条例》第五十五条，除财政部和国家税务总局核准计提的准备金可以税前扣除外，其他行业、企业计提的各项资产减值准备、风险准备等均不得税前扣除。

2008年1月1日前按照原《企业所得税暂行条例》规定计提的各类准备金，2008年1月1日以后，未经财政部和国家税务总局核准的，企业以后年度实际发生的相应损失，应先冲减各项准备金余额。

根据《上海市商业保理试点暂行管理办法》第十七条的规定，商业保理企业应当按照审慎会计原则，建立资产损失准备金提取制度。可以参照《非银行金融机构资产风险分类指导原则（试行）》对保理资产风险进行分类，并根据风险大小，确定资产损失准备计提比例，按照季度提取资产损失准备金。但是商业保理公司计提的资产损失准备金不得税前扣除。

（8）企业之间支付的管理费、企业内营业机构之间支付的租金和特许权使用费，以及非银行企业内营业机构之间支付的利息，不得扣除。

（9）与取得收入无关的其他支出。

五、亏损弥补

亏损是指企业依照《企业所得税法》及其实施条例的规定，将每一纳税年度的收入总额减除不征税收入、免税收入和各项扣除后小于零的数额。税法规定，企业某一纳税年度发生的亏损可以用下一年度的所得弥补，下一年度的所得不足以弥补的，可以逐年延续弥补，但最长不得超过5年。而且，企业在汇总计算缴纳企业所得税时，其境外营业机构的亏损不得抵减境内营业机构的盈利。

《国家税务总局关于发布〈企业资产损失所得税税前扣除管理办法〉的公告》（国家税务总局公告2011年第25号）第六条规定，企业以前年度发生的资产损失未能在当年税前扣除的,可以按照办法的规定,向税务机关说明并进行专项申报扣除。其中,属于实际资产损失,准予追补至该项损失发生年度扣除,其追补确认期限一般不得超过 5 年,但因计划经济体制转轨过程中遗留的资产损失、企业重组上市过程中因权属不清出现争议而未能及时扣除的资产损失、因承担国家政策性任务而形成的资产损失以及政策定性不明确而形成资产损失等特殊原因形成的资产损失,其追补确认期限经国家税务总局批准后可适当延长。属于法定资产损失,应在申报年度扣除。

企业因以前年度实际资产损失未在税前扣除而多缴的企业所得税税款,可在追补确认年度企业所得税应纳税款中予以抵扣,不足抵扣的,向以后年度递延抵扣。企业实际资产损失发生年度扣除追补确认的损失后出现亏损的,应先调整资产损失发生年度的亏损额,再按弥补亏损的原则计算以后年度多缴的企业所得税税款,并按前款办法进行税务处理。

企业筹办期间不计算为亏损年度,企业开始生产经营的年度,为开始计算企业损益的年度。企业从事生产经营之前进行筹办活动期间发生筹办费用支出,不得计算为当期的亏损,企业可以在开始经营之日的当年一次性扣除,也可以按照新税法有关长期待摊费用的处理规定处理,但一经选定,不得改变。

税务机关对企业以前年度纳税情况进行检查时调增的应纳税所得额,凡企业以前年度发生亏损,且该亏损属于《企业所得税法》规定允许弥补的,应允许调增的应纳税所得额弥补该亏损。弥补该亏损后仍有余额的,按照《企业所得税法》规定计算缴纳企业所得税。对检查调增的应纳税所得额应根据其情节,依照《税收征管法》有关规定进行处理或处罚。

六、资产的所得税处理

资产是由于资本投资而形成的财产,资本性支出以及无形资产受让、开办、开发费用,不允许作为成本、费用从纳税人的收入总额中作一次性扣除,只能采取分次计提折旧或分次摊销的方式予以扣除,即纳税人经营活动中使用的固定资产的折旧费用、无形资产和长期待摊费用的摊销费用可以扣除。税法规定,纳入税务处理范围的资产形式主要有固定资产、生物资产、无形资产、长期待摊费用、投资资产、存货等,除盘盈固定资产外,均以历史成本为计税基础。历史成本是指企业取得该项资产时实际发生的支出。企业持有各项资产期间资产增值或者减值,除国务院财政、税务主管部门规定可以确认损益外,不得调整该资产的计税基础。

(一) 固定资产的税务处理

固定资产是指企业为生产产品、提供劳务、出租或者经营管理而持有的、使用时间超过 12 个月的非货币性资产，包括房屋、建筑物、机器、机械、运输工具以及其他与生产经营活动有关的设备、器具、工具等。

1. 固定资产的计税基础

(1) 外购的固定资产，以购买价款和支付的相关税费以及直接归属于使该资产达到预定用途发生的其他支出为计税基础。

(2) 自行建造的固定资产，以竣工结算前发生的支出为计税基础。

(3) 融资租入的固定资产，以租赁合同约定的付款总额和承租人在签订租赁合同过程中发生的相关费用为计税基础，租赁合同未约定付款总额的，以该资产的公允价值和承租人在签订租赁合同过程中发生的相关费用为计税基础。

(4) 盘盈的固定资产，以同类固定资产的重置完全价值为计税基础。

(5) 通过捐赠、投资、非货币性资产交换、债务重组等方式取得的固定资产，以该资产的公允价值和支付的相关税费为计税基础。

(6) 改建的固定资产，除已足额提取折旧的固定资产和租入的固定资产以外的其他固定资产，以改建过程中发生的改建支出增加计税基础。

2. 固定资产折旧的范围

在计算应纳税所得额时，企业按照规定计算的固定资产折旧，准予扣除。下列七项固定资产不得计算折旧扣除：

(1) 房屋、建筑物以外未投入使用的固定资产。

(2) 以经营租赁方式租入的固定资产。

(3) 以融资租赁方式租出的固定资产。

(4) 已足额提取折旧仍继续使用的固定资产。

(5) 与经营活动无关的固定资产。

(6) 单独估价作为固定资产入账的土地。

(7) 其他不得计算折旧扣除的固定资产。

3. 固定资产折旧的计提方法

(1) 企业应当自固定资产投入使用月份的次月起计算折旧；停止使用的固定资产，应当自停止使用月份的次月起停止计算折旧。

(2) 企业应当根据固定资产的性质和使用情况，合理确定固定资产的预计净残值。固定资产的预计净残值一经确定,不得变更。

(3) 固定资产按照直线法计算的折旧,准予扣除。

(4) 企业对房屋、建筑物固定资产在未足额提取折旧前改扩建的,如属于推倒重置,该资产原值减除提取折旧后的净值,应并入重置后的固定资产计税成本,并在该固定资产投入使用后的次月起,按照税法规定的折旧年限,一并计提折旧;如属于提升功能、增加面积的,该固定资产的改扩建支出,并入该固定资产计税基础,并从改扩建完工投入使用后的次月起,重新按税法规定的该固定资产折旧年限计提折旧,如该改扩建后的固定资产尚可使用的年限低于税法规定的最低年限,可以按尚可使用的年限计提折旧。

4. 固定资产折旧的计提年限

除国务院财政、税务主管部门另有规定外,固定资产计算折旧的最低年限如下:

(1) 房屋、建筑物,为 20 年;

(2) 飞机、火车、轮船、机器、机械和其他生产设备,为 10 年;

(3) 与生产经营活动有关的器具、工具、家具等,为 5 年;

(4) 飞机、火车、轮船以外的运输工具,为 4 年;

(5) 电子设备,为 3 年。

从事开采石油、天然气等矿产资源的企业,在开始商业性生产前发生的费用和有关固定资产的折耗、折旧方法,由国务院财政、税务主管部门另行规定。

(二) 生物资产的税务处理

生物资产是指有生命的动物和植物。生物资产分为消耗性生物资产、生产性生物资产和公益性生物资产。消耗性生物资产是指为出售而持有的,或在将来收获为农产品的生物资产,包括生长中的大田作物、蔬菜、用材林以及存栏待售的牲畜等。生产性生物资产是指为产出农产品、提供劳务或出租等目的而持有的生物资产,包括经济林、薪炭林、产畜和役畜等。公益性生物资产是指以防护、环境保护为主要目的的生物资产,包括防风固沙林、水土保持林和水源涵养林等。

1. 生物资产的计税基础

生产性生物资产按照以下两种方法确定计税基础:

(1) 外购的生产性生物资产,以购买价款和支付的相关税费为计税基础;

(2) 通过捐赠、投资、非货币性资产交换、债务重组等方式取得的生产性生物资产,以该资产的公允价值和支付的相关税费为计税基础。

2. 生物资产的折旧方法和折旧年限

生产性生物资产按照直线法计算的折旧,准予扣除。企业应当自生产性生物资产投入使用月份的次月起计算折旧;停止使用的生产性生物资产,应当自停止使用月份的次月起停止计算折旧。

企业应当根据生产性生物资产的性质和使用情况,合理确定生产性生物资产的预计净残值。生产性生物资产的预计净残值一经确定,不得变更。

生产性生物资产计算折旧的最低年限如下:

(1) 林木类生产性生物资产,为 10 年;
(2) 畜类生产性生物资产,为 3 年。

(三) 无形资产的税务处理

无形资产是指企业长期使用但没有实物形态的资产,包括专利权、商标权、著作权、土地使用权、非专利技术、商誉等。

1. 无形资产的计税基础

无形资产按照以下三种方法确定计税基础:

(1) 外购的无形资产,以购买价款和支付的相关税费以及直接归属于使该资产达到预定用途发生的其他支出为计税基础。

(2) 自行开发的无形资产,以开发过程中该资产符合资本化条件后至达到预定用途前发生的支出为计税基础。

(3) 通过捐赠、投资、非货币性资产交换、债务重组等方式取得的无形资产,以该资产的公允价值和支付的相关税费为计税基础。

2. 无形资产摊销的范围

在计算应纳税所得额时,企业按照规定计算的无形资产摊销费用,准予扣除。

下列四种无形资产不得计算摊销费用扣除:

(1) 自行开发的支出已在计算应纳税所得额时扣除的无形资产。
(2) 自创商誉。
(3) 与经营活动无关的无形资产。
(4) 其他不得计算摊销费用扣除的无形资产。

3. 无形资产的摊销方法及年限

无形资产的摊销,采取直线法计算。无形资产的摊销年限不得低于 10 年。

对投资或者受让的无形资产,有关法律规定或者合同约定了使用年限的,可以按照规定或者约定的使用年限分期摊销。外购商誉的支出,在企业整体转让或者清算时,准予扣除。

根据财税〔2012〕27号文件,企事业单位购进软件,凡符合固定资产或无形资产确认条件的,可以按照固定资产或无形资产进行核算,其折旧或摊销年限可以适当缩短,最短可为2年(含)。

(四)长期待摊费用的税务处理

长期待摊费用是指企业发生的应在一个年度以上或几个年度进行摊销的费用。在计算应纳税所得额时,企业发生的下列四项支出作为长期待摊费用,按照规定摊销的,准予扣除:

(1)已足额提取折旧的固定资产的改建支出;

(2)租入固定资产的改建支出;

(3)固定资产的大修理支出;

(4)其他应当作为长期待摊费用的支出。

企业的固定资产修理支出可在发生当期直接扣除。企业的固定资产改良支出,如果有关固定资产尚未提足折旧,可增加固定资产价值;如果有关固定资产已提足折旧,可作为长期待摊费用,在规定的期间内平均摊销。

固定资产的改建支出,是指改变房屋或者建筑物结构、延长使用年限等发生的支出。已足额提取折旧的固定资产的改建支出,按照固定资产预计尚可使用年限分期摊销;租入固定资产的改建支出,按照合同约定的剩余租赁期限分期摊销;改建的固定资产延长使用年限的,除已足额提取折旧的固定资产、租入固定资产的改建支出外,其他的固定资产发生改建支出,应当适当延长折旧年限。

大修理支出按照固定资产尚可使用年限分期摊销。

税法所指固定资产的大修理支出,是指同时符合下列两个条件的支出:

(1)修理支出达到取得固定资产时的计税基础50%以上;

(2)修理后固定资产的使用年限延长2年以上。

其他应当作为长期待摊费用的支出,自支出发生月份的次月起,分期摊销,摊销年限不得低于3年。

(五)存货的税务处理

存货是指企业持有以备出售的产品或者商品、处在生产过程中的在产品、在生产或者提供劳务过程中耗用的材料和物料等。

1. 存货的计税基础

存货按照以下三种方法确定成本：

（1）通过支付现金方式取得的存货，以购买价款和支付的相关税费为成本；

（2）通过支付现金以外的方式取得的存货，以该存货的公允价值和支付的相关税费为成本；

（3）生产性生物资产收获的农产品，以产出或者采收过程中发生的材料费、人工费和分摊的间接费用等必要支出为成本。

2. 存货的成本计算方法

企业使用或者销售的存货的成本计算方法，可以在先进先出法、加权平均法、个别计价法中选用一种。计价方法一经选用，不得随意变更。

企业转让以上资产，在计算应纳税所得额时，资产的净值允许扣除。其中，资产的净值是指有关资产、财产的计税基础减除已经按照规定扣除的折旧、折耗、摊销、准备金等后的余额。

除国务院财政、税务主管部门另有规定外，企业在重组过程中，应当在交易发生时确认有关资产的转让所得或者损失，相关资产应当按照交易价格重新确定计税基础。

(六) 投资资产的税务处理

投资资产是指企业对外进行权益性投资和债权性投资而形成的资产。

1. 投资资产的成本

投资资产按以下两种方法确定投资成本：

（1）通过支付现金方式取得的投资资产，以购买价款为成本；

（2）通过支付现金以外的方式取得的投资资产，以该资产的公允价值和支付的相关税费为成本。

2. 投资资产成本的扣除方法

企业对外投资期间，投资资产的成本在计算应纳税所得额时不得扣除，企业在转让或者处置投资资产时，投资资产的成本准予扣除。

(七) 税法规定与会计规定差异的处理

税法规定与会计规定差异的处理是指在计算应纳税所得额时，企业财务、会计处理办法与税收法律、行政法规的规定不一致的，应当依照税收法律、行政法规的规定计算。也就是说，企业在平时会计核算时，可以按会计制度的有关规定进行账务处理，但在计算应纳税所得额和申报纳税时，对税法规定和会计制度规定有差异的,要按税法规定进行纳税调整。

(1) 企业不能提供完整、准确的收入及成本、费用凭证,不能正确计算应纳税所得额的,由税务机关核定其应纳税所得额。

(2) 企业依法清算时,以其清算终了后的清算所得为应纳税所得额,按规定缴纳企业所得税。所谓清算所得,是指企业的全部资产可变现价值或者交易价格减除资产净值、清算费用以及相关税费等后的余额。

投资方企业从被清算企业分得的剩余资产,其中相当于从被清算企业累计未分配利润和累计盈余公积中应当分得的部分,应当确认为股息所得;剩余资产减除上述股息所得后的余额,超过或者低于投资成本的部分,应当确认为投资资产转让所得或者损失。

(3) 企业应纳税所得额是根据税收法规计算出来的,它在数额上与依据财务会计制度计算的利润总额往往不一致。因此,税法规定:对企业按照有关财务会计规定计算的利润总额,要按照税法的规定进行必要调整后,才能作为应纳税所得额计算缴纳所得税。

七、资产损失税前扣除的所得税处理

(一) 资产及资产损失的概念

资产是指企业拥有或者控制的、用于经营管理活动的相关的资产,包括现金、银行存款、应收及预付款项(包括应收票据、各类垫款、企业之间往来款项)等货币性资产存货、固定资产、无形资产、在建工程、生产性生物资产等非货币性资产,以及债权性投资和股权(权益)性投资。

准予在企业所得税税前扣除的资产损失是指企业在实际处置、转让上述资产过程中发生的合理损失(以下简称实际资产损失),以及企业虽未实际处置、转让上述资产,但符合《财政部国家税务总局关于企业资产损失税前扣除政策的通知》(财税〔2009〕57号)和《国家税务总局关于发布〈企业资产损失所得税税前扣除管理办法〉的公告》(国家税务总局公告2011年第25号)规定条件计算确认的损失(以下简称法定资产损失)。

企业实际资产损失,应当在其实际发生且会计上已作损失处理的年度申报扣除;法定资产损失,应当在企业向主管税务机关提供证据资料证明该项资产已符合法定资产损失确认条件且会计上已作损失处理的年度申报扣除。

企业发生的资产损失,应按规定的程序和要求向主管税务机关申报后方能在税前扣除。未经申报的损失，不得在税前扣除。

企业以前年度发生的资产损失未能在当年税前扣除的，可以按照前述办法的规定，向税务机关说明并进行专项申报扣除。属于实际资产损失的，准予追补至该项损失发生年度扣除，其追补确认期限一般不得超过 5 年，但因计划经济体制转轨过程中遗留的资产损失、企业重组上市过程中因权属不清出现争议而未能及时扣除的资产损失、因承担国家政策性任务而形成的资产损失以及政策定性不明确而形成资产损失等特殊原因形成的资产损失，其追补确认期限经国家税务总局批准后可适当延长。属于法定资产损失，应在申报年度扣除。

企业因以前年度实际资产损失未在税前扣除而多缴的企业所得税税款，可在追补确认年度企业所得税应纳税款中予以抵扣，不足抵扣的，向以后年度递延抵扣。

企业实际资产损失发生年度扣除追补确认的损失后出现亏损的，应先调整资产损失发生年度的亏损额，再按弥补亏损的原则计算以后年度多缴的企业所得税税款，并按前款办法进行税务处理。

（二）资产损失扣除政策

依据财税〔2009〕57 号文件，企业资产损失税前扣除政策有十二个方面如下。

（1）企业清查出的现金短缺减除责任人赔偿后的余额，作为现金损失在计算应纳税所得额时扣除。

（2）企业将货币性资金存入法定具有吸收存款职能的机构，因该机构依法破产、清算，或者政府责令停业、关闭等原因，确实不能收回的部分，作为存款损失在计算应纳税所得额时扣除。

（3）企业除贷款类债权外的应收、预付账款符合下列条件之一的，减除可收回金额后确认的无法收回的应收预付款项，可以作为坏账损失在计算应纳税所得额时扣除。

① 债务人依法宣告破产关闭解散、被撤销，或者被依法注销吊销营业执照，其清算财产不足清偿的。

② 债务人死亡，或者依法被宣告失踪死亡，其财产或者遗产不足清偿的。

③ 债务人逾期 3 年以上未清偿且有确凿证据证明已无力清偿债务的。

④ 与债务人达成债务重组协议或法院批准破产重整计划后，无法追偿的。

⑤ 因自然灾害、战争等不可抗力导致无法收回的。

⑥ 国务院财政税务主管部门规定的其他条件。

(4) 企业经采取所有可能的措施和实施必要的程序之后,符合下列条件之一的贷款类债权,可以作为贷款损失在计算应纳税所得额时扣除。

① 借款人和担保人依法宣告破产、关闭、解散被撤销,并终止法人资格,或者已完全停止经营活动被依法注销、吊销营业执照,对借款人和担保人进行追偿后,未能收回的债权。

② 借款人死亡,或者依法被宣告失踪、死亡依法对其财产或者遗产进行清偿,并对担保人进行追偿后,未能收回的债权。

③ 借款人遭受重大自然灾害或者意外事故,损失巨大且不能获得保险补偿,或者以保险赔偿后,确实无力偿还部分或者全部债务对借款人财产进行清偿和对担保人进行追偿后,未能收回的债权。

④ 借款人触犯刑律,依法受到制裁,其财产不足归还所借债务,又无其他债务承担者,经追偿后确实无法收回的债权。

⑤ 由于借款人和担保人不能偿还到期债务,企业诉诸法律,经法院对借款人和担保人强制执行,借款人和担保人均无财产可执行,法院裁定执行程序终结或终止(中止)后,仍无法收回的债权。

⑥ 由于借款人和担保人不能偿还到期债务,企业诉诸法律后,经法院调解或经债权人会议通过,与借款人和担保人达成和解协议或重整协议,在借款人和担保人履行完还款义务后,无法追偿的剩余债权。

⑦ 由于上述①至⑥项原因借款人不能偿还到期债务,企业依法取得抵债资产,抵债金额小于贷款本息的差额,经追偿后仍无法收回的债权。

⑧ 开立信用证、办理承兑汇票、开具保函等发生垫款时,凡开证申请人和保证人由于上述①至⑦项原因,无法偿还垫款,金融企业经追偿后仍无法收回的垫款。

⑨ 银行卡持卡人和担保人由于上述①至⑦项原因,未能还清透支款项,金融企业经追偿后仍无法收回的透支款项。

⑩ 助学贷款逾期后,在金融企业确定的有效追索期限内依法处置助学贷款抵押物(质押物),并向担保人追究连带责任后、仍无法收回的贷款。

⑪ 经国务院专案批准核销的贷款类债权。

⑫ 国务院财政、税务主管部门规定的其他条件。

(5) 企业的股权投资符合下列条件之一的,减除可收回金额后确认的无法收回的股权投资,可以作为股权投资损失在计算应纳税所得额时扣除。

① 被投资方依法宣告破产、关闭、解散、被撤销,或者被依法注销、吊销营业执照的。

② 被投资方财务状况严重恶化,累计发生巨额亏损,已连续停止经营 3 年以上,且无重新恢复经营改组计划的。

③ 对被投资方不具有控制权,投资期限届满或者投资期限已超过 10 年,且被投资单位因连续 3 年经营亏损导致资不抵债的。

④ 被投资方财务状况严重恶化,累计发生巨额亏损,已完成清算或清算期超过 3 年以上的。

⑤ 国务院财政、税务主管部门规定的其他条件。

(6) 对企业盘亏的固定资产或存货,以该固定资产的账面净值或存货的成本减除责任人赔偿后的余额,作为固定资产或存货盘亏损失在计算应纳税所得额时扣除。

(7) 对企业毁损、报废的固定资产或存货,以该固定资产的账面净值或存货的成本减除残值、保险赔款和责任人赔偿后的余额,作为固定资产或存货毁损、报废损失在计算应纳税所得额时扣除。

(8) 对企业被盗的固定资产或存货,以该固定资产的账面净值或存货的成本减除保险赔款和责任人赔偿后的余额,作为固定资产或存货被盗损失在计算应纳税所得额时扣除。

(9) 企业因存货盘亏、毁损、报废、被盗等原因不得从增值税销项税额中抵扣的进项税额,可以与存货损失一起在计算应纳税所得额时扣除。

(10) 企业在计算应纳税所得额时已经扣除的资产损失,在以后纳税年度全部或者部分收回时,其收回部分应当作为收入计入收回当期的应纳税所得额。

(11) 企业境内、境外营业机构发生的资产损失应分开核算,对境外营业机构由于发生资产损失而产生的亏损,不得在计算境内应纳税所得额时扣除。

(12) 企业对其扣除的各项资产损失,应当提供能够证明资产损失确属已实际发生的合法证据,包括具有法律效力的外部证据、具有法定资质的中介机构的经济鉴证证明、具有法定资质的专业机构的技术鉴定证明等。

(三) 资产损失税前扣除管理

企业发生的上述资产损失,应在按税收规定实际确认或者实际发生的当年申报扣除,不得提前或延后扣除。因各类原因导致资产损失未能在发生当年准确计算并按期扣除的,经税务机关批准后,可追补确认在损失发生的年度税前扣除，并相应调整该资产损失发生年度的应纳所得税额。调整后计算的多缴税额，应按照有关规定予以退税，或者抵顶企业当期应纳税款。

依据国家税务总局公告(〔2011〕第 25 号)，企业资产损失税前扣除管理按以下七个方面的规定执行。

1. 申报管理

（1）企业在进行企业所得税年度汇算清缴申报时，可将资产损失申报材料和纳税资料作为企业所得税年度纳税申报表的附件一并向税务机关报送。

（2）企业资产损失按其申报内容和要求的不同，分为清单申报和专项申报两种申报形式。属于清单申报的资产损失，企业可按会计核算科目进行归类、汇总，然后再将汇总清单报送税务机关，有关会计核算资料和纳税资料留存备查；属于专项申报的资产损失，企业应逐项（或逐笔）报送申请报告，同时附送会计核算资料及其他相关的纳税资料。

企业在申报资产损失税前扣除过程中不符合上述要求的，税务机关应当要求其改正，企业拒绝改正的，税务机关有权不予受理。

（3）下列五项资产损失，应以清单申报的方式向税务机关申报扣除。

① 企业在正常经营管理活动中，按照公允价格销售、转让、变卖非货币资产的损失；

② 企业各项存货发生的正常损耗；

③ 企业固定资产达到或超过使用年限而正常报废清理的损失；

④ 企业生产性生物资产达到或超过使用年限而正常死亡发生的资产损失；

⑤ 企业按照市场公平交易原则，通过各种交易场所、市场等买卖债券、股票、期货、基金以及金融衍生产品等发生的损失；

（4）前条以外的资产损失，应以专项申报的方式向税务机关申报扣除。企业无法准确判别是否属于清单申报扣除的资产损失，可以采取专项申报的形式申报扣除。

（5）在中国境内跨地区经营的汇总纳税企业发生的资产损失，应按以下三项规定申报扣除。

① 总机构及其分支机构发生的资产损失，除应按专项申报和清单申报的有关规定，各自向当地主管税务机关申报外，各分支机构同时还应上报总机构；

② 总机构对各分支机构上报的资产损失，除税务机关另有规定外，应以清单申报的形式向当地主管税务机关进行申报；

③ 总机构将跨地区分支机构所属资产捆绑（打包）转让所发生的资产损失，由总机构向当地主管税务机关进行专项申报。

（6）企业因国务院决定事项形成的资产损失，应向国家税务总局提供有关资料。国家税务总局审核有关情况后，将损失情况通知相关税务机关。企业应按上述要求进行专项申报。

（7）属于专项申报的资产损失，企业因特殊原因不能在规定的时限内报送相关资料的，可以向主管税务机关提出申请，经主管税务机关同意后，可适当延期申报。

（8）企业应当建立健全资产损失内部核销管理制度，及时收集、整理、编制、审核、申报、保存资产损失税前扣除证据材料，方便税务机关检查。

（9）税务机关应按分项建档、分级管理的原则，建立企业资产损失税前扣除管理台账和纳税档案，及时进行评估。对资产损失金额较大或经评估后发现不符合资产损失税前扣除规定，或存有疑点、异常情况的资产损失，应及时进行核查。对有证据证明申报扣除的资产损失不真实、不合法的，应依法作出税收处理。

2. 资产损失确认证据

（1）企业资产损失相关的证据包括具有法律效力的外部证据和特定事项的企业内部证据。

（2）具有法律效力的外部证据，是指司法机关、行政机关、专业技术鉴定部门等依法出具的与本企业资产损失相关的具有法律效力的书面文件，主要包括：① 司法机关的判决或者裁定；② 公安机关的立案结案证明、回复；③ 工商部门出具的注销、吊销及停业证明；④ 企业的破产清算公告或清偿文件；⑤ 行政机关的公文；⑥ 专业技术部门的鉴定报告；⑦ 具有法定资质的中介机构的经济鉴定证明；⑧ 仲裁机构的仲裁文书；⑨ 保险公司对投保资产出具的出险调查单、理赔计算单等保险单据；⑩ 符合法律规定的其他证据。

（3）特定事项的企业内部证据，是指会计核算制度健全、内部控制制度完善的企业，对各项资产发生毁损、报废、盘亏、死亡、变质等内部证明或承担责任的声明，主要包括：① 有关会计核算资料和原始凭证；② 资产盘点表；③ 相关经济行为的业务合同；④ 企业内部技术鉴定部门的鉴定文件或资料；⑤ 企业内部核批文件及有关情况说明；⑥ 对责任人由于经营管理责任造成损失的责任认定及赔偿情况说明；⑦ 法定代表人、企业负责人和企业财务负责人对特定事项真实性承担法律责任的声明。

3. 货币资产损失的确认

（1）企业货币资产损失包括现金损失、银行存款损失和应收及预付款项损失等。

（2）现金损失应依据以下证据材料确认：① 现金保管人确认的现金盘点表（包括倒推至基准日的记录）；② 现金保管人对于短缺的说明及相关核准文件；③ 对责任人由于管理责任造成损失的责任认定及赔偿情况的说明；④ 涉及刑事犯罪的，应有司法机关出具的相关材料；⑤ 金融机构出具的假币收缴证明。

（3）企业因金融机构清算而发生的存款类资产损失应依据以下证据材料确认：① 企业存款类资产的原始凭证；② 金融机构破产、清算的法律文件；③ 金融机构清算后剩余资产分配情况资料。

金融机构应清算而未清算超过 3 年的，企业可将该款项确认为资产损失，但应有法院或破产清算管理人出具的未完成清算证明。

（4）企业应收及预付款项坏账损失应依据以下相关证据材料确认：① 相关事项合同、协议或说明；② 属于债务人破产清算的，应有人民法院的破产、清算公告；③ 属于诉讼案件的，应出具人民法院的判决书或裁决书或仲裁机构的仲裁书，或者被法院裁定终（中）止执行的法律文书；④ 属于债务人停止营业的，应有工商部门注销、吊销营业执照证明；⑤ 属于债务人死亡、失踪的，应有公安机关等有关部门对债务人个人的死亡、失踪证明；⑥ 属于债务重组的，应有债务重组协议及其债务人重组收益纳税情况说明；⑦ 属于自然灾害、战争等不可抗力而无法收回的，应有债务人受灾情况说明以及放弃债权申明。

（5）企业逾期 3 年以上的应收款项在会计上已作为损失处理的，可以作为坏账损失，但应说明情况，并出具专项报告。

（6）企业逾期 1 年以上，单笔数额不超过 5 万元或者不超过企业年度收入总额万分之一的应收款项，会计上已经作为损失处理的，可以作为坏账损失，但应说明情况，并出具专项报告。

4. 非货币资产损失的确认

（1）企业非货币资产损失包括存货损失、固定资产损失、无形资产损失、在建工程损失、生产性生物资产损失等。

（2）存货盘亏损失，为其盘亏金额扣除责任人赔偿后的余额，应依据以下证据材料确认：① 存货计税成本确定依据；② 企业内部有关责任认定、责任人赔偿说明和内部核批文件；③ 存货盘点表；④ 存货保管人对于盘亏的情况说明。

(3) 存货报废、毁损或变质损失，为其计税成本扣除残值及责任人赔偿后的余额，应依据以下证据材料确认：① 存货计税成本的确定依据；② 企业内部关于存货报废、毁损、变质、残值情况说明及核销资料；③ 涉及责任人赔偿的，应当有赔偿情况说明；④ 该项损失数额较大的（指占企业该类资产计税成本10%以上，或减少当年应纳税所得、增加亏损10%以上，下同），应有专业技术鉴定意见或法定资质中介机构出具的专项报告等。

(4) 存货被盗损失，为其计税成本扣除保险理赔以及责任人赔偿后的余额，应依据以下证据材料确认：① 存货计税成本的确定依据；② 向公安机关的报案记录；③ 涉及责任人和保险公司赔偿的，应有赔偿情况说明等。

(5) 固定资产盘亏、丢失损失，为其账面净值扣除责任人赔偿后的余额，应依据以下证据材料确认：① 企业内部有关责任认定和核销资料；② 固定资产盘点表；③ 固定资产的计税基础相关资料；④ 固定资产盘亏、丢失情况说明；⑤ 损失金额较大的，应有专业技术鉴定报告或法定资质中介机构出具的专项报告等。

(6) 固定资产报废、毁损损失，为其账面净值扣除残值和责任人赔偿后的余额。应依据以下证据材料确认：① 固定资产的计税基础相关资料；② 企业内部有关责任认定和核销资料；③ 企业内部有关部门出具的鉴定材料；④ 涉及责任赔偿的，应当有赔偿情况的说明；⑤ 损失金额较大的或自然灾害等不可抗力原因造成固定资产毁损、报废的，应有专业技术鉴定意见或法定资质中介机构出具的专项报告等。

(7) 固定资产被盗损失，为其账面净值扣除责任人赔偿后的余额，应依据以下证据材料确认：① 固定资产计税基础相关资料；② 公安机关的报案记录，公安机关立案、破案和结案的证明材料；③ 涉及责任赔偿的，应有赔偿责任的认定及赔偿情况的说明等。

(8) 在建工程停建、报废损失，为其工程项目投资账面价值扣除残值后的余额，应依据以下证据材料确认：① 工程项目投资账面价值确定依据；② 工程项目停建原因说明及相关材料；③ 因质量原因停建、报废的工程项目和因自然灾害和意外事故停建、报废的工程项目，应出具专业技术鉴定意见和责任认定、赔偿情况的说明等。

(9) 工程物资发生损失，可比照上述存货损失的规定确认。

(10) 生产性生物资产盘亏损失，为其账面净值扣除责任人赔偿后的余额，应依据以下证据材料确认：① 生产性生物资产盘点表；② 生产性生物资产盘亏情况说明；③ 生产性生物资产损失金额较大的，企业应有专业技术鉴定意见和责任认定、赔偿情况的说明等。

（11）因森林病虫害、疫情、死亡而产生的生产性生物资产损失，为其账面净值扣除残值、保险赔偿和责任人赔偿后的余额，应依据以下证据材料确认：① 损失情况说明；② 责任认定及其赔偿情况的说明；③ 损失金额较大的，应有专业技术鉴定意见。

（12）对被盗伐、被盗、丢失而产生的生产性生物资产损失，为其账面净值扣除保险赔偿以及责任人赔偿后的余额，应依据以下证据材料确认：① 生产性生物资料被盗后，向公安机关的保安记录或公安机关立案、破案和结案的证明材料；② 责任认定及其赔偿情况的说明。

（13）企业由于未能按期赎回抵押资产，使抵押资产被拍卖或变卖，其账面净值大于变卖价值的差额，可认定为资产损失，按以下证据材料确认：① 抵押合同或协议书；② 拍卖或变卖证明、清单；③ 会计核算资料等其他相关证据材料。

（14）被其他新技术所代替或已经超过法律保护期限，已经丧失使用价值和转让价值，尚未摊销完毕的无形资产损失，应提交以下证据备案：① 会计核算资料；② 企业内部核批文件及有关情况说明；③ 技术鉴定意见和企业法定代表人、主要负责人和财务负责人签章证实无形资产已无使用价值或转让价值的书面申明；④ 无形资产的法律保护期限文件。

5. 投资损失的确认

企业投资损失包括债权性投资损失和股权（权益）性投资损失。

（1）企业债权投资损失应依据投资的原始凭证、合同或协议、会计核算资料等相关证据材料确认。下列情况债权投资损失的，还应出具相关证据材料如下。

① 债务人或担保人依法被宣告破产、关闭、被解散或撤销、被吊销营业执照、失踪或者死亡等，应出具资产清偿证明或者遗产清偿证明。无法出具资产清偿证明或者遗产清偿证明，且上述事项超过 3 年以上的，或债权投资（包括信用卡透支和助学贷款）余额在 300 万元以下的，应出具对应的债务人和担保人破产、关闭、解散证明、撤销文件、工商行政管理部门注销证明或查询证明以及追索记录等（包括司法追索、电话追索、信件追索和上门追索等原始记录）。

② 债务人遭受重大自然灾害或意外事故，企业对其资产进行清偿和对担保人进行追偿后，未能收回的债权，应出具债务人遭受重大自然灾害或意外事故证

明、保险赔偿证明、资产清偿证明等。

③ 债务人因承担法律责任,其资产不足归还所借债务,又无其他债务承担者的,应出具法院裁定证明和资产清偿证明等。

④ 债务人和担保人不能偿还到期债务,企业提出诉讼或仲裁的,经人民法院对债务人和担保人强制执行,债务人和担保人均无资产可执行,人民法院裁定终结或终止(中止)执行的,应出具人民法院裁定文书。

⑤ 债务人和担保人不能偿还到期债务,企业提出诉讼后被驳回起诉的、人民法院不予受理或不予支持的,或经仲裁机构裁决免除(或部分免除)债务人责任,经追偿后无法收回的债权,应提交法院驳回起诉的证明,或法院不予受理或不予支持证明,或仲裁机构裁决免除债务人责任的文书。

⑥ 经国务院专案批准核销的债权,应提供国务院批准文件或经国务院同意后由国务院有关部门批准的文件。

(2) 企业股权投资损失应依据以下相关证据材料确认:① 股权投资计税基础证明材料;② 被投资企业破产公告、破产清偿文件;③ 工商行政管理部门注销吊销被投资单位营业执照文件;④ 政府有关部门对被投资单位的行政处理决定文件;⑤ 被投资企业终止经营、停止交易的法律或其他证明文件;⑥ 被投资企业资产处置方案、成交及入账材料;⑦ 企业法定代表人、主要负责人和财务负责人签章证实有关投资(权益)性损失的书面申明;⑧ 会计核算资料等其他相关证据材料。

(3) 被投资企业依法宣告破产、关闭、解散或撤销、吊销营业执照、停止生产经营活动、失踪等,应出具资产清偿证明或者遗产清偿证明。

上述事项超过 3 年以上且未能完成清算的,应出具被投资企业破产关闭解散或撤销、吊销等的证明以及不能清算的原因说明。

(4) 企业委托金融机构向其他单位贷款,或委托其他经营机构进行理财,到期不能收回贷款或理财款项,按照国家税务总局公告 2011 年第 25 号第六章有关规定处理。

(5) 企业对外提供与本企业生产经营活动有关的担保,因被担保人不能按期偿还债务而承担连带责任。经追索,被担保人无偿还能力,对无法追回的金额,比照国家税务总局公告 2011 年第 25 号规定的应收款项损失进行处理。

与本企业生产经营活动有关的担保是指企业对外提供的与本企业应税收入、投资、融资、材料采购、产品销售等生产经营活动相关的担保。

(6) 企业按独立交易原则向关联企业转让资产而发生的损失，或向关联企业提供借款、担保而形成的债权损失准予扣除，但企业应作专项说明，同时出具中介机构出具的专项报告及其相关的证明材料。

(7) 下列股权和债权不得作为损失在税前扣除：① 债务人或者担保人有经济偿还能力，未按期偿还的企业债权；② 违反法律、法规的规定、以各种形式、借口逃废或悬空的企业债权；③ 行政干预逃废或悬空的企业债权；④ 企业未向债务人和担保人追偿的债权；⑤ 企业发生非经营活动的债权；⑥ 其他不应当核销的企业债权和股权。

6. 其他资产损失的确认

企业将不同类别的资产捆绑（打包），以拍卖、询价、竞争性谈判、招标等市场方式出售，其出售价格低于计税成本的差额，可以作为资产损失并准予在税前申报扣除，但应出具资产处置方案、各类资产作价依据、出售过程的情况说明、出售合同或协议、成交及入账证明、资产计税基础等确定依据。

企业正常经营业务因内部控制制度不健全而出现操作不当、不规范或因业务创新但政策不明确、不配套等原因形成的资产损失，应由企业承担的金额，可以作为资产损失并准予在税前申报扣除，但应出具损失原因证明材料或业务监管部门定性证明、损失专项说明。

企业因刑事案件原因形成的损失，应由企业承担的金额，或经公安机关立案侦查两年以上仍未追回的金额，可以作为资产损失并准予在税前申报扣除，但应出具公安机关、人民检察院的立案侦查情况或人民法院的判决书等损失原因证明材料。

7. 其他规定

上述各项规定没有涉及的资产损失事项，只要符合《企业所得税法》及实施条例等法律、法规规定的，也可以向税务机关申报扣除。

省、自治区、直辖市和计划单列市国家税务局、地方税务局可以制定具体实施办法。

八、应纳税额的计算

(一) 居民企业应纳税额的计算

居民企业应缴纳所得税额等于应纳税所得额乘以适用税率，基本计算公式为

$$应纳税额＝应纳税所得额×适用税率－减免税额－抵免税额。$$

在实际过程中,应纳税所得额的计算一般有两种方法。

1. 直接计算法

企业每一纳税年度的收入总额减除不征税收入、免税收入、各项扣除以及允许弥补的以前年度亏损后的余额为应纳税所得额。计算公式与前述相同:

$$应纳税所得额＝收入总额－不征税收入－免税收入－\\各项扣除金额－弥补亏损。$$

2. 间接计算法

在会计利润总额的基础上加或减按照税法规定调整的项目金额后,即为应纳税所得额。现行企业所得税年度纳税申报表采取该方法,计算公式为

$$应纳税所得额＝会计利润总额±纳税调整项目金额。$$

纳税调整项目金额包括两方面的内容:一是企业财务会计制度规定的项目范围与税收法规规定的项目范围不一致应予以调整的金额;二是企业财务会计制度规定的扣除标准与税法规定的扣除标准不一致应予以调整的金额。

(二) 境外所得抵扣税额的计算

自 2008 年 1 月 1 日起,居民企业和非居民企业在中国境内设立的机构、场所依照《企业所得税法》第二十三条、第二十四条的有关规定,应在其应纳税额中抵免在境外缴纳的所得税额,按以下十四个方面的规定执行。

(1) 企业应按照《企业所得税法》及其实施条例、税收协定以及相关规定,准确计算下列当期与抵免境外所得税有关的项目后,确定当期实际可抵免分国(地区)别的境外所得税税额和抵免限额。

① 境内所得的应纳税所得额(以下称境内应纳税所得额)和分国(地区)别的境外所得的应纳税所得额(以下称境外应纳税所得额)。

② 分国(地区)别的可抵免境外所得税税额。

③ 分国(地区)别的境外所得税的抵免限额。

企业不能准确计算上述项目的,在相应国家(地区)缴纳的税收均不得在该企业当期应纳税额中抵免,也不得结转以后年度抵免。

(2) 企业应就其按照实施条例第七条规定确定的中国境外所得(境外税前所得),按以下五个方面的规定计算实施条例第七十八条规定的境外应纳税所

得额。

① 居民企业在境外投资设立不具有独立纳税地位的分支机构,其来源于境外的所得,以境外收入总额扣除与取得境外收入有关的各项合理支出后的余额为应纳税所得额。各项收入、支出按《企业所得税法》及其实施条例的有关规定确定。

居民企业在境外设立不具有独立纳税地位的分支机构取得的各项境外所得,无论是否汇回中国境内,均应计入该企业所属纳税年度的境外应纳税所得额。

② 居民企业应就其来源于境外的股息、红利等权益性投资收益,以及利息、租金、特许权使用费、转让财产等收入,扣除按照《企业所得税法》及其实施条例等规定计算的与取得该项收入有关的各项合理支出后的余额为应纳税所得额。来源于境外的股息、红利等权益性投资收益,应按被投资方作出利润分配决定的日期确认收入实现;来源于境外的利息、租金、特许权使用费、转让财产等收入,应按有关合同约定应付交易对价款的日期确认收入实现。

③ 非居民企业在境内设立机构、场所的,应就其发生在境外但与境内所设机构、场所有实际联系的各项应税所得,比照上述第②项的规定计算相应的应纳税所得额。

④ 在计算境外应纳税所得额时,企业为取得境内、境外所得而在境内、境外发生的共同支出,与取得境外应税所得有关的、合理的部分,应在境内、境外[分国(地区)别,下同]应税所得之间,按照合理比例进行分摊后扣除。

⑤ 在汇总计算境外应纳税所得额时,企业在境外同一国家(地区)设立不具有独立纳税地位的分支机构,按照《企业所得税法》及其实施条例的有关规定计算的亏损,不得抵减其境内或他国(地区)的应纳税所得额,但可以用同一国家(地区)其他项目或以后年度的所得按规定弥补。

(3) 可抵免境外所得税税额,是指企业来源于中国境外的所得依照中国境外税收法律以及相关规定应当缴纳并已实际缴纳的企业所得税性质的税款。但是不包括以下六项。

① 按照境外所得税法律及相关规定属于错缴或错征的境外所得税税款;

② 按照税收协定规定不应征收的境外所得税税款;

③ 因少缴或迟缴境外所得税而追加的利息、滞纳金或罚款;

④ 境外所得税纳税人或者其利害关系人从境外征税主体得到实际返还或补

偿的境外所得税税款；

⑤ 按照我国《企业所得税法》及其实施条例规定，已经免征我国企业所得税的境外所得负担的境外所得税税款；

⑥ 按照国务院财政、税务主管部门有关规定已经从企业境外应纳税所得额中扣除的境外所得税税款。

（4）居民企业在按照《企业所得税法》第二十四条规定用境外所得间接负担的税额进行税收抵免时，其取得的境外投资收益实际间接负担的税额，是指根据直接或者间接持股方式合计持股20％以上（含20％，下同）的规定层级的外国企业股份，由此应分得的股息、红利等权益性投资收益中，从最低一层外国企业起逐层计算的属于由上一层企业负担的税制，计算公式如下：

本层企业所纳税额属于由一家上一层企业负担的税额
＝（本层企业就利润和投资收益所实际缴纳的税额＋
符合规定的由本层企业间接负担的税额）×
本层企业向一家上一层企业分配的股息（红利）÷
本层企业所得税后利润额。

（5）除国务院财政、税务主管部门另有规定外，按照实施条例第八十条规定由居民企业直接或者间接持有20％以上股份的外国企业，限于符合以下持股方式的三层外国企业。

第一层：单一居民企业直接持有20％以上股份的外国企业。

第二层：单一第一层外国企业直接持有20％以上股份，且由单一居民企业直接持有或通过一个或多个符合本条规定持股条件的外国企业间接持有总和达到20％以上股份的外国企业。

第三层：单一第二层外国企业直接持有20％以上股份，且由单一居民企业直接持有或通过一个或多个符合本条规定持股条件的外国企业间接持有总和达到20％以上股份的外国企业。

自2010年1月1日起，按照《财政部国家税务总局关于我国石油企业在境外从事油（气）资源开采所得税收抵免有关问题的通知》（财税〔2011〕23号）规定，石油企业在境外从非油（气）项目投资、工程技术服务和工程建设的油（气）资源开采活动取得股息所得，在按规定计算该石油企业境外股息所得的可抵免所得税额和抵免限额时，由该企业直接或者间接待有20％以上股份的外国企业，限于按照财税〔2009〕125号文件第六条规定的持股方式确定的五层外国企业。

(6) 居民企业从与我国政府订立税收协定(或安排)的国家(地区)取得的所得,按照该国(地区)税收法律享受了免税或减税待遇,且该免税或减税的数额按照税收协定规定应视同已缴税额在中国的应纳税额中抵免的,该免税或减税数额可作为企业实际缴纳的境外所得税额用于办理税收抵免。

(7) 企业应按照《企业所得税法》及其实施条例和有关规定分国(地区)别计算境外税额的抵免限额:

某国(地区)所得税抵免限额
=中国境内、境外所得依照《企业所得税法》及其实施条例的规定计算的应纳税总额×来源于某国(地区)的应纳税所得额÷中国境内、境外应纳税所得总额。

据以计算上述公式中"中国境内、境外所得依照《企业所得税法》及其实施条例的规定计算的应纳税总额"的税率,除国务院财政、税务主管部门另有规定外,应为《企业所得税法》第四条第一款规定的税率(25%)。

《财政部国家税务总局关于高新技术企业境外所得适用税率及税收抵免问题的通知》(财税〔2011〕47号)规定,以境内、境外全部生产经营活动有关的研究开发费用总额、总收入、销售收入总额、高新技术产品(服务)收入等指标申请并经认定的高新技术企业,其来源于境外的所得可以享受高新技术企业所得税优惠政策,即对来源于境外所得可以按照15%的优惠税率缴纳企业所得税。在计算境外抵免限额时,可按照15%的优惠税率计算境内外应纳税总额。

企业按照《企业所得税法》及其实施条例和有关规定计算的当期境内、境外应纳税所得总额小于零的,应以零计算当期境内、境外应纳税所得总额,其当期境外所得税的抵免限额也为零。

(8) 在计算实际应抵免的境外已缴纳和间接负担的所得税税额时,企业在境外一国(地区)当年缴纳和间接负担的符合规定的所得税税额低于所计算的该国(地区)抵免限额的,应以该项税额作为境外所得税抵免额从企业应纳税总额中据实抵免;超过抵免限额的,当年应以抵免限额作为境外所得税抵免额进行抵免,超过抵免限额的余额允许从次年起在连续5个纳税年度内,用每年度抵免限额抵免当年应抵税额后的余额进行抵补。

(9) 属于下列情形的,经企业申请,主管税务机关核准,可以采取简易办法对境外所得已纳税额计算抵免如下:

① 企业从境外取得营业利润所得以及符合境外税额间接抵免条件的股息所得,虽有所得来源国(地区)政府机关核发的具有纳税性质的凭证或证明,但因客观原因无法真实、准确地确认应当缴纳并已经实际缴纳的境外所得税税额的,除就该所得直接缴纳及间接负担的税额在所得来源国(地区)的实际有效税率低于我国《企业所得税法》第四条第一款规定税率50%以上的外,可按境外应纳税所得额的12.5%作为抵免限额。企业按该国(地区)税务机关或政府机关核发具有纳税性质凭证或证明的金额,其不超过抵免限额的部分准予抵免;超过的部分不得抵免。

属于本款规定以外的股息、利息、租金、特许权使用费、转让财产等投资性所得,均应按上述其他规定计算境外税额抵免。

② 企业从境外取得营业利润所得以及符合境外税额间接抵免条件的股息所得,凡就该所得缴纳及间接负担的税额在所得来源国(地区)的法定税率且其实际有效税率明显高于我国的,可直接以按上述规定计算的境外应纳税所得额和我国《企业所得税法》规定的税率计算的抵免限额作为可抵免的已在境外实际缴纳的企业所得税税额。

属于本款规定以外的股息、利息、租金、特许权使用费、转让财产等投资性所得,均应按上述其他规定计算境外税额抵免

(10) 企业在境外投资设立不具有独立纳税地位的分支机构,其计算生产、经营所得的纳税年度与我国规定的纳税年度不一致的,与我国纳税年度当年度相对应的境外纳税年度,应为在我国有关纳税年度中任何一日结束的境外纳税年度。

企业取得上款以外的境外所得实际缴纳或间接负担的境外所得税,应在该项境外所得实现日所在的我国对应纳税年度的应纳税额中计算抵免。

(11) 企业抵免境外所得税额后实际应纳所得税额的计算公式为

企业实际应纳所得税额=企业境内外所得应纳税总额-企业所得税减免、抵免优惠税额-境外所得税抵免额。

(12) 上述所称不具有独立纳税地位,是指根据企业设立地法律不具有独立法人地位或者按照税收协定规定不认定为对方国家(地区)的税收居民。

(13) 企业取得来源于中国香港、澳门、台湾地区的应税所得,参照上述规定执行。

(14) 中华人民共和国政府向外国政府订立的有关税收的协定与国内有关规定有不同规定的,依照协定的规定办理。

(三) 居民企业核定征收应纳税额的计算

为了加强企业所得税征收管理,规范核定征收企业所得税工作,保障国家税款及时足额入库,维护纳税人合法权益,根据《企业所得税法》及其实施条例、《税收征管法》及其实施细则的有关规定,核定征收企业所得税的有关四个方面的规定如下:

1. 核定征收企业所得税的范围

居民企业纳税人具有下列情形之一的,核定征收企业所得税。

(1) 依照法律、行政法规的规定可以不设置账簿的;

(2) 依照法律、行政法规的规定应当设置但未设置账簿的;

(3) 擅自销毁账簿或者拒不提供纳税资料的;

(4) 虽设置账簿,但账目混乱或者成本资料、收入凭证、费用凭证残缺不全,难以查账的;

(5) 发生纳税义务,未按照规定的期限办理纳税申报,经税务机关责令限期申报,逾期仍不申报的;

(6) 申报的计税依据明显偏低,又无正当理由的。

特殊行业、特殊类型的纳税人和一定规模以上的纳税人不适用上述办法。依据国税函〔2009〕377号文件,上述特定纳税人包括以下六种。

(1) 享受《企业所得税法》及其实施条例和国务院规定的一项或几项企业所得税优惠政策的企业(不包括仅享受《企业所得税法》第二十六条规定免税收入优惠政策的企业);

(2) 汇总纳税企业;

(3) 上市公司;

(4) 银行、信用社、小额贷款公司、保险公司、证券公司、期货公司、信托投资公司、金融资产管理公司、融资租赁公司、担保公司、财务公司、典当公司等金融企业;

(5) 会计、审计、资产评估、税务、房地产估价、土地估价、工程造价、律师、价格鉴证、公证机构、基层法律服务机构、专利代理、商标代理以及其他经济鉴证类社会中介机构;

(6) 国家税务总局规定的其他企业。

2. 核定征收的办法

税务机关应根据纳税人的具体情况,对核定征收企业所得税的纳税人,核定应税所得率或者核定应纳所得税额。

(1) 具有下列情形之一的,核定其应税所得率:

① 能正确核算(查实)收入总额,但不能正确核算(查实)成本费用总额的;

② 能正确核算(查实)成本费用总额,但不能正确核算(查实)收入总额的;

③ 通过合理方法,能计算和推定纳税人收入总额或成本费用总额的。

纳税人不属于以上情形的,核定其应纳所得税额。

(2) 税务机关采用下列方法核定征收企业所得税:

① 参照当地同类行业或者类似行业中经营规模和收入水平相近的纳税人的税负水平核定;

② 按照应税收入额或成本费用支出额定率核定;

③ 按照耗用的原材料、燃料、动力等推算或测算核定;

④ 按照其他合理方法核定。

采用前款所列一种方法不足以正确核定应纳税所得额或应纳税额的,可以同时采用两种以上的方法核定。采用两种以上方法测算的应纳税额不一致时,可按测算的应纳税额从高核定。各行业应税所得率幅度见下表3-1。

表3-1 各行业应税所得率幅度表

行 业	应税所得率
农、林、牧、渔业	3%—10%
制造业	5%—15%
批发和零售贸易业	4%—15%
交通运输业	7%—15%
建筑业	11%—20%
饮食业	8%—25%
娱乐业	15%—30%
其他行业	10%—30%

采用应税所得率方式核定征收企业所得税的,应纳所得税额计算公式如下:

应纳所得税额＝应纳税所得额×适用税率；

应纳税所得额＝应税收入额×应税所得率，

＝成本(费用)支出额÷(1－应税所得率)×应税所得率。

上述"应税收入额"等于收入总额减去不征税收入和免税收入后的余额。用公式表示为

应税收入额＝收入总额－不征税收入－免税收入。

式中，收入总额为企业以货币形式和非货币形式从各种来源取得的收入。

实行应税所得率方式核定征收企业所得税的纳税人，经营多业的，无论其经营项目是否单独核算，均由税务机关根据其主营项目确定适用的应税所得率。

主营项目应为纳税人所有经营项目中，收入总额或者成本(费用)支出额或者耗用原材料、燃料、动力数量所占比重最大的项目。

纳税人的生产经营范围、主营业务发生重大变化，或者应纳税所得额或应纳税额增减变化达到20%的，应及时向税务机关申报调整已确定的应纳税额或应税所得率。

3. 核定征收企业所得税的管理

(1) 主管税务机关应及时向纳税人送达《企业所得税核定征收鉴定表》，及时完成对其核定征收企业所得税的鉴定工作。具体程序如下：

① 纳税人应在收到《企业所得税核定征收鉴定表》后10个工作日内，填好该表并报送主管税务机关。《企业所得税核定征收鉴定表》一式三联，主管税务机关和县级税务机关各执一联，另一联送达纳税人执行。主管税务机关还可根据实际工作需要，适当增加联次备用。

② 主管税务机关应在受理《企业所得税核定征收鉴定表》后20个工作日内，分类逐户审查核实，提出鉴定意见，并报县级税务机关复核、认定。

③ 县级税务机关应在收到《企业所得税核定征收鉴定表》后30个工作日内完成复核、认定工作。纳税人收到《企业所得税核定征收鉴定表》后，未在规定期限内填列、报送的，税务机关视同纳税人已经报送，按上述程序进行复核、认定。

(2) 税务机关应在每年6月底前对上年度实行核定征收企业所得税的纳税人进行重新鉴定。重新鉴定工作完成前，纳税人可暂按上年度的核定征收方式预缴企业所得税；重新鉴定工作完成后，按重新鉴定的结果进行调整。

(3) 主管税务机关应当分类逐户公示核定的应纳所得税额或应税所得率。

主管税务机关应当按照便于纳税人及社会各界了解、监督的原则确定公示地点、方式。

纳税人对税务机关确定的企业所得税征收方式,核定的应纳所得税额或应税所得率有异议的,应当提供合法、有效的相关证据,税务机关经核实认定后调整有异议的事项。

(4) 纳税人实行核定应税所得率方式的,按下列规定申报纳税:

① 主管税务机关根据纳税人应纳税额的大小确定纳税人按月或者按季预缴,年终汇算清缴。预缴方法一经确定一个纳税年度内不得改变。

② 纳税人应依照确定的应税所得率计算纳税期间实际应缴纳的税额,进行预缴。按实际数额预缴有困难的,经主管税务机关同意,可按上一年度应纳税额的1/12或1/4预缴,或者按经主管税务机关认可的其他方法预缴。

③ 纳税人预缴税款或年终进行汇算清缴时,应按规定填写《中华人民共和国企业所得税月(季)度预缴纳税申报表(B类)》,在规定的纳税申报时限内报送主管税务机关。

(5) 纳税人实行核定应纳所得税额方式的,按下列规定申报纳税:

① 纳税人在应纳所得税额尚未确定之前,可暂按上年度应纳所得税额的1/12或1/4预缴,或者按经主管税务机关认可的其他方法,按月或按季分期预缴。

② 在应纳所得税额确定以后,减除当年已预缴的所得税额,余额按剩余月份或季度均分,以此确定以后各月或各季的应纳税额,由纳税人按月或按季填写《中华人民共和国企业所得税月(季)度预缴纳税申报表(B类)》,在规定的纳税申报期限内进行纳税申报。

③ 纳税人年度终了后,在规定的时限内按照实际经营额或实际应纳税额向税务机关申报纳税。申报额超过核定经营额或应纳税额的,按申报额缴纳税款;申报额低于核定经营额或应纳税额的,按核定经营额或应纳税额缴纳税款。

(6) 对违反上述规定的行为,按照《税收征管法》及其实施细则的有关规定处理。

4. 专门从事股权(股票)投资业务所得税的征收管理

(1) 专门从事股权(股票)投资业务的企业,不得核定征收企业所得税。

(2) 依法按核定应税所得率方式核定征收企业所得税的企业,取得的转让股权(股票)收入等转让财产收入,应全额计入应税收入额,按照主营项目(业务)确定适用的应税所得率计算征税;若主营项目(业务)发生变化,应在当年汇算清缴时,按照变化后的主营项目(业务)重新确定适用的应税所得率计算征税。

上述规定自2012年1月1日起施行。企业以前年度尚未处理的上述事项,按照上述规定处理;已经处理的,不再调整。

(四)非居民企业应纳税额的计算

对于在中国境内未设立机构、场所,或者虽设立机构、场所但取得的所得与其所设机构、场所没有实际联系的非居民企业的所得,按照下列四种方法计算应纳税所得额。

(1)股息、红利等权益性投资收益和利息、租金、特许权使用费所得,以收入全额为应纳税所得额。

(2)转让财产所得,以收入全额减除财产净值后的余额为应纳税所得额。

(3)其他所得,参照前两项规定的方法计算应纳税所得额。

财产净值是指财产的计税基础减除已经按照规定扣除的折旧、折耗、摊销、准备金等后的余额。

扣缴义务人在每次向非居民企业支付或者到期应支付所得时,应从支付或者到期应支付的款项中扣缴企业所得税。到期应支付的款项,是指支付人按照权责发生制原则应当计入相关成本、费用的应付款项。扣缴企业所得税应纳税额计算公式如下:

$$\text{扣缴企业所得税应纳税额} = \text{应纳税所得额} \times \text{实际征收率}。$$

应纳税所得额的计算,按上述(1)至(3)项的规定为标准;实际征收率是指《企业所得税法》及其实施条例等相关法律、法规规定的税率,或者税收协定规定的更低的税率。

(4)营业税改征增值税试点中的非居民企业,取得上述规定的相关所得,在计算缴纳企业所得税时,应以不含增值税的收入全额作为应纳税所得额。

(五)非居民企业所得税核定征收办法

非居民企业因会计账簿不健全,资料残缺难以查账,或者其他原因不能准确计算并据实申报其应纳税所得额的,税务机关有权采取以下九种方法核定其应纳税所得额:

(1)按收入总额核定应纳税所得额。适用于能够正确核算收入或通过合理方法推定收入总额,但不能正确核算成本费用的非居民企业。计算公式如下:

应纳税所得额＝收入总额×经税务机关核定的利润率。

(2) 按成本费用核定应纳税所得额。适用于能够正确核算成本费用，但不能正确核算收入总额的非居民企业。计算公式如下：

应纳税所得额＝成本费用总额÷(1－经税务机关核定的利润率)×经税务机关核定的利润率。

(3) 按经费支出换算收入核定应纳税所得额。适用于能够正确核算经费支出总额，但不能正确核算收入总额和成本费用的非居民企业。计算公式如下：

应纳税所得额＝经费支出总额÷(1－经税务机关核定的利润率－营业税税率)×经税务机关核定的利润率。

(4) 税务机关可按照以下标准确定非居民企业的利润率：
① 从事承包工程作业、设计和咨询劳务的，利润率为15%—30%；
② 从事管理服务的，利润率为30%—50%；
③ 从事其他劳务或劳务以外经营活动的，利润率不低于15%。

税务机关有根据认为非居民企业的实际利润率明显高于上述标准的，可以按照比上述标准更高的利润率核定其应纳税所得额。

(5) 非居民企业与中国居民企业签订机器设备或货物销售合同，同时提供设备安装、装配、技术培训、指导、监督服务等劳务，其销售货物合同中未列明提供上述劳务服务收费金额，或者计价不合理的，主管税务机关可以根据实际情况，参照相同或相近业务的计价标准核定劳务收入。无参照标准的，以不低于销售货物合同总价款的10%为原则，确定非居民企业的劳务收入。

(6) 非居民企业为中国境内客户提供劳务取得的收入，凡其提供的服务全部发生在中国境内的，应全额在中国境内申报缴纳企业所得税。凡其提供的服务同时发生在中国境内、外的，应以劳务发生地为原则划分其境内、外收入，并就其在中国境内取得的劳务收入申报缴纳企业所得税。税务机关对其境内、外收入划分的合理性和真实性有异议的，可以要求非居民企业提供真实有效的证明，并根据工作量、工作时间、成本费用等因素合理划分其境内、外收入；如果非居民企业不能提供真实有效的证明，税务机关可视同其提供的服务全部发生在中国境内，确定其劳务收入并据以征收企业所得税。

（7）采取核定征收方式征收企业所得税的非居民企业,在中国境内从事适用不同核定利润率的经营活动,并取得应税所得的,应分别核算并适用相应的利润率计算缴纳企业所得税;凡不能分别核算的,应从高适用利润率,计算缴纳企业所得税。

（8）拟采取核定征收方式的非居民企业应填写《非居民企业所得税征收方式鉴定表》,报送主管税务机关。主管税务机关应对企业报送的鉴定表的适用行业及所适用的利润率进行审核,并签注意见。

对经审核不符合核定征收条件的非居民企业,主管税务机关应自收到企业提交的鉴定表后 15 个工作日内向其下达《税务事项通知书》,将鉴定结果告知企业。非居民企业未在上述期限内收到《税务事项通知书》的,其征收方式视同已被认可。

（9）税务机关发现非居民企业采用核定征收方式计算申报的应纳税所得额不真实,或者明显与其承担的功能风险不相匹配的,有权予以调整。

（六）外国企业常驻代表机构税收管理

自 2010 年 1 月 1 日起,代表机构应当就其归属所得依法申报缴纳企业所得税。外国企业常驻代表机构,是指按照国务院有关规定在工商行政管理部门登记或经有关部门批准,设立在中国境内的外国企业及其他组织(包括港、澳、台企业)的常驻代表机构(以下简称代表机构)。

（1）代表机构应当自领取工商登记证件(或有关部门批准)之日起 30 日内,持以下资料,向其所在地主管税务机关申报办理税务登记:

① 工商营业执照副本或主管部门批准文件的原件及复印件;

② 组织机构代码证书副本原件及复印件;

③ 注册地址及经营地址证明(产权证、租赁协议)原件及其复印件;如果为自有房产,应提供产权证或买卖契约等合法的产权证明原件及其复印件;如果为租赁的场所,应提供租赁协议原件及其复印件,出租人为自然人的还应提供产权证明的原件及复印件;

④ 首席代表(负责人)护照或其他合法身份证件的原件及复印件;

⑤ 外国企业设立代表机构的相关决议文件及在中国境内设立的其他代表机构名单(包括名称、地址联系方式、首席代表姓名等);

⑥ 税务机关要求提供的其他资料。

（2）代表机构税务登记内容发生变化或者驻期届满、提前终止业务活动的,应当按照《税收征管法》及相关规定,向主管税务机关申报办理变更登记或者注销登记;代表机构应当在办理注销登记前,就其清算所得向主管税务机关申报并依法缴纳企业所得税。

(3) 代表机构应当按照有关法律、行政法规和国务院财政、税务主管部门的规定设置账簿,根据合法、有效凭证记账,进行核算,并应按照实际履行的功能和承担的风险相配比的原则,准确计算其应税收入和应纳税所得额,在季度终了之日起15日内向主管税务机关据实申报缴纳企业所得税。

(4) 对账簿不健全,不能准确核算收入或成本费用,以及无法按照前述第(3)条规定据实申报的代表机构,税务机关有权采取以下两种方式核定其应纳税所得额。

① 按经费支出换算收入适用于能够准确反映经费支出但不能准确反映收入或成本费用的代表机构。计算公式如下:

收入额＝本期经费支出额÷(1－核定利润率－营业税税率);

应纳企业所得税额＝收入额×核定利润率×企业所得税税率。

代表机构的经费支出额包括在中国境内、外支付给工作人员的工资薪金、奖金、津贴、福利费、物品采购费(包括汽车、办公设备等固定资产)、通信费、差旅费、房租、设备租赁费、交通费、交际费、其他费用等。

a. 购置固定资产所发生的支出,以及代表机构设立时或者搬迁等原因所发生的装修费支出,应在发生时一次性作为经费支出额换算收入计税。

b. 利息收入不得冲抵经费支出额;发生的交际应酬费,以实际发生数额计入经费支出额。

c. 以货币形式用于我国境内的公益、救济性质的捐赠、滞纳金、罚款,以及为其总机构垫付的不属于其自身业务活动所发生的费用,不应作为代表机构的经费支出额。

d. 其他费用包括为总机构从中国境内购买样品所支付的样品费和运输费用,国外样品运往中国发生的中国境内的仓储费用、报关费用,总机构人员来华访问聘用翻译的费用,总机构为中国某个项目投标由代表机构支付的购买标书的费用,等等。

② 按收入总额核定应纳税所得额适用于可以准确反映收入但不能准确反映成本费用的代表机构。计算公式如下:

应纳企业所得税额＝收入总额×核定利润率×企业所得税税率。

（5）代表机构的核定利润率不应低于15%。采取核定征收方式的代表机构，如能建立健全会计账簿，准确计算其应税收入相应纳税所得额，报主管税务机关备案，可调整为据实申报方式。

（七）企业转让上市公司限售股有关所得税问题

1. 纳税义务人的范围界定问题

根据《企业所得税法》第一条及其实施条例第三条的规定，转让限售股取得收入的企业（包括事业单位、社会团体、民办非企业单位等），为企业所得税的纳税义务人。

2. 企业转让代个人持有的限售股征税问题

因股权分置改革造成原由个人出资而由企业代持有的限售股，企业在转让时按以下两项规定处理。

（1）企业转让上述限售股取得的收入，应作为企业应税收入计算纳税。

上述限售股转让收入扣除限售股原值和合理税费后的余额为该限售股转让所得。企业未能提供完整、真实的限售股原始凭证，不能准确计算该限售股原值的，主管税务机关一律按该限售股转让收入的15%，核定为该限售股原值和合理税费。

依照本条规定完成纳税义务后的限售股转让收入余额转付给实际所有人时不再纳税。

（2）依法院判决、裁定等原因，通过证券登记结算公司，企业将其代持的个人限售股直接变更到实际所有人名下的，不视同转让限售股。

3. 企业在限售股解禁前转让限售股征税问题

企业在限售股解禁前将其持有的限售股转让给其他企业或个人（以下简称受让方），其企业所得税问题按以下两项规定处理。

（1）企业应按减持在证券登记结算机构登记的限售股取得的全部收入，计入企业当年度应税收入计算纳税。

（2）企业持有的限售股在解禁前已签订协议转让给受让方，但未变更股权登记、仍由企业持有的，企业实际减持该限售股取得的收入，依照本条第1项规定纳税后，其余额转付给受让方的，受让方不再纳税。

上述规定自2011年7月1日起执行。规定生效后尚未处理的纳税事项，按照上述规定处理；已经处理的纳税事项，不再调整。

第三节 纳税申报

一、纳税地点

（1）除税收法律、行政法规另有规定外，居民企业以企业登记注册地为纳税地点。如果登记注册地在境外的，以实际管理机构所在地为纳税地点。企业注册登记地是指企业依照国家有关规定登记注册的住所地。

（2）居民企业在中国境内设立不具有法人资格的营业机构的，应当汇总计算并缴纳企业所得税。企业汇总计算并缴纳企业所得税时，应当统一核算应纳税所得额，具体办法由国务院财政、税务主管部门另行制定。

（3）非居民企业在中国境内设立机构、场所的，应当就其所设机构、场所取得的来源于中国境内的所得，以及发生在中国境外但与其所设机构、场所有实际联系的所得，以机构、场所所在地为纳税地点。非居民企业在中国境内设立两个或者两个以上机构场所的，经税务机关审核批准，可以选择由其主要机构、场所汇总缴纳企业所得税。非居民企业经批准汇总缴纳企业所得税后。需要增设、合并、迁移关闭机构、场所或者停止机构、场所业务的，应当事先由负责汇总申报缴纳企业所得税的主要机构、场所向其所在地税务机关报告；需要变更汇总缴纳企业所得税的主要机构、场所的，依照前款规定办理。

（4）非居民企业在中国境内未设立机构、场所，或者虽设立机构、场所但取得的所得与其所设机构、场所没有实际联系的，以扣缴义务人所在为纳税地点。

（5）除国务另有定外，企业之间不得合并企业所得，

二、纳税期限

企业所得按年计征，分月或者分季预缴，年终汇算清缴，多退少补。企业所得税的纳税年度，自公历1月1日起至12月31日止。企业在一个纳税年度的中间开业，或者由于合并、关闭等原因终止经营活动，使该税年度的实际经营期不足12个月的，应当以实际经营期为一个纳税年度。企业清算时，应当以清算期间作为一个纳税年度。企业应当自清算结束之日起15日内，向主管税务机关报送企业所得税申报表，并结清税款。

在正常情况下,企业自年度终了之日起5个月内,向税务机关报送年度企业所得税纳税申报表,并汇算清缴,结清应缴应退税款。企业在年度中间终止经营活动的,应当自实际经营终止之日起60日内,向税务机关办理当期企业所得税汇算清缴。

三、纳税申报

按月或按季预缴的,应当自月份或者季度终止之日起15日内,向税务机关报送预缴企业所得税纳税申报表,预缴税款。企业在报送企业所得税纳税申报表时,应当按照规定附送财务会计报告和其他有关资料。企业应当在办理注销登记前,就其清算所得向税务机关申报并依法缴纳企业所得税。

依照《企业所得税法》缴纳的企业所得税,以人民币计算。所得以人民币以外的货币计算的,应当折合成人民币计算并缴纳税款。

企业在纳税年度内无论盈利或者亏损,都应当依照《企业所得税法》第五十四条规定的期限,向税务机关报送企业所得纳税申报表、年度企业所得税纳税申报表、财务会计报告和税务机关规定应当报送的其他有关资料。

四、纳税申报表填写方法

2014年度,企业所得税年度纳税申报表发生了较大的改变,本书以列表格做重点介绍。

(一)中华人民共和国企业所得税年度纳税申报表(A类)

申报表见表3-2。

表3-2 中华人民共和国企业所得税年度纳税申报表(A类)(A100000)

行次	类别	项目	金额
1	利润总额计算	一、营业收入(填写A101010\101020\103000)	
2		减:营业成本(填写A102010\102020\103000)	
3		营业税金及附加	
4		销售费用(填写A104000)	
5		管理费用(填写A104000)	
6		财务费用(填写A104000)	
7		资产减值损失	

续表

行次	类别	项目	金额
8	利润总额计算	加：公允价值变动收益	
9		投资收益	
10		二、营业利润(1-2-3-4-5-6-7+8+9)	
11		加：营业外收入(填写A101010\101020\103000)	
12		减：营业外支出(填写A102010\102020\103000)	
13		三、利润总额(10+11-12)	
14	应纳税所得额计算	减：境外所得(填写A108010)	
15		加：纳税调整增加额(填写A105000)	
16		减：纳税调整减少额(填写A105000)	
17		减：免税、减计收入及加计扣除(填写A107010)	
18		加：境外应税所得抵减境内亏损(填写A108000)	
19		四、纳税调整后所得(13-14+15-16-17+18)	
20		减：所得减免(填写A107020)	
21		减：抵扣应纳税所得额(填写A107030)	
22		减：弥补以前年度亏损(填写A106000)	
23		五、应纳税所得额(19-20-21-22)	
24	应纳税额计算	税率(25%)	
25		六、应纳所得税额(23×24)	
26		减：减免所得税额(填写A107040)	
27		减：抵免所得税额(填写A107050)	
28		七、应纳税额(25-26-27)	
29		加：境外所得应纳所得税额(填写A108000)	
30		减：境外所得抵免所得税额(填写A108000)	
31		八、实际应纳所得税额(28+29-30)	
32		减：本年累计实际已预缴的所得税额	
33		九、本年应补(退)所得税额(31-32)	

续 表

行次	类别	项目	金额
34	应纳税额计算	其中：总机构分摊本年应补(退)所得税额(填写 A109000)	
35		财政集中分配本年应补(退)所得税额(填写 A109000)	
36		总机构主体生产经营部门分摊本年应补(退)所得税额(填写 A109000)	
37	附列资料	以前年度多缴的所得税额在本年抵减额	
38		以前年度应缴未缴在本年入库所得税额	

本表为年度纳税申报表主表，企业应该根据《中华人民共和国企业所得税法》及其实施条例(以下简称税法)、相关税收政策，以及国家统一会计制度(企业会计准则、小企业会计准则、企业会计制度、事业单位会计准则和民间非营利组织会计制度等)的规定，计算填报纳税人利润总额、应纳税所得额、应纳税额和附列资料等有关项目。

企业在计算应纳税所得额及应纳所得税时，企业财务、会计处理办法与税法规定不一致的，应当按照税法规定计算。税法规定不明确的，在没有明确规定之前，暂按企业财务、会计规定计算。

1. 有关项目填报说明

(1) 表体项目

本表是在纳税人会计利润总额的基础上，加减纳税调整等金额后计算出"纳税调整后所得"(应纳税所得额)。会计与税法的差异(包括收入类、扣除类、资产类等差异)通过《纳税调整项目明细表》(A105000)集中填报。

本表包括利润总额计算、应纳税所得额计算、应纳税额计算、附列资料四个部分。

"利润总额计算"中的项目，按照国家统一会计制度口径计算填报。实行企业会计准则、小企业会计准则、企业会计制度、分行业会计制度纳税人其数据直接取自利润表；实行事业单位会计准则的纳税人其数据取自收入支出表；实行民间非营利组织会计制度纳税人其数据取自业务活动表；实行其他国家统一会计制度的纳税人，根据本表项目进行分析填报。

"应纳税所得额计算"和"应纳税额计算"中的项目，除根据主表逻辑关系计算的外,通过附表相应栏次填报。

(2) 行次说明

第1—13行参照企业会计准则利润表的说明编写。

第1行"营业收入":填报纳税人主要经营业务和其他经营业务取得的收入总额。本行根据"主营业务收入"和"其他业务收入"的数额填报。一般企业纳税人通过《一般企业收入明细表》(A101010)填报;金融企业纳税人通过《金融企业收入明细表》(A101020)填报;事业单位、社会团体、民办非企业单位、非营利组织等纳税人通过《事业单位、民间非营利组织收入、支出明细表》(A103000)填报。

第2行"营业成本"项目:填报纳税人主要经营业务和其他经营业务发生的成本总额。本行根据"主营业务成本"和"其他业务成本"的数额填报。一般企业纳税人通过《一般企业成本支出明细表》(A102010)填报;金融企业纳税人通过《金融企业支出明细表》(A102020)填报;事业单位、社会团体、民办非企业单位、非营利组织等纳税人,通过《事业单位、民间非营利组织收入、支出明细表》(A103000)填报。

第3行"营业税金及附加":填报纳税人经营活动发生的营业税、消费税、城市维护建设税、资源税、土地增值税和教育费附加等相关税费。本行根据纳税人相关会计科目填报。纳税人在其他会计科目核算的本行不得重复填报。

第4行"销售费用":填报纳税人在销售商品和材料、提供劳务的过程中发生的各种费用。本行通过《期间费用明细表》(A104000)中对应的"销售费用"填报。

第5行"管理费用":填报纳税人为组织和管理企业生产经营发生的管理费用。本行通过《期间费用明细表》(A104000)中对应的"管理费用"填报。

第6行"财务费用":填报纳税人为筹集生产经营所需资金等发生的筹资费用。本行通过《期间费用明细表》(A104000)中对应的"财务费用"填报。

第7行"资产减值损失":填报纳税人计提各项资产准备发生的减值损失。本行根据企业"资产减值损失"科目上的数额填报。实行其他会计准则等的比照填报。

第8行"公允价值变动收益":填报纳税人在初始确认时划分为以公允价值计量且其变动计入当期损益的金融资产或金融负债(包括交易性金融资产或负债,直接指定为以公允价值计量且其变动计入当期损益的金融资产或金融负债),以及采用公允价值模式计量的投资性房地产、衍生工具和套期业务中公允价值变动形成的应计入当期损益的利得或损失。本行根据企业"公允价值变动损益"科目的数额填报(损失以"－"号填列)。

第9行"投资收益":填报纳税人以各种方式对外投资确认所取得的收益或发生的损失。根据企业"投资收益"科目的数额计算填报;实行事业单位会计准则的纳税人根据"其他收入"科目中的投资收益金额分析填报(损失以"－"号填列)。实行其他会计准则等的比照填报。

第10行"营业利润":填报纳税人当期的营业利润。根据上述项目计算填列。

第11行"营业外收入":填报纳税人取得的与其经营活动无直接关系的各项收入的金额。一般企业纳税人通过《一般企业收入明细表》(A101010)填报;金融企业纳税人通过《金融企业收入明细表》(A101020)填报;实行事业单位会计准则或民间非营利组织会计制度的纳税人通过《事业单位、民间非营利组织收入、支出明细表》(A103000)填报。

第12行"营业外支出":填报纳税人发生的与其经营活动无直接关系的各项支出的金额。一般企业纳税人通过《一般企业成本支出明细表》(A102010)填报;金融企业纳税人通过《金融企业支出明细表》(A102020)填报;实行事业单位会计准则或民间非营利组织会计制度的纳税人通过《事业单位、民间非营利组织收入、支出明细表》(A103000)填报。

第13行"利润总额":填报纳税人当期的利润总额。根据上述项目计算填列。

第14行"境外所得":填报纳税人发生的分国(地区)别取得的境外税后所得计入利润总额的金额。填报《境外所得纳税调整后所得明细表》(A108010)第14列减去第11列的差额。

第15行"纳税调整增加额":填报纳税人会计处理与税收规定不一致,进行纳税调整增加的金额。本行通过《纳税调整项目明细表》(A105000)"调增金额"列填报。

第16行"纳税调整减少额":填报纳税人会计处理与税收规定不一致,进行纳税调整减少的金额。本行通过《纳税调整项目明细表》(A105000)"调减金额"列填报。

第17行"免税、减计收入及加计扣除":填报属于税法规定免税收入、减计收入、加计扣除金额。本行通过《免税、减计收入及加计扣除优惠明细表》（A107010）填报。

第18行"境外应税所得抵减境内亏损"：填报纳税人根据税法规定，选择用境外所得抵减境内亏损的数额。本行通过《境外所得税收抵免明细表》（A108000）填报。

第19行"纳税调整后所得"：填报纳税人经过纳税调整、税收优惠、境外所得计算后的所得额。

第20行"所得减免"：填报属于税法规定所得减免金额。本行通过《所得减免优惠明细表》（A107020）填报，小于0时，填写负数。

第21行"抵扣应纳税所得额"：填报根据税法规定应抵扣的应纳税所得额。本行通过《抵扣应纳税所得额明细表》（A107030）填报。

第22行"弥补以前年度亏损"：填报纳税人按照税法规定可在税前弥补的以前年度亏损的数额。本行根据《企业所得税弥补亏损明细表》（A106000）填报。

第23行"应纳税所得额"：金额等于本表第19－20－21－22行计算结果（第19行结果减第20行结果，减第21行结果，减第22行结果，下同）。本行不得为负数。本表第19行或者按照上述行次顺序计算结果本行为负数，本行金额填零。

第24行"税率"：填报税法规定的税率为25%。

第25行"应纳所得税额"：金额等于本表第23×24行。

第26行"减免所得税额"：填报纳税人按税法规定实际减免的企业所得税额。本行通过《减免所得税优惠明细表》（A107040）填报。

第27行"抵免所得税额"：填报企业当年的应纳所得税额中抵免的金额。本行通过《税额抵免优惠明细表》（A107050）填报。

第28行"应纳税额"：金额等于本表第25－26－27行。

第29行"境外所得应纳所得税额"：填报纳税人来源于中国境外的所得，按照我国税法规定计算的应纳所得税额。本行通过《境外所得税收抵免明细表》（A108000）填报。

第30行"境外所得抵免所得税额"：填报纳税人来源于中国境外所得依照中国境外税收法律以及相关规定应缴纳并实际缴纳（包括视同已实际缴纳）的企业所得税性质的税款（准予抵免税款）。本行通过《境外所得税收抵免明细表》（A108000）填报。

第31行"实际应纳所得税额"：填报纳税人当期的实际应纳所得税额。金额等于本表第28+29-30行。

第32行"本年累计实际已预缴的所得税额"：填报纳税人按照税法规定本纳税年度已在月(季)度累计预缴的所得税额,包括按照税法规定的特定业务已预缴(征)的所得税额,建筑企业总机构直接管理的跨地区设立的项目部按规定向项目所在地主管税务机关预缴的所得税额。

第33行"本年应补(退)的所得税额"：填报纳税人当期应补(退)的所得税额。金额等于本表第31-32行。

第34行"总机构分摊本年应补(退)所得税额"：填报汇总纳税的总机构按照税收规定在总机构所在地分摊本年应补(退)所得税款。本行根据《跨地区经营汇总纳税企业年度分摊企业所得税明细表》(A109000)填报。

第35行"财政集中分配本年应补(退)所得税额"：填报汇总纳税的总机构按照税收规定财政集中分配本年应补(退)所得税款。本行根据《跨地区经营汇总纳税企业年度分摊企业所得税明细表》(A109000)填报。

第36行"总机构主体生产经营部门分摊本年应补(退)所得税额"：填报汇总纳税的总机构所属的具有主体生产经营职能的部门按照税收规定应分摊的本年应补(退)所得税额。本行根据《跨地区经营汇总纳税企业年度分摊企业所得税明细表》(A109000)填报。

第37行"以前年度多缴的所得税额在本年抵减额"：填报纳税人以前纳税年度汇算清缴多缴的税款尚未办理退税、并在本纳税年度抵缴的所得税额。

第38行"以前年度应缴未缴在本年入库所得额"：填报纳税人以前纳税年度应缴未缴在本纳税年度入库所得税额。

2. 表内、表间关系

(1) 表内关系

第10行=第1-2-3-4-5-6-7+8+9行。

第13行=第10+11-12行。

第19行=第13-14+15-16-17+18行。

第23行=第19-20-21-22行。

第25行=第23×24行。

第28行=第25-26-27行。

第31行=第28+29-30行。

第 33 行＝第 31－32 行。

（2）表间关系

第 1 行＝表 A101010 第 1 行,或表 A101020 第 1 行,或表 A103000 第 2＋3＋4＋5＋6 行,或表 A103000 第 11＋12＋13＋14＋15 行。

第 2 行＝表 A102010 第 1 行,或表 A102020 第 1 行,或表 A103000 第 19＋20＋21＋22 行,或表 A103000 第 25＋26＋27 行。

第 4 行＝表 A104000 第 25 行第 1 列。

第 5 行＝表 A104000 第 25 行第 3 列。

第 6 行＝表 A104000 第 25 行第 5 列。

第 11 行＝表 A101010 第 16 行,或表 A101020 第 35 行,或表 A103000 第 9 行,或第 17 行。

第 12 行＝表 A102010 第 16 行,或表 A102020 第 33 行,或表 A103000 第 23 行,或第 28 行。

第 14 行＝表 A108010 第 10 行第 14 列－第 11 列。

第 15 行＝表 A105000 第 43 行第 3 列。

第 16 行＝表 A105000 第 43 行第 4 列。

第 17 行＝表 A107010 第 27 行。

第 18 行＝表 A108000 第 10 行第 6 列（当本表第 13－14＋15－16－17 行≥0 时,本行为 0）。

第 20 行＝表 A107020 第 40 行第 7 列。

第 21 行＝表 A107030 第 7 行。

第 22 行＝表 A106000 第 6 行第 10 列。

第 26 行＝表 A107040 第 29 行。

第 27 行＝表 A107050 第 7 行第 11 列。

第 29 行＝表 A108000 第 10 行第 9 列。

第 30 行＝表 A108000 第 10 行第 19 列。

第 34 行＝表 A109000 第 12＋16 行。

第 35 行＝表 A109000 第 13 行。

第 36 行＝表 A109000 第 15 行。

（二）一般企业收入明细表

收入明细表见表 3-3。

表3-3 一般企业收入明细表(A101010)

行次	项目	金额
1	一、营业收入(2+9)	
2	(一)主营业务收入(3+5+6+7+8)	
3	1.销售商品收入	
4	其中:非货币性资产交换收入	
5	2.提供劳务收入	
6	3.建造合同收入	
7	4.让渡资产使用权收入	
8	5.其他	
9	(二)其他业务收入(10+12+13+14+15)	
10	1.销售材料收入	
11	其中:非货币性资产交换收入	
12	2.出租固定资产收入	
13	3.出租无形资产收入	
14	4.出租包装物和商品收入	
15	5.其他	
16	二、营业外收入(17+18+19+20+21+22+23+24+25+26)	
17	(一)非流动资产处置利得	
18	(二)非货币性资产交换利得	
19	(三)债务重组利得	
20	(四)政府补助利得	
21	(五)盘盈利得	
22	(六)捐赠利得	
23	(七)罚没利得	
24	(八)确实无法偿付的应付款项	
25	(九)汇兑收益	
26	(十)其他	

本表适用于执行除事业单位会计准则、非营利企业会计制度以外的其他国家统一会计制度的非金融居民纳税人填报。纳税人应根据国家统一会计制度的规定,填报"主营业务收入""其他业务收入"和"营业外收入"。

1. 有关项目填报说明

第1行"营业收入":根据主营业务收入、其他业务收入的数额计算填报。

第2行"主营业务收入":根据不同行业的业务性质分别填报纳税人核算的主营业务收入。

第3行"销售商品收入":填报从事工业制造、商品流通、农业生产以及其他商品销售的纳税人取得的主营业务收入。房地产开发企业销售开发产品(销售未完工开发产品除外)取得的收入也在此行填报。

第4行"其中:非货币性资产交换收入":填报纳税人发生的非货币性资产交换按照国家统一会计制度应确认的主营业务收入。

第5行"提供劳务收入":填报纳税人从事建筑安装、修理修配、交通运输、仓储租赁、邮电通信、咨询经纪、文化体育、科学研究、技术服务、教育培训、餐饮住宿、中介代理、卫生保健、社区服务、旅游、娱乐、加工以及其他劳务活动取得的主营业务收入。

第6行"建造合同收入":填报纳税人建造房屋、道路、桥梁、水坝等建筑物,以及生产船舶、飞机、大型机械设备等取得的主营业务收入。

第7行"让渡资产使用权收入":填报纳税人在主营业务收入核算的,让渡无形资产使用权而取得的使用费收入以及出租固定资产、无形资产、投资性房地产取得的租金收入。

第8行"其他":填报纳税人按照国家统一会计制度核算、上述未列举的其他主营业务收入。

第9行:"其他业务收入":填报根据不同行业的业务性质分别填报纳税人核算的其他业务收入。

第10行"材料销售收入":填报纳税人销售材料、下脚料、废料、废旧物资等取得的收入。

第11行"其中:非货币性资产交换收入":填报纳税人发生的非货币性资产交换按照国家统一会计制度应确认的其他业务收入。

第12行"出租固定资产收入":填报纳税人将固定资产使用权让与承租人获取的其他业务收入。

第13行"出租无形资产收入":填报纳税人让渡无形资产使用权取得的其他

业务收入。

第 14 行"出租包装物和商品收入"：填报纳税人出租、出借包装物和商品取得的其他业务收入。

第 15 行"其他"：填报纳税人按照国家统一会计制度核算、上述未列举的其他业务收入。

第 16 行"营业外收入"：填报纳税人计入本科目核算的与生产经营无直接关系的各项收入。

第 17 行"非流动资产处置利得"：填报纳税人处置固定资产、无形资产等取得的净收益。

第 18 行"非货币性资产交换利得"：填报纳税人发生非货币性资产交换应确认的净收益。

第 19 行"债务重组利得"：填报纳税人发生的债务重组业务确认的净收益。

第 20 行"政府补助利得"：填报纳税人从政府无偿取得货币性资产或非货币性资产应确认的净收益。

第 21 行"盘盈利得"：填报纳税人在清查财产过程中查明的各种财产盘盈应确认的净收益。

第 22 行"捐赠利得"：填报纳税人接受的来自企业、组织或个人无偿给予的货币性资产、非货币性资产捐赠应确认的净收益。

第 23 行"罚没利得"：填报纳税人在日常经营管理活动中取得的罚款、没收收入应确认的净收益。

第 24 行"确实无法偿付的应付款项"：填报纳税人因确实无法偿付的应付款项而确认的收入。

第 25 行"汇兑收益"：填报纳税人取得企业外币货币性项目因汇率变动形成的收益应确认的收入（该项目为执行小企业准则企业填报）。

第 26 行"其他"：填报纳税人取得的上述项目未列举的其他营业外收入，包括执行《企业会计准则》纳税人按权益法核算长期股权投资对初始投资成本调整确认的收益，执行《小企业会计准则》纳税人取得的出租包装物和商品的租金收入、逾期未退包装物押金收益等。

2. 表内、表间关系

（1）表内关系

第 1 行＝第 2＋9 行。

第 2 行＝第 3＋5＋6＋7＋8 行。

第 9 行＝第 10＋12＋13＋14＋15 行。

第 16 行＝第 17＋18＋19＋20＋21＋22＋23＋24＋25＋26 行。

(2) 表间关系

第 1 行＝表 A100000 第 1 行。

第 16 行＝表 A100000 第 11 行。

(三) 一般企业成本支出明细表

成本支出明细表见表 3-4。

表 3-4　一般企业成本支出明细表(A102010)

行次	项目	金额
1	一、营业成本(2＋9)	
2	(一)主营业务成本(3＋5＋6＋7＋8)	
3	1.销售商品成本	
4	其中：非货币性资产交换成本	
5	2.提供劳务成本	
6	3.建造合同成本	
7	4.让渡资产使用权成本	
8	5.其他	
9	(二)其他业务成本(10＋12＋13＋14＋15)	
10	1.材料销售成本	
11	其中：非货币性资产交换成本	
12	2.出租固定资产成本	
13	3.出租无形资产成本	
14	4.包装物出租成本	
15	5.其他	
16	二、营业外支出(17＋18＋19＋20＋21＋22＋23＋24＋25＋26)	
17	(一)非流动资产处置损失	
18	(二)非货币性资产交换损失	
19	(三)债务重组损失	

续表

行次	项目	金额
20	(四)非常损失	
21	(五)捐赠支出	
22	(六)赞助支出	
23	(七)罚没支出	
24	(八)坏账损失	
25	(九)无法收回的债券股权投资损失	
26	(十)其他	

本表适用于执行除事业单位会计准则、非营利企业会计制度以外的其他国家统一会计制度的查账征收企业所得税非金融居民纳税人填报。纳税人应根据国家统一会计制度的规定，填报"主营业务成本""其他业务成本"和"营业外支出"。

1. 有关项目填报说明

第1行"营业成本"：填报纳税人主要经营业务和其他经营业务发生的成本总额。本行根据"主营业务成本"和"其他业务成本"的数额计算填报。

第2行"主营业务成本"：根据不同行业的业务性质分别填报纳税人核算的主营业务成本。

第3行"销售商品成本"：填报从事工业制造、商品流通、农业生产以及其他商品销售企业发生的主营业务成本。房地产开发企业销售开发产品（销售未完工开发产品除外）发生的成本也在此行填报。

第4行"其中：非货币性资产交换成本"：填报纳税人发生的非货币性资产交换按照国家统一会计制度应确认的主营业务成本。

第5行"提供劳务成本"：填报纳税人从事建筑安装、修理修配、交通运输、仓储租赁、邮电通信、咨询经纪、文化体育、科学研究、技术服务、教育培训、餐饮住宿、中介代理、卫生保健、社区服务、旅游、娱乐、加工以及其他劳务活动发生的主营业务成本。

第6行"建造合同成本"：填报纳税人建造房屋、道路、桥梁、水坝等建筑物，以及生产船舶、飞机、大型机械设备等发生的主营业务成本。

第7行"让渡资产使用权成本"：填报纳税人在主营业务成本核算的，让渡无形资产使用权而发生的使用费成本以及出租固定资产、无形资产、投资性房地产发生的租金成本。

第 8 行"其他"：填报纳税人按照国家统一会计制度核算、上述未列举的其他主营业务成本。

第 9 行"其他业务成本"：根据不同行业的业务性质分别填报纳税人按照国家统一会计制度核算的其他业务成本。

第 10 行"材料销售成本"：填报纳税人销售材料、下脚料、废料、废旧物资等发生的成本。

第 11 行"非货币性资产交换成本"：填报纳税人发生的非货币性资产交换按照国家统一会计制度应确认的其他业务成本。

第 12 行"出租固定资产成本"：填报纳税人将固定资产使用权让与承租人形成的出租固定资产成本。

第 13 行"出租无形资产成本"：填报纳税人让渡无形资产使用权形成的出租无形资产成本。

第 14 行"包装物出租成本"：填报纳税人出租、出借包装物形成的包装物出租成本。

第 15 行"其他"：填报纳税人按照国家统一会计制度核算，上述未列举的其他业务成本。

第 16 行"营业外支出"：填报纳税人计入本科目核算的与生产经营无直接关系的各项支出。

第 17 行"非流动资产处置损失"：填报纳税人处置非流动资产形成的净损失。

第 18 行"非货币性资产交换损失"：填报纳税人发生非货币性资产交换应确认的净损失。

第 19 行"债务重组损失"：填报纳税人进行债务重组应确认的净损失。

第 20 行"非常损失"：填报纳税人在营业外支出中核算的各项非正常的财产损失。

第 21 行"捐赠支出"：填报纳税人无偿给予其他企业、组织或个人的货币性资产、非货币性资产的捐赠支出。

第 22 行"赞助支出"：填报纳税人发生的货币性资产、非货币性资产赞助支出。

第 23 行"罚没支出"：填报纳税人在日常经营管理活动中对外支付的各项罚没支出。

第24行"坏账损失":填报纳税人发生的各项坏账损失(该项目为使用小企业准则企业填报)。

第25行"无法收回的债券股权投资损失":填报纳税人各项无法收回的债券股权投资损失(该项目为使用小企业准则企业填报)。

第26行"其他":填报纳税人本期实际发生的在营业外支出核算的其他损失及支出。

2. 表内、表间关系

(1) 表内关系

第1行=第2+9行。

第2行=第3+5+6+7+8行。

第9行=第10+12+13+14+15行。

第16行=第17+18+…+26行。

(2) 表间关系

第1行=表A100000第2行。

第16行=表A100000第12行。

(四) 期间费用明细表

期间费用明细表见表3-5。

表3-5 期间费用明细表(A104000)

行次	项目	销售费用	其中:境外支付	管理费用	其中:境外支付	财务费用	其中:境外支付
		1	2	3	4	5	6
1	一、职工薪酬		*		*	*	*
2	二、劳务费					*	*
3	三、咨询顾问费					*	*
4	四、业务招待费		*		*	*	*
5	五、广告费和业务宣传费		*		*	*	*
6	六、佣金和手续费						
7	七、资产折旧摊销费		*		*	*	*
8	八、财产损耗、盘亏及毁损损失		*		*	*	*

续 表

行次	项目	销售费用	其中：境外支付	管理费用	其中：境外支付	财务费用	其中：境外支付
		1	2	3	4	5	6
9	九、办公费		*		*	*	*
10	十、董事会费		*		*	*	*
11	十一、租赁费					*	*
12	十二、诉讼费		*		*	*	*
13	十三、差旅费		*		*	*	*
14	十四、保险费				*	*	*
15	十五、运输、仓储费					*	*
16	十六、修理费					*	*
17	十七、包装费		*		*	*	*
18	十八、技术转让费				*	*	*
19	十九、研究费用					*	*
20	二十、各项税费		*		*	*	*
21	二十一、利息收支	*	*	*	*		
22	二十二、汇兑差额	*	*	*	*		
23	二十三、现金折扣	*	*	*	*		*
24	二十四、其他						
25	合计(1+2+3+…+24)						

本表适用于执行企业会计准则、小企业会计准则、企业会计制度、分行业会计制度的查账征收居民纳税人填报。纳税人应根据企业会计准则、小企业会计准则、企业会计、分行业会计制度规定，填报"销售费用""管理费用"和"财务费用"等项目。

1. 有关项目填报说明

第1列"销售费用"：填报在销售费用科目进行核算的相关明细项目的金额，其中金融企业填报在业务及管理费科目进行核算的相关明细项目的金额。

第2列"其中：境外支付"：填报在销售费用科目进行核算的向境外支付的相关明细项目的金额,其中金融企业填报在业务及管理费科目进行核算的相关明细项目的金额。

第3列"管理费用"：填报在管理费用科目进行核算的相关明细项目的金额。

第4列"其中：境外支付"：填报在管理费用科目进行核算的向境外支付的相关明细项目的金额。

第5列"财务费用"：填报在财务费用科目进行核算的有关明细项目的金额。

第6列"其中：境外支付"：填报在财务费用科目进行核算的向境外支付的有关明细项目的金额。

第1至24行：根据费用科目核算的具体项目金额进行填报,如果贷方发生额大于借方发生额,应填报负数。

第25行第1列：填报第1行至24行第1列的合计数。

第25行第2列：填报第1行至24行第2列的合计数。

第25行第3列：填报第1行至24行第3列的合计数。

第25行第4列：填报第1行至24行第4列的合计数。

第25行第5列：填报第1行至24行第5列的合计数。

第25行第6列：填报第1行至24行第6列的合计数。

2. 表内、表间关系

（1）表内关系

第25行第1列＝第1列第1＋2＋…＋20＋24行。

第25行第2列＝第2列第2＋3＋6＋11＋15＋16＋18＋19＋24行。

第25行第3列＝第3列第1＋2＋…＋20＋24行。

第25行第4列＝第4列第2＋3＋6＋11＋15＋16＋18＋19＋24行。

第25行第5列＝第5列第6＋21＋22＋23＋24行。

第25行第6列＝第6列第6＋21＋22＋24行。

（2）表间关系

第25行第1列＝表A100000第4行。

第25行第3列＝表A100000第5行。

第25行第5列＝表A100000第6行。

（五）纳税调整项目明细表

纳税调整项目明细表见表3-6。

表 3-6 纳税调整项目明细表（A105000）

行次	项　　目	账载金额 1	税收金额 2	调增金额 3	调减金额 4
1	一、收入类调整项目(2+3+4+5+6+7+8+10+11)	*	*		
2	（一）视同销售收入（填写 A105010）	*			*
3	（二）未按权责发生制原则确认的收入（填写 A105020）				
4	（三）投资收益（填写 A105030）				
5	（四）按权益法核算长期股权投资对初始投资成本调整确认收益	*	*	*	
6	（五）交易性金融资产初始投资调整	*	*		*
7	（六）公允价值变动净损益		*		
8	（七）不征税收入	*	*		
9	其中：专项用途财政性资金（填写 A105040）	*	*		
10	（八）销售折扣、折让和退回				
11	（九）其他				
12	二、扣除类调整项目(13+14+15+16+17+18+19+20+21+22+23+24+26+27+28+29)	*	*		
13	（一）视同销售成本（填写 A105010）	*		*	
14	（二）职工薪酬（填写 A105050）				
15	（三）业务招待费支出				*
16	（四）广告费和业务宣传费支出（填写 A105060）	*	*		
17	（五）捐赠支出（填写 A105070）				*
18	（六）利息支出				
19	（七）罚金、罚款和被没收财物的损失			*	
20	（八）税收滞纳金、加收利息				
21	（九）赞助支出			*	
22	（十）与未实现融资收益相关在当期确认的财务费用				
23	（十一）佣金和手续费支出				*

续 表

行次	项　　目	账载金额 1	税收金额 2	调增金额 3	调减金额 4
24	（十二）不征税收入用于支出所形成的费用	*	*		*
25	其中：专项用途财政性资金用于支出所形成的费用（填写A105040）	*	*		*
26	（十三）跨期扣除项目				
27	（十四）与取得收入无关的支出		*		*
28	（十五）境外所得分摊的共同支出		*		*
29	（十六）其他				
30	三、资产类调整项目(31＋32＋33＋34)	*	*		
31	（一）资产折旧、摊销（填写A105080）				
32	（二）资产减值准备金		*		
33	（三）资产损失（填写A105090）				
34	（四）其他				
35	四、特殊事项调整项目(36＋37＋38＋39＋40)	*	*		
36	（一）企业重组（填写A105100）				
37	（二）政策性搬迁（填写A105110）	*	*		
38	（三）特殊行业准备金（填写A105120）				
39	（四）房地产开发企业特定业务计算的纳税调整额（填写A105010）	*			
40	（五）其他	*	*		
41	五、特别纳税调整应税所得		*		*
42	六、其他		*		*
43	合计(1＋12＋30＋35＋41＋42)	*	*		

本表适用于会计处理与税法规定不一致需纳税调整的纳税人填报。纳税人根据税法、相关税收政策，以及国家统一会计制度的规定，填报会计处理、税法规定，以及纳税调整情况。

1. 有关项目填报说明

本表纳税调整项目按照"收入类调整项目""扣除类调整项目""资产类调整项目""特殊事项调整项目""特别纳税调整应税所得""其他"六大项分类填报汇总,并计算出纳税"调增金额"和"调减金额"的合计数。

数据栏分别设置"账载金额""税收金额""调增金额""调减金额"四个栏次。"账载金额"是指纳税人按照国家统一会计制度规定核算的项目金额。"税收金额"是指纳税人按照税法规定计算的项目金额。

"收入类调整项目"中,"税收金额"减"账载金额"后余额为正数的,填报在"调增金额",余额为负数的,将绝对值填报在"调减金额"。

"扣除类调整项目""资产类调整项目"中,"账载金额"减"税收金额"后余额为正数的,填报在"调增金额",余额为负数的,将其绝对值填报在"调减金额"。

"特殊事项调整项目""其他"分别填报税法规定项目的"调增金额""调减金额"。

"特别纳税调整应税所得"中,填报经特别纳税调整后的"调增金额"。

对需填报下级明细表的纳税调整项目,其"账载金额""税收金额""调增金额""调减金额"根据相应附表进行计算填报。

(1) 收入类调整项目

第1行"一、收入类调整项目":根据第2行至第11行填报。

第2行"(一)视同销售收入":填报会计处理不确认为销售收入,税法规定确认应税收入的收入。根据《视同销售和房地产开发企业特定业务纳税调整明细表》(A105010)填报,第2列"税收金额"为表A105010第1行第1列金额;第3列"调增金额"为表A105010第1行第2列金额。

第3行"(二)未按权责发生制原则确认的收入":根据《未按权责发生制确认收入纳税调整明细表》(A105020)填报,第1列"账载金额"为表A105020第14行第2列金额;第2列"税收金额"为表A105020第14行第4列金额;表A105020第14行第6列,若大于等于0,填入本行第3列"调增金额";若小于0,将绝对值填入本行第4列"调减金额"。

第4行"(三)投资收益":根据《投资收益纳税调整明细表》(A105030)填报,第1列"账载金额"为表A105030第10行第1+8列的金额;第2列"税收金额"为表A105030第10行第2+9列的金额;表A105030第10行第11列,若大于等于0,填入本行第3列"调增金额";若小于0,将绝对值填入本行第4列"调减金额"。

第5行"（四）按权益法核算长期股权投资对初始投资成本调整确认收益"：第4列"调减金额"填报纳税人采取权益法核算，初始投资成本小于取得投资时应享有被投资单位可辨认净资产公允价值份额的差额计入取得投资当期的营业外收入的金额。

第6行"（五）交易性金融资产初始投资调整"：第3列"调增金额"填报纳税人根据税法规定确认交易性金融资产初始投资金额与会计核算的交易性金融资产初始投资账面价值的差额。

第7行"（六）公允价值变动净损益"：第1列"账载金额"填报纳税人会计核算的以公允价值计量的金融资产、金融负债以及投资性房地产类项目，计入当期损益的公允价值变动金额；第1列小于0，将绝对值填入第3列"调增金额"；若第1列大于等于0，填入第4列"调减金额"。

第8行"（七）不征税收入"：填报纳税人计入收入总额但属于税法规定不征税的财政拨款、依法收取并纳入财政管理的行政事业性收费以及政府性基金和国务院规定的其他不征税收入。第3列"调增金额"填报纳税人以前年度取得财政性资金且已作为不征税收入处理，在5年（60个月）内未发生支出且未缴回财政部门或其他拨付资金的政府部门，应计入应税收入额的金额；第4列"调减金额"填报符合税法规定不征税收入条件并作为不征税收入处理，且已计入当期损益的金额。

第9行"其中：专项用途财政性资金"：根据《专项用途财政性资金纳税调整明细表》（A105040）填报。第3列"调增金额"为表A105040第7行第14列金额；第4列"调减金额"为表A105040第7行第4列金额。

第10行"（八）销售折扣、折让和退回"：填报不符合税法规定的销售折扣和折让应进行纳税调整的金额，和发生的销售退回因会计处理与税法规定有差异需纳税调整的金额。第1列"账载金额"填报纳税人会计核算的销售折扣和折让金额及销货退回的追溯处理的净调整额。第2列"税收金额"填报根据税法规定可以税前扣除的折扣和折让的金额及销货退回业务影响当期损益的金额。第1列减第2列，若余额大于等于0，填入第3列"调增金额"；若余额小于0，将绝对值填入第4列"调减金额"，第4列仅为销货退回影响损益的跨期时间性差异。

第11行"（九）其他"：填报其他因会计处理与税法规定有差异需纳税调整的收入类项目金额。若第2列大于等于第1列，将第2-1列的余额填入第3列"调增金额"，若第2列小于第1列，将第2-1列余额的绝对值填入第4列"调减金额"。

（2）扣除类调整项目

第12行"二、扣除类调整项目"：根据第13行至第29行填报。

第13行"（一）视同销售成本"：填报会计处理不作为销售核算、税法规定作为应税收入的销售成本金额。根据《视同销售和房地产开发企业特定业务纳税调整明细表》（A105010）填报，第2列"税收金额"为表A105010第11行第1列金额；第4列"调减金额"为表A105010第11行第2列金额的绝对值。

第14行"（二）职工薪酬"：根据《职工薪酬纳税调整明细表》（A105050）填报，第1列"账载金额"为表A105050第13行第1列金额；第2列"税收金额"为表A105050第13行第4列金额；表A105050第13行第5列，若大于等于0，填入本行第3列"调增金额"；若小于0，将绝对值填入本行第4列"调减金额"。

第15行"（三）业务招待费支出"：第1列"账载金额"填报纳税人会计核算计入当期损益的业务招待费金额；第2列"税收金额"填报按照税法规定允许税前扣除的业务招待费支出的金额，即："本行第1列×60%"与当年销售（营业收入）×5‰的孰小值；第3列"调增金额"为第1－2列金额。

第16行"（四）广告费和业务宣传费支出"：根据《广告费和业务宣传费跨年度纳税调整明细表》（A105060）填报，表A105060第12行，若大于等于0，填入第3列"调增金额"；若小于0，将绝对值填入第4列"调减金额"。

第17行"（五）捐赠支出"：根据《捐赠支出纳税调整明细表》（A105070）填报。第1列"账载金额"为表A105070第20行第2+6列金额；第2列"税收金额"为表A105070第20行第4列金额；第3列"调增金额"为表A105070第20行第7列金额。

第18行"（六）利息支出"：第1列"账载金额"填报纳税人向非金融企业借款，会计核算计入当期损益的利息支出的金额；第2列"税收金额"填报按照税法规定允许税前扣除的利息支出的金额；若第1列≥第2列，将第1列减第2列余额填入第3列"调增金额"，若第1列小于第2列，将第1列减第2列余额的绝对值填入第4列"调减金额"。

第19行"（七）罚金、罚款和被没收财物的损失"：第1列"账载金额"填报纳税人会计核算计入当期损益的罚金、罚款和被罚没财物的损失，不包括纳税人按照经济合同规定支付的违约金（包括银行罚息）、罚款和诉讼费；第3列"调增金额"等于第1列金额。

第20行"(八)税收滞纳金、加收利息":第1列"账载金额"填报纳税人会计核算计入当期损益的税收滞纳金、加收利息。第3列"调增金额"等于第1列金额。

第21行"(九)赞助支出":第1列"账载金额"填报纳税人会计核算计入当期损益的不符合税法规定的公益性捐赠的赞助支出的金额,包括直接向受赠人的捐赠、赞助支出等(不含广告性的赞助支出,广告性的赞助支出在表A105060中调整);第3列"调增金额"等于第1列金额。

第22行"(十)与未实现融资收益相关在当期确认的财务费用":第1列"账载金额"填报纳税人会计核算的与未实现融资收益相关并在当期确认的财务费用的金额;第2列"税收金额"填报按照税法规定允许税前扣除的金额;若第1列大于等于第2列,将第1—2列余额填入第3列,"调增金额";若第1列小于第2列,将第1—2列余额的绝对值填入第4列"调减金额"。

第23行"(十一)佣金和手续费支出":第1列"账载金额"填报纳税人会计核算计入当期损益的佣金和手续费金额;第2列"税收金额"填报按照税法规定允许税前扣除的佣金和手续费支出金额;第3列"调增金额"为第1—2列的金额。

第24行"(十二)不征税收入用于支出所形成的费用":第3列"调增金额"填报符合条件的不征税收入用于支出所形成的计入当期损益的费用化支出金额。

第25行"其中:专项用途财政性资金用于支出所形成的费用":根据《专项用途财政性资金纳税调整明细表》(A105040)填报。第3列"调增金额"为表A105040第7行第11列金额。

第26行"(十三)跨期扣除项目":填报维简费、安全生产费用、预提费用、预计负债等跨期扣除项目调整情况。第1列"账载金额"填报纳税人会计核算计入当期损益的跨期扣除项目金额;第2列"税收金额"填报按照税法规定允许税前扣除的金额;若第1列大于等于第2列,将第1—2列余额填入第3列"调增金额";若第1列小于第2列,将第1—2列余额的绝对值填入第4列"调减金额"。

第27行"(十四)与取得收入无关的支出":第1列"账载金额"填报纳税人会计核算计入当期损益的与取得收入无关的支出的金额。第3列"调增金额"等于第1列金额。

第28行"(十五)境外所得分摊的共同支出":第3列"调增金额",为《境外所得纳税调整后所得明细表》(A108010)第10行第16+17列的金额。

第29行"(十六)其他"：填报其他因会计处理与税法规定有差异需纳税调整的扣除类项目金额。若第1列大于等于第2列，将第1－2列余额填入第3列"调增金额"；若第1列小于第2列，将第1－2列余额的绝对值填入第4列"调减金额"。

(3) 资产类调整项目

第30行"三、资产类调整项目"：填报资产类调整项目第31至34行的合计数。

第31行"(一)资产折旧、摊销"：根据《资产折旧、摊销情况及纳税调整明细表》(A105080)填报。第1列"账载金额"为表A105080第27行第2列金额；第2列"税收金额"为表A105080第27行第5+6列金额；表A105080第27行第9列，若大于等于0，填入本行第3列"调增金额"；若小于0，将绝对值填入本行第4列"调减金额"。

第32行"(二)资产减值准备金"：填报坏账准备、存货跌价准备、理赔费用准备金等不允许税前扣除的各类资产减值准备金纳税调整情况。第1列"账载金额"填报纳税人会计核算计入当期损益的资产减值准备金金额(因价值恢复等原因转回的资产减值准备金应予以冲回)；第1列，若大于等于0，填入第3列"调增金额"；若小于0，将绝对值填入第4列"调减金额"。

第33行"(三)资产损失"：根据《资产损失税前扣除及纳税调整明细表》(A105090)填报。第1列"账载金额"为表A105090第14行第1列金额；第2列"税收金额"为表A105090第14行第2列金额；表A105090第14行第3列，若大于等于0，填入本行第3列"调增金额"；若小于0，将绝对值填入本行第4列"调减金额"。

第34行"(四)其他"：填报其他因会计处理与税法规定有差异需纳税调整的资产类项目金额。若第1列大于等于第2列，将第1－2列余额填入第3列"调增金额"；若第1列小于第2列，将第1－2列余额的绝对值填入第4列"调减金额"。

(4) 特殊事项调整项目

第35行"四、特殊事项调整项目"：填报特殊事项调整项目第36行至第40行的合计数。

第36行"(一)企业重组"：根据《企业重组纳税调整明细表》(A105100)填报。第1列"账载金额"为表A105100第14行第1+4列金额；第2列"税收金额"为表A105100第14行第2+5列金额;表A105100第14行第7列,若大于等于0,填入本行第3列"调增金额";若小于0,将绝对值填入本行第4列"调减金额"。

第37行"(二)政策性搬迁":根据《政策性搬迁纳税调整明细表》(A105110)填报。表A105110第24行,若大于等于0,填入本行第3列"调增金额";若小于0,将绝对值填入本行第4列"调减金额"。

第38行"(三)特殊行业准备金":根据《特殊行业准备金纳税调整明细表》(A105120)填报。第1列"账载金额"为表A105120第30行第1列金额;第2列"税收金额"为表A105120第30行第2列金额;表A105120第30行第3列,若大于等于0,填入本行第3列"调增金额";若小于0,将绝对值填入本行第4列"调减金额"。

第39行"(四)房地产开发企业特定业务计算的纳税调整额":根据《视同销售和房地产开发企业特定业务纳税调整明细表》(A105010)填报。第2列"税收金额"为表A105010第21行第1列金额;表A105010第21行第2列,若大于等于0,填入本行第3列"调增金额";若小于0,将绝对值填入本行第4列"调减金额"。

第40行"(五)其他":填报其他因会计处理与税法规定有差异需纳税调整的特殊事项金额。

(5)特殊纳税调整所得项目

第41行"五、特别纳税调整应税所得":第3列"调增金额"填报纳税人按特别纳税调整规定自行调增的当年应税所得;第4列"调减金额"填报纳税人依据双边预约定价安排或者转让定价相应调整磋商结果的通知,需要调减的当年应税所得。

(6)其他

第42行"六、其他":其他会计处理与税法规定存在差异需纳税调整的项目金额。

第43行"合计":填报第1+12+30+35+41+42行的金额。

2. 表内、表间关系

(1)表内关系

第1行=第2+3+4+5+6+7+8+10+11行。

第12行=第13+14+15+…+24+26+27+…+29行。

第30行=第31+32+33+34行。

第35行=第36+37+38+39+40行。

第43行=第1+12+30+35+41+42行。

(2) 表间关系

第 2 行第 2 列＝表 A105010 第 1 行第 1 列；第 2 行第 3 列＝表 A105010 第 1 行第 2 列。

第 3 行第 1 列＝表 A105020 第 14 行第 2 列；第 3 行第 2 列＝表 A105020 第 14 行第 4 列；若表 A105020 第 14 行第 6 列大于等于 0，填入第 3 行第 3 列；若表 A105020 第 14 行第 6 列小于 0，将绝对值填入第 3 行第 4 列。

第 4 行第 1 列＝表 A105030 第 10 行第 1＋8 列；第 4 行第 2 列＝表 A105030 第 10 行第 2＋9 列；若表 A105030 第 10 行第 11 列大于等于 0，填入第 4 行第 3 列；若表 A105030 第 10 行第 11 列小于 0，将绝对值填入第 4 行第 4 列。

第 9 行第 3 列＝表 A105040 第 7 行第 14 列；第 9 行第 4 列＝表 A105040 第 7 行第 4 列。

第 13 行第 2 列＝表 A105010 第 11 行第 1 列；第 13 行第 4 列＝表 A105010 第 11 行第 2 列的绝对值。

第 14 行第 1 列＝表 A105050 第 13 行第 1 列；第 14 行第 2 列＝表 A105050 第 13 行第 4 列；若表 A105050 第 13 行第 5 列大于等于 0，填入第 14 行第 3 列；若表 A105050 第 13 行第 5 列小于 0，将绝对值填入第 14 行第 4 列。

若表 A105060 第 12 行大于等于 0，填入第 16 行第 3 列，若表 A105060 第 12 行小于 0，将绝对值填入第 16 行第 4 列。

第 17 行第 1 列＝表 A105070 第 20 行第 2＋6 列；第 17 行第 2 列＝表 A105070 第 20 行第 4 列；第 17 行第 3 列＝表 A105070 第 20 行第 7 列。

第 25 行第 3 列＝表 A105040 第 7 行第 11 列。

第 31 行第 1 列＝表 A105080 第 27 行第 2 列；第 31 行第 2 列＝表 A105080 第 27 行第 5＋6 列；若表 A105080 第 27 行第 9 列大于等于 0，填入第 31 行第 3 列，若表 A105080 第 27 行第 9 列小于 0，将绝对值填入第 31 行第 4 列。

第 33 行第 1 列＝表 A105090 第 14 行第 1 列；第 33 行第 2 列＝表 A105090 第 14 行第 2 列；若表 A105090 第 14 行第 3 列大于等于 0，填入第 33 行第 3 列，若表 A105090 第 14 行第 3 列小于 0，将绝对值填入第 33 行第 4 列。

第 36 行第 1 列＝表 A105100 第 14 行第 1＋4 列；第 36 行第 2 列＝表 A105100 第 14 行第 2＋5 列；若表 A105100 第 14 行第 7 列大于等于 0，填入第 36 行第 3 列，若表 A105100 第 14 行第 7 列小于 0，将绝对值填入第 36 行第 4 列。

若表 A105110 第 24 行大于等于 0，填入第 37 行第 3 列，若表 A105110 第 24

行小于0,将绝对值填入第37行第4列。

第38行第1列=表A105120第30行第1列;第38行第2列=表A105120第30行第2列;若表A105120第30行第3列大于等于0,填入第38行第3列,若表A105120第30行第3列小于0,将绝对值填入第38行第4列。

第39行第2列=表A105010第21行第1列;若表A105010第21行第2列大于等于0,填入第39行第3列,若表A105010第21行第2列小于0,将绝对值填入第39行第4列。

第43行第3列=表A100000第15行;第43行第4列=表A100000第16行。

第28行第3列=表A108010第10行第16+17列。

(六)未按权责发生制确认收入纳税调整明细表

未按权责发生制确认收入纳税调整明细表见表3-7。

表3-7 未按权责发生制确认收入纳税调整明细表(A105020)

行次	项目	合同金额(交易金额)	账载金额		税收金额		纳税调整金额
			本年	累计	本年	累计	
		1	2	3	4	5	6(4-2)
1	一、跨期收取的租金、利息、特许权使用费收入(2+3+4)						
2	(一)租金						
3	(二)利息						
4	(三)特许权使用费						
5	二、分期确认收入(6+7+8)						
6	(一)分期收款方式销售货物收入						
7	(二)持续时间超过12个月的建造合同收入						
8	(三)其他分期确认收入						
9	三、政府补助递延收入(10+11+12)						
10	(一)与收益相关的政府补助						
11	(二)与资产相关的政府补助						
12	(三)其他						
13	四、其他未按权责发生制确认收入						
14	合计(1+5+9+13)						

本表适用于会计处理按权责发生制确认收入、税法规定未按权责发生制确认收入需纳税调整项目的纳税人填报。纳税人根据税法、《国家税务总局关于贯彻落实企业所得税法若干税收问题的通知》(国税函〔2010〕79号)、《国家税务总局关于确认企业所得税收入若干问题的通知》(国税函〔2008〕875号)等相关规定,以及国家统一企业会计制度,填报会计处理按照权责发生制确认收入、税法规定未按权责发生制确认收入的会计处理、税法规定,以及纳税调整情况。符合税法规定不征税收入条件的政府补助收入,本表不作调整,在《专项用途财政性资金纳税调整明细表》(A105040)中纳税调整。

1. 有关项目填报说明

第1列"合同金额或交易金额":填报会计处理按照权责发生制确认收入、税法规定未按权责发生制确认收入的项目的合同总额或交易总额。

第2列"账载金额——本年":填报纳税人会计处理按权责发生制在本期确认金额。

第3列"账载金额——累计":填报纳税人会计处理按权责发生制历年累计确认金额。

第4列"税收金额——本年":填报纳税人按税法规定未按权责发生制本期确认金额。

第5列"税收金额——累计":填报纳税人按税法规定未按权责发生制历年累计确认金额。

第6列"纳税调整金额":填报纳税人会计处理按权责发生制确认收入、税法规定未按权责发生制确认收入的差异需纳税调整金额,为第4—2列的余额。

2. 表内、表间关系

(1) 表内关系

第1行=第2+3+4行。

第5行=第6+7+8行。

第9行=第10+11+12行。

第14行=第1+5+9+13行。

第6列=第4—2列。

(2) 表间关系

第14行第2列=表A105000第3行第1列。

第14行第4列=表A105000第3行第2列。

第14行第6列,若大于等于0,填入表A105000第3行第3列;若小于0,将绝对值填入表A105000第3行第4列。

(七)职工薪酬纳税调整明细表

职工薪酬纳税调整明细表见表3-8。

表3-8 职工薪酬纳税调整明细表(A105050)

行次	项目	账载金额	税收规定扣除率	以前年度累计结转扣除额	税收金额	纳税调整金额	累计结转以后年度扣除额
		1	2	3	4	5(1-4)	6(1+3-4)
1	一、工资薪金支出		*	*			*
2	其中:股权激励		*	*			*
3	二、职工福利费支出			*			*
4	三、职工教育经费支出		*				
5	其中:按税收规定比例扣除的职工教育经费						
6	按税收规定全额扣除的职工培训费用			*			*
7	四、工会经费支出			*			*
8	五、各类基本社会保障性缴款		*	*			*
9	六、住房公积金		*	*			*
10	七、补充养老保险			*			*
11	八、补充医疗保险			*			*
12	九、其他		*				
13	合计(1+3+4+7+8+9+10+11+12)		*				

本表适用于发生职工薪酬纳税调整项目的纳税人填报。纳税人根据税法、《国家税务总局关于企业工资薪金及职工福利费扣除问题的通知》(国税函〔2009〕3号)、《财政部国家税务总局关于扶持动漫产业发展有关税收政策问题的通知》(财税〔2009〕65号)、《财政部国家税务总局商务部科技部国家发展改革委

关于技术先进型服务企业有关企业所得税政策问题的通知》(财税〔2010〕65号)、《财政部国家税务总局关于进一步鼓励软件产业和集成电路产业发展企业所得税政策的通知》(财税〔2012〕27号)等相关规定,以及国家统一企业会计制度,填报纳税人职工薪酬会计处理、税法规定,以及纳税调整情况。

1. 有关项目填报说明

第1行"一、工资薪金支出":第1列"账载金额"填报纳税人会计核算计入成本费用的职工工资、奖金、津贴和补贴金额;第4列"税收金额"填报按照税法规定允许税前扣除的金额;第5列"纳税调整金额"为第1—4列的余额。

第2行"其中:股权激励":第1列"账载金额"填报纳税人按照国家有关规定建立职工股权激励计划,会计核算计入成本费用的金额;第4列"税收金额"填报行权时按照税法规定允许税前扣除的金额;第5列"纳税调整金额"为第1—4列的余额。

第3行"二、职工福利费支出":第1列"账载金额"填报纳税人会计核算计入成本费用的职工福利费的金额;第2列"税收规定扣除率"填报税法规定的扣除比例(14%);第4列"税收金额"填报按照税法规定允许税前扣除的金额,按第1行第4列"工资薪金支出"—"税收金额"×14%的孰小值填报;第5列"纳税调整金额"为第1—4列的余额。

第4行"三、职工教育经费支出":根据第5行或者第5+6行之和填报。

第5行"其中:按税收规定比例扣除的职工教育经费":适用于按照税法规定职工教育经费按比例税前扣除的纳税人填报。第1列"账载金额"填报纳税人会计核算计入成本费用的金额,不包括第6行可全额扣除的职工培训费用金额;第2列"税收规定扣除率"填报税法规定的扣除比例;第3列"以前年度累计结转扣除额"填报以前年度累计结转准予扣除的职工教育经费支出余额;第4列"税收金额"填报按照税法规定允许税前扣除的金额,按第1行第4列"工资薪金支出"—"税收金额"×扣除比例与本行第1+3列之和的孰小值填报;第5列"纳税调整金额",为第1—4列的余额;第6列"累计结转以后年度扣除额",为第1+3—4列的金额。

第6行"其中:按税收规定全额扣除的职工培训费用":适用于按照税法规定职工培训费用允许全额税前扣除的纳税人填报。第1列"账载金额"填报纳税人会计核算计入成本费用,且按税法规定允许全额扣除的职工培训费用金额;第2列"税收规定扣除率"填报税法规定的扣除比例(100%);第4列"税收金额"填报按照税法规定允许税前扣除的金额;第5列"纳税调整金额"为第1—4列的余额。

第 7 行"四、工会经费支出"：第 1 列"账载金额"填报纳税人会计核算计入成本费用的工会经费支出金额；第 2 列"税收规定扣除率"填报税法规定的扣除比例(2％)；第 4 列"税收金额"填报按照税法规定允许税前扣除的金额，按第 1 行第 4 列"工资薪金支出－税收金额"×2％与本行第 1 列的孰小值填报；第 5 列"纳税调整金额"为第 1—4 列的余额。

第 8 行"五、各类基本社会保障性缴款"：第 1 列"账载金额"填报纳税人会计核算的各类基本社会保障性缴款的金额；第 4 列"税收金额"填报按照税法规定允许税前扣除的各类基本社会保障性缴款的金额。第 5 列"纳税调整金额"为第 1—4 列的余额。

第 9 行"六、住房公积金"：第 1 列"账载金额"填报纳税人会计核算的住房公积金金额；第 4 列"税收金额"填报按照税法规定允许税前扣除的住房公积金金额；第 5 列"纳税调整金额"为第 1—4 列的余额。

第 10 行"七、补充养老保险"：第 1 列"账载金额"填报纳税人会计核算的补充养老保险金额；第 4 列"税收金额"填报按照税法规定允许税前扣除的补充养老保险的金额，按第 1 行第 4 列"工资薪金支出"－"税收金额"×5％与本行第 1 列的孰小值填报；第 5 列"纳税调整金额"为第 1—4 列的余额。

第 11 行"八、补充医疗保险"：第 1 列"账载金额"填报纳税人会计核算的补充医疗保险金额；第 4 列"税收金额"填报按照税法规定允许税前扣除的金额，按第 1 行第 4 列"工资薪金支出"－"税收金额"×5％与本行第 1 列的孰小值填报；第 5 列"纳税调整金额"为第 1—4 列的余额。

第 12 行"九、其他"：填报其他职工薪酬支出会计处理、税法规定情况及纳税调整金额。

第 13 行"合计"：填报第 1+3+4+7+8+9+10+11+12 行的金额。

2. 表内、表间关系

(1) 表内关系

第 4 行＝第 5 行或第 5+6 行。

第 13 行＝第 1+3+4+7+8+9+10+11+12 行。

第 5 列＝第 1－4 列。

第 6 列＝第 1+3－4 列。

(2) 表间关系

第 13 行第 1 列＝表 A105000 第 14 行第 1 列。

第13行第4列＝表A105000第14行第2列。

第13行第5列,若大于等于0,填入表A105000第14行第3列;若小于0,将其绝对值填入表A105000第14行第4列。

(八) 广告费和业务宣传费跨年度纳税调整明细表

广告费和业务宣传费跨年度纳税调整明细表见表3-9。

表3-9 广告费和业务宣传费跨年度纳税调整明细表(A105060)

行次	项目	金额
1	一、本年广告费和业务宣传费支出	
2	减:不允许扣除的广告费和业务宣传费支出	
3	二、本年符合条件的广告费和业务宣传费支出(1-2)	
4	三、本年计算广告费和业务宣传费扣除限额的销售(营业)收入	
5	税收规定扣除率	
6	四、本企业计算的广告费和业务宣传费扣除限额(4×5)	
7	五、本年结转以后年度扣除额(3＞6,本行＝3-6;3≤6,本行＝0)	
8	加:以前年度累计结转扣除额	
9	减:本年扣除的以前年度结转额[3＞6,本行＝0;3≤6,本行＝8或(6-3)孰小值]	
10	六、按照分摊协议归集至其他关联方的广告费和业务宣传费(10≤3或6孰小值)	
11	按照分摊协议从其他关联方归集至本企业的广告费和业务宣传费	
12	七、本年广告费和业务宣传费支出纳税调整金额(3＞6,本行＝2+3-6+10-11;3≤6,本行＝2+10-11-9)	
13	八、累计结转以后年度扣除额(7+8-9)	

本表适用于发生广告费和业务宣传费纳税调整项目的纳税人填报。纳税人根据税法、《财政部国家税务总局关于广告费和业务宣传费支出税前扣除政策的通知》(财税〔2012〕48号)等相关规定,以及国家统一企业会计制度,填报广告费和业务宣传费会计处理、税法规定,以及跨年度纳税调整情况。

1. 有关项目填报说明

第1行"一、本年广告费和业务宣传费支出":填报纳税人会计核算计入本年损益的广告费和业务宣传费用金额。

第2行"减：不允许扣除的广告费和业务宣传费支出"：填报税法规定不允许扣除的广告费和业务宣传费支出金额。

第3行"二、本年符合条件的广告费和业务宣传费支出"：填报第1—2行的金额。

第4行"三、本年计算广告费和业务宣传费扣除限额的销售（营业）收入"：填报按照税法规定计算广告费和业务宣传费扣除限额的当年销售（营业）收入。

第5行"税收规定扣除率"：填报税法规定的扣除比例。

第6行"四、本企业计算的广告费和业务宣传费扣除限额"：填报第4×5行的金额。

第7行"五、本年结转以后年度扣除额"：若第3行大于第6行，填报第3—6行的金额；若第3行小于等于第6行，填0。

第8行"加：以前年度累计结转扣除额"：填报以前年度允许税前扣除但超过扣除限额未扣除、结转扣除的广告费和业务宣传费的金额。

第9行"减：本年扣除的以前年度结转额"：若第3行大于第6行，填0；若第3行小于等于第6行，填报第6—3行或第8行的孰小值。

第10行"六、按照分摊协议归集至其他关联方的广告费和业务宣传费"：填报签订广告费和业务宣传费分摊协议（以下简称分摊协议）的关联企业的一方，按照分摊协议，将其发生的不超过当年销售（营业）收入税前扣除限额比例内的广告费和业务宣传费支出归集至其他关联方扣除的广告费和业务宣传费，本行应小于等于第3行或第6行的孰小值。

第11行"按照分摊协议从其他关联方归集至本企业的广告费和业务宣传费"：填报签订广告费和业务宣传费分摊协议（以下简称分摊协议）的关联企业的一方，按照分摊协议，从其他关联方归集至本企业的广告费和业务宣传费。

第12行"七、本年广告费和业务宣传费支出纳税调整金额"：若第3行大于第6行，填报第2+3—6+10—11行的金额；若第3行小于等于第6行，填报第2+10—11—9行的金额。

第13行"八、累计结转以后年度扣除额"：填报第7+8—9行的金额。

2. 表内、表间关系

（1）表内关系

第3行＝第1—2行。

第6行＝第4×5行。

若第3行大于第6行,第7行=第3-6行;若第3行小于等于第6行,第7行=0。

若第3行大于第6行,第9行=0;若第3行小于等于第6行,第9行=第8行或第6-3行的孰小值。

若第3行大于第6行,第12行=2+3-6+10-11行;若第3行小于等于第6行,第12行=第2-9+10-11行。

第13行=第7+8-9行。

(2)表间关系

第12行,若大于等于0,填入表A105000第16行第3列,若小于0,将第12行的绝对值填入表A105000第16行第4列。

(九)资产折旧、摊销情况及纳税调整明细表

资产折旧、摊销情况及纳税调整明细表见表3-10。

表3-10 资产折旧、摊销情况及纳税调整明细表(A105080)

行次	项目	账载金额		税收金额				纳税调整		调整原因
		资产账载金额	本年折旧、摊销额	累计折旧、摊销额	资产计税基础	按税收一般规定计算的本年折旧、摊销额	本年加速折旧额	其中:2014年及以后年度新增固定资产加速折旧额(填写A105081)	累计折旧、摊销额	金额	
		1	2	3	4	5	6	7	8	9(2-5-6)	10
1	一、固定资产(2+3+4+5+6+7)										
2	(一)房屋、建筑物										
3	(二)飞机、火车、轮船、机器、机械和其他生产设备										
4	(三)与生产经营活动有关的器具、工具、家具等										
5	(四)飞机、火车、轮船以外的运输工具										
6	(五)电子设备										
7	(六)其他										
8	二、生产性生物资产(9+10)						*				

续 表

行次	项 目	账载金额			税收金额			纳税调整		调整原因
		资产账载金额	本年折旧、摊销额	累计折旧、摊销额	资产计税基础	按税收一般规定计算的本年折旧、摊销额	本年加速折旧额	其中：2014年及以后年度新增固定资产加速折旧额（填写A105081）	累计折旧、摊销额	金额	调整原因
		1	2	3	4	5	6	7	8	9(2−5−6)	10
9	（一）林木类						*				
10	（二）畜类						*				
11	三、无形资产（12＋13＋14＋15＋16＋17＋18）					*	*				
12	（一）专利权					*	*				
13	（二）商标权					*	*				
14	（三）著作权					*	*				
15	（四）土地使用权					*	*				
16	（五）非专利技术					*	*				
17	（六）特许权使用费					*	*				
18	（七）其他					*	*				
19	四、长期待摊费用（20＋21＋22＋23＋24）					*	*				
20	（一）已足额提取折旧的固定资产的改建支出					*	*				
21	（二）租入固定资产的改建支出					*	*				
22	（三）固定资产的大修理支出					*	*				
23	（四）开办费					*	*				
24	（五）其他					*	*				
25	五、油气勘探投资					*	*				
26	六、油气开发投资					*	*				
27	合计(1＋8＋11＋19＋25＋26)										*

本表适用于发生资产折旧、摊销及存在资产折旧、摊销纳税调整的纳税人填报。纳税人根据税法、《国家税务总局关于企业固定资产加速折旧所得税处理有关问题的通知》(国税发〔2009〕81号)、《国家税务总局关于融资性售后回租业务中承租方出售资产行为有关税收问题的公告》(国家税务总局公告2010年第13号)、《国家税务总局关于企业所得税若干问题的公告》(国家税务总局公告2011年第34号)、《国家税务总局关于发布〈企业所得税政策性搬迁所得税管理办法〉的公告》(国家税务总局公告2012年第40号)、《国家税务总局关于企业所得税应纳税所得额若干问题的公告》(国家税务总局公告2014年第29号)等相关规定,以及国家统一企业会计制度,填报资产折旧、摊销的会计处理、税法规定,以及纳税调整情况。

1. 有关项目填报说明

第1列"资产账载金额":填报纳税人会计处理计提折旧、摊销的资产原值(或历史成本)的金额。

第2列"本年折旧、摊销额":填报纳税人会计核算的本年资产折旧、摊销额。

第3列"累计折旧、摊销额":填报纳税人会计核算的历年累计资产折旧、摊销额。

第4列"资产计税基础":填报纳税人按照税法规定据以计算折旧、摊销的资产原值(或历史成本)的金额。

第5列"按税收一般规定计算的本年折旧、摊销额":填报纳税人按照税法一般规定计算的允许税前扣除的本年资产折旧、摊销额,不含加速折旧部分。

对于不征税收入形成的资产,其折旧、摊销额不得税前扣除。第5至8列税收金额应剔除不征税收入所形成资产的折旧、摊销额。

第6列"加速折旧额":填报纳税人按照税法规定的加速折旧政策计算的折旧额。

第7列"其中:2014年及以后年度新增固定资产加速折旧额":根据《固定资产加速折旧、扣除明细表》(A105081)填报,为表A105081相应固定资产类别的金额。

第8列"累计折旧、摊销额":填报纳税人按照税法规定计算的历年累计资产折旧、摊销额。

第9列"金额":填报第2—5—6列的余额。

第10列"调整原因":根据差异原因进行填报,A. 折旧年限,B. 折旧方法,

C. 计提原值，对多种原因造成差异的，按实际原因可多项填报。

2. 表内、表间关系

（1）表内关系

第1行＝第2+3+…+7行。

第8行＝第9+10行。

第11行＝第12+13+…+18行。

第19行＝第20+21+…+24行。

第27行＝第1+8+11+19+25+26行。

第9列＝第2-5-6列。

（2）表间关系

第27行第2列＝表A105000第31行第1列。

第27行第5+6列＝表A105000第31行第2列。

第27行第9列，若大于等于0，填入表A105000第31行第3列；若小于0，将绝对值填入表A105000第31行第4列。

第1行第7列＝表A105081第1行第18列。

第2行第7列＝表A105081第1行第2列。

第3行第7列＝表A105081第1行第5列。

第4行第7列＝表A105081第1行第8列。

第5行第7列＝表A105081第1行第11列。

第6行第7列＝表A105081第1行第14列。

（十）资产损失税前扣除及纳税调整明细表

资产损失税前扣除及纳税调整明细表见表3-11。

表3-11 资产损失税前扣除及纳税调整明细表（A105090）

行次	项目	账载金额	税收金额	纳税调整金额
		1	2	3(1-2)
1	一、清单申报资产损失(2+3+4+5+6+7+8)			
2	（一）正常经营管理活动中，按照公允价格销售、转让、变卖非货币资产的损失			
3	（二）存货发生的正常损耗			

续 表

行次	项目	账载金额	税收金额	纳税调整金额
		1	2	3(1-2)
4	（三）固定资产达到或超过使用年限而正常报废清理的损失			
5	（四）生产性生物资产达到或超过使用年限而正常死亡发生的资产损失			
6	（五）按照市场公平交易原则，通过各种交易场所、市场等买卖债券、股票、期货、基金以及金融衍生产品等发生的损失			
7	（六）分支机构上报的资产损失			
8	（七）其他			
9	二、专项申报资产损失（填写 A105091）			
10	（一）货币资产损失（填写 A105091）			
11	（二）非货币资产损失（填写 A105091）			
12	（三）投资损失（填写 A105091）			
13	（四）其他（填写 A105091）			
14	合计(1+9)			

本表适用于发生资产损失税前扣除项目及纳税调整项目的纳税人填报。纳税人根据税法、《财政部国家税务总局关于企业资产损失税前扣除政策的通知》（财税〔2009〕57号）、《国家税务总局关于发布〈企业资产损失所得税税前扣除管理办法〉的公告》（国家税务总局公告2011年第25号）等相关规定，及国家统一企业会计制度，填报资产损失的会计处理、税法规定，以及纳税调整情况。

1. 有关项目填报说明

第1行"一、清单申报资产损失"：填报以清单申报的方式向税务机关申报扣除的资产损失项目账载金额、税收金额以及纳税调整金额。填报第2行至第8行的合计数。

第2行至第8行，分别填报相应资产损失类型的会计处理、税法规定及纳税调整情况。第1列"账载金额"填报纳税人会计核算计入当期损益的资产损失金额，已经计入存货成本的正常损耗除外；第2列"税收金额"填报根据税法规定允许税前扣除的资产损失金额;第 3 列"纳税调整金额"为第 1－2 列的余额。

第 9 行"二、专项申报资产损失":填报以专项申报的方式向税务机关申报扣除的资产损失项目的账载金额、税收金额以及纳税调整金额。本行根据《资产损失(专项申报)税前扣除及纳税调整明细表》(A105091)填报,第 1 列"账载金额"为表 A105091 第 20 行第 2 列金额;第 2 列"税收金额"为表 A105091 第 20 行第 6 列金额;第 3 列"纳税调整金额"为表 A105091 第 20 行第 7 列金额。

第 10 行"(一)货币资产损失":填报企业当年发生的货币资产损失(包括现金损失、银行存款损失和应收及预付款项损失等)的账载金额、税收金额以及纳税调整金额,根据《资产损失(专项申报)税前扣除及纳税调整明细表》(A105091)第 1 行相应数据列填报。

第 11 行"(二)非货币资产损失":填报非货币资产损失的账载金额、税收金额以及纳税调整金额,根据《资产损失(专项申报)税前扣除及纳税调整明细表》(A105091)第 6 行相应数据列填报。

第 12 行"(三)投资损失":填报应进行专项申报扣除的投资损失账载金额、税收金额以及纳税调整金额,根据《资产损失(专项申报)税前扣除及纳税调整明细表》(A105091)第 11 行相应数据列填报。

第 13 行"(四)其他":填报应进行专项申报扣除的其他资产损失情况,根据《资产损失(专项申报)税前扣除及纳税调整明细表》(A105091)第 16 行相应数据列填报。

第 14 行"合计":填报第 1＋9 行的金额。

2. 表内、表间关系

(1) 表内关系

第 3 列＝第 1－2 列。

第 1 行＝第 2＋3＋…＋8 行。

第 14 行＝第 1＋9 行。

(2) 表间关系

第 14 行第 1 列＝表 A105000 第 33 行第 1 列。

第 14 行第 2 列＝表 A105000 第 33 行第 2 列。

第 14 行第 3 列,若大于等于 0,填入表 A105000 第 33 行第 3 列;若小于 0,将绝对值填入表 A105000 第 33 行第 4 列。

第 9 行第 1 列＝表 A105091 第 20 行第 2 列。

第 9 行第 2 列＝表 A105091 第 20 行第 6 列。
第 9 行第 3 列＝表 A105091 第 20 行第 7 列。
第 10 行第 1 列＝表 A105091 第 1 行第 2 列。
第 10 行第 2 列＝表 A105091 第 1 行第 6 列。
第 10 行第 3 列＝表 A105091 第 1 行第 7 列。
第 11 行第 1 列＝表 A105091 第 6 行第 2 列。
第 11 行第 2 列＝表 A105091 第 6 行第 6 列。
第 11 行第 3 列＝表 A105091 第 6 行第 7 列。
第 12 行第 1 列＝表 A105091 第 11 行第 2 列。
第 12 行第 2 列＝表 A105091 第 11 行第 6 列。
第 12 行第 3 列＝表 A105091 第 11 行第 7 列。
第 13 行第 1 列＝表 A105091 第 16 行第 2 列。
第 13 行第 2 列＝表 A105091 第 16 行第 6 列。
第 13 行第 3 列＝表 A105091 第 16 行第 7 列。

(十一) 企业所得税弥补亏损明细表

企业所得税弥补亏损明细表见表 3-12。

表 3-12 企业所得税弥补亏损明细表(A106000)

行次	项目	年度	纳税调整后所得	合并、分立转入(转出)可弥补的亏损额	当年可弥补的亏损额	以前年度亏损已弥补额					本年度实际弥补的以前年度亏损额	可结转以后年度弥补的亏损额
						前四年度	前三年度	前二年度	前一年度	合计		
		1	2	3	4	5	6	7	8	9	10	11
1	前五年度											＊
2	前四年度					＊						
3	前三年度					＊	＊					
4	前二年度					＊	＊	＊				
5	前一年度					＊	＊	＊	＊			
6	本年度					＊	＊	＊	＊	＊		
7	可结转以后年度弥补的亏损额合计											

本表填报纳税人根据税法,在本纳税年度及本纳税年度前5年度的纳税调整后所得,合并、分立转入(转出)可弥补的亏损额,当年可弥补的亏损额,以前年度亏损已弥补额,本年度实际弥补的以前年度亏损额,可结转以后年度弥补的亏损额。

1. 有关项目填报说明

第1列"年度":填报公历年度。纳税人应首先填报第6行本年度,再依次从第5行往第1行倒推填报以前年度。纳税人发生政策性搬迁事项,如停止生产经营活动年度可以从法定亏损结转弥补年限中减除,则按可弥补亏损年度进行填报。

第2列"纳税调整后所得",第6行按以下情形填写:

表A100000第19行"纳税调整后所得"大于0,第20行"所得减免"大于0,则本表第2列第6行=本年度表A100000第19−20−21行,且减至0止。

第20行"所得减免"小于0,填报此处时,以0计算。

表A100000第19行"纳税调整后所得"小于0,则本表第2列第6行=本年度表A100000第19行。

第1行至第5行填报以前年度主表第23行(2013纳税年度前)或表A100000第19行(2014纳税年度后)"纳税调整后所得"的金额(亏损额以"−"号表示)。发生查补以前年度应纳税所得额的、追补以前年度未能税前扣除的实际资产损失等情况,该行需按修改后的"纳税调整后所得"金额填报。

第3列"合并、分立转入(转出)可弥补亏损额":填报按照企业重组特殊性税务处理规定因企业被合并、分立而允许转入可弥补亏损额,以及因企业分立转出的可弥补亏损额(转入亏损以"−"号表示,转出亏损以正数表示)。

第4列"当年可弥补的亏损额":当第2列小于零时金额等于第2+3列,否则等于第3列(亏损以"−"号表示)。

"以前年度亏损已弥补额":填报以前年度盈利已弥补金额,其中:前四年度、前三年度、前二年度、前一年度与"项目"列中的前四年度、前三年度、前二年度、前一年度相对应。

第10列"本年度实际弥补的以前年度亏损额"第1至5行:填报本年度盈利时,用第6行第2列本年度"纳税调整后所得"依次弥补前5年度尚未弥补完的亏损额。

第10列"本年度实际弥补的以前年度亏损额"第6行:金额等于第10列第1至5行的合计数,该数据填入本年度表A100000第22行。

第11列"可结转以后年度弥补的亏损额"第2至6行:填报本年度前4年度尚未弥补完的亏损额,以及本年度的亏损额。

第 11 列"可结转以后年度弥补的亏损额合计"第 7 行：填报第 11 列第 2 至 6 行的合计数。

2. 表内、表间关系

（1）表内关系

若第 2 列小于 0，第 4 列＝第 2＋3 列，否则第 4 列＝第 3 列。

若第 3 列大于 0 且第 2 列小于 0，第 3 列小于第 2 列的绝对值。

第 9 列＝第 5＋6＋7＋8 列。

若第 2 列第 6 行大于 0，第 10 列第 1 至 5 行同一行次小于等于第 4 列 1 至 5 行同一行次的绝对值－第 9 列 1 至 5 行同一行次；若第 2 列第 6 行小于 0，第 10 列第 1 行至第 5 行＝0。

若第 2 列第 6 行大于 0，第 10 列第 6 行＝第 10 列第 1＋2＋3＋4＋5 行且小于等于第 2 列第 6 行；若第 2 列第 6 行小于 0，第 10 列第 6 行＝0。

第 4 列为负数的行次，第 11 列同一行次＝第 4 列该行的绝对值－第 9 列该行－第 10 列该行。否则第 11 列同一行次填 0。

第 11 列第 7 行＝第 11 列第 2＋3＋4＋5＋6 行。

（2）表间关系

第 6 行第 2 列＝表 A100000 第 19 行。

第 6 行第 10 列＝表 A100000 第 22 行。

第四节　企业所得税案例

案　例

某外资持股 25％的重型机械生产企业，2012 年全年主营业务收入 7 500 万元，其他业务收入 2 300 万元，营业外收入 1 200 万元，主营业务成本 6 000 万元，其他业务成本 1 300 万元，营业外支出 800 万元，营业税金及附加 420 万元，销售费用 1 800 万元，管理费用 1 200 万元，财务费用 180 万元，投资收益 1 700 万元。当年发生的部分具体业务如下：

（1）将两台重型机械设备通过市政府捐赠给贫困地区，用于公共设施建设。营业外支出中已列支两台设备的成本及对应的销项税额合计 247.6 万元。每台设备市场售价为 140 万元（不含增值税）。

(2) 向 95% 持股的境内子公司转让一项账面余值（计税基础）为 500 万元的专利技术，取得转让收入 700 万元，该项转让已经省科技部门认定登记。

(3) 实际发放职工工资 1 400 万元，发生职工福利费支出 200 万元，拨缴工会经费 30 万元并取得专用收据，发生职工教育经费支出 25 万元，以前年度累计结转至本年的职工教育经费扣除额为 5 万元。

(4) 发生广告支出 1 542 万元。发生业务招待费支出 90 万元，其中有 20 万元未取得合法票据。

(5) 从事《国家重点支持的高新技术领域》规定项目的研究开发活动，对研发费用实行专账管理，发生研发费用支出 200 万元（含委托某研究所研发支付的委托研发费用 80 万元）。

(6) 就 2011 年税后利润向全体股东分配股息 1 000 万元，另向境外股东支付特许权使用费 50 万元。

（除非特别说明，各扣除项目均已取得有效凭证，相关优惠已办理必要手续，不考虑营业税改征增值税试点和税收协定的影响。）

要求：根据上述资料，回答下列问题，如有计算，请算出合计数。

(1) 计算业务(1)应调整的应纳税所得额。

(2) 计算业务(2)应调整的应纳税所得额。

(3) 计算业务(3)应调整的应纳税所得额。

(4) 计算业务(4)应调整的应纳税所得额。

(5) 计算业务(5)应调整的应纳税所得额。

(6) 计算业务(6)应扣缴的营业税税额、预提所得税税额。

(7) 计算该企业 2012 年应纳企业所得税税额。

解析：

(1) 会计利润 = 7 500 + 2 300 + 1 200 − 6 000 − 1 300 − 800 − 420 − 1 800 − 1 200 − 180 + 1 700 = 1 000（万元）；

公益性捐赠的扣除限额 = 1 000 × 12% = 120（万元）；

应调增应纳税所得额 = 247.6 − 120 = 127.6（万元）。

另外，捐赠设备视同销售处理。

视同销售收入应调增应纳税所得额 = 140 × 2 = 280（万元）；

视同销售成本应调减应纳税所得额 = 100 × 2 = 200（万元）；

合计调增应纳税所得 = 127.6 + 280 − 200 = 207.6（万元）。

(2) 应调减应纳税所得额＝200(万元)。

居民企业从直接或间接持有股权之和达到100%的关联方取得的技术转让所得,不享受技术转让减免企业所得税的优惠政策。95%的持股比例下,可以享受转让所得不超过500万元部分免征企业所得税的优惠政策。

(3) 可以扣除的福利费限额＝1 400×14%＝196(万元);

应调增纳税所得额＝200－196＝4(万元);

可以扣除的工会经费限额＝1 400×2%＝28(万元);

应调增纳税所得额＝30－28＝2(万元);

可以扣除的教育经费限额＝1 400×2.5%＝35(万元)。

教育经费支出可全额扣除,并可扣除上年结转的扣除额5万元,应调减应纳税所得额5万元。合计应该调增应纳税所得额＝4＋2－5＝1(万元)。

(4) 计算广告费和业务宣传费扣除的基数＝7 500＋2 300＋280＝10 080(万元)可以扣除的广告费限额＝10 080×15%＝1 512(万元)。

当年发生的1 542万元广告费应作纳税调增。

应调增应纳税所得额＝1 542－1 512＝30(万元);

可以扣除的业务招待费限额1＝10 080×5‰＝50.4(万元);

可以扣除的业务招待费限额2＝(90－20)×60%＝42(万元),扣除限额为42万元;

应调增应纳税所得额＝90－42＝48(万元)。

(5) 研发费用加计扣除应调减应纳税所得额＝200×50%＝100(万元)。

(6) 分配股息应扣缴境外股东预提所得税:

预提所得税＝1 000×25%×10%＝25(万元)。

支付特许权使用费应扣缴营业税:

营业税＝50×5%＝2.5(万元)。

支付特许权使用费应扣缴预提所得税:

预提所得税＝50×10%＝5(万元);

合计应扣缴的预提所得税＝25＋5＝30(万元)。

(7) 会计利润＝1 000(万元);

应纳税所得额＝1 000＋1＋30＋48－100＋207.6－200＝986.6(万元);

应纳所得税税额＝986.6×25%＝246.65(万元)。

习题

1. 什么是企业所得税?
2. 如何区分居民企业和非居民企业?
3. 居民企业和非居民企业的征税对象分别是什么?
4. 哪些收入属于免税收入?
5. 应纳税所得额如何确定?
6. 职工福利费、工会经费、职工教育经费在税前扣除有什么限制条件?
7. 企业所得税的纳税期限如何确定?

第四章

商业保理的印花税

本章概要

　　本章概括介绍了印花税的概念、特点、功能和作用;详细介绍了商业保理印花税的应税收入和纳税时点的具体规定;详细介绍了商业保理印花税纳税申报的具体规定。

第一节 概　　述

一、印花税的概念

　　印花税是以经济活动和经济交往中书立、领受、使用应税经济凭证的行为为对象所征收的一种税。印花税因其采用在应税凭证上粘贴印花税票的方法缴纳税款而得名。

　　印花税历史悠久,最早产生于1624年的荷兰,现在已是世界各国普遍征收的一个税种。我国在北洋政府和国民政府统治时期也曾先后颁布过《印花税法》,并于1913年首次开征印花税。新中国成立后,中央人民政府政务院于1950年1月发布《印花税暂行条例》,规定印花税在全国范围内统一开征。1958年简化税制时,经全国人民代表大会常务委员会通过,印花税被并入工商统一税,不再单设税种征收,直到经济体制改革以前。

党的十一届三中全会以来,随着改革开放政策的贯彻实施,我国民间经济得到迅速发展,经济活动中依法书立各种凭证已成为普遍现象。根据经济发展以及建立社会主义经济法制的需要,相继颁布了《经济合同法》《商标法》《工商企业登记管理条例》等一系列经济法规。为了在税收上适应变化的客观经济情况,广泛筹集财政资金,维护经济凭证书立、领受人的合法权益,1988年8月国务院公布了《中华人民共和国印花税暂行条例》(以下简称《印花税暂行条例》),自同年10月1日起恢复征收印花税。

二、印花税的特点

印花税不论是在性质上,还是在征税方法上,都具有不同于其他税种的特点。

1. 兼有凭证税和行为税性质

一方面,印花税是对单位和个人书立、领受的应税凭证征收的一种税,具有凭证税性质;另一方面,任何一种应税经济凭证反映的都是某种特定的经济行为,因此对凭证征税,实质上是对经济行为的课税。

2. 征税范围广泛

印花税的征税对象包括经济活动和经济交往中的各种应税凭证,凡书立和领受这些凭证的单位和个人都要缴纳印花税,其征税范围极其广泛。随着市场经济的发展和经济法制的逐步健全,依法书立经济凭证的现象将会越来越普遍。因此,印花税的征收面将更加广阔。

3. 税率低、税负轻

印花税与其他税种相比较,税率要低得多,税负较轻,具有广集资金、积少成多的财政效应。

4. 由纳税人自行完成纳税义务

纳税人通过自行计算、购买并粘贴印花税票的方法完成纳税义务,并在印花税票和凭证的骑缝处自行盖戳注销或画销。而且,多贴印花税票者,不得申请退税或者抵用。这与其他税种的缴纳方法有较大区别。

三、印花税的功能和作用

印花税自1624年产生后,很快风靡全世界。之所以如此,是因为它具有一般税收所具有的许多共同特点和功能。我国现阶段开征印花税仍然具有十分重要的作用,主要表现在以下五个方面。

1. 有利于增加财政收入

印花税税负虽轻,但征税面广,可以积少成多,为国家建设积累财政资金。同时,还有利于完善地方税体系和分税制财政体制。

2. 有利于促进经济法制化建设

在各种应税经济凭证上贴印花税票,是完备应税经济凭证法律手续的重要方面,而且,根据印花税的规定,发放或办理各种应纳印花税凭证的单位负有监督纳税的义务。这样,可以配合各种经济法规的实施,逐步提高经济合同的兑现率,促使经济交往中的各方依法办事,推进我国的经济法制建设。

3. 有利于培养公民的依法纳税观念

印花税实行由纳税人自行完税、税务机关检查的征纳方法,可以督促纳税人养成自觉纳税的习惯,让依法纳税观念深入人心。

4. 有利于维护我国涉外经济权益

印花税是国际通行的税种。随着我国对外经济交往的日益频繁,开征印花税,有利于在对外经济交往中贯彻税收对等互惠原则,维护国家的经济权益,促进对外经济关系的发展。

5. 有利于加强对其他税种的监督管理

经济单位或个人的应税凭证是该单位或个人经济活动的反映,通过对各种应税凭证的贴花和检查,税务机关可以掌握经济活动中的真实情况,进行印花税和其他税种的交叉稽核检查,有利于加强对其他税种的监督管理。

第二节　应税收入和纳税时点

一、应税收入与征税范围

印花税以经济活动和经济交往中书立、领受、使用应税经济凭证的行为为征收对象。我国经济活动中发生的经济凭证种类繁多,数量巨大,现行印花税只对《印花税暂行条例》中列举的凭证征收,没有列举的凭证不征税。列举的凭证分为五类,即经济合同、产权转移书据、营业账簿、权利、许可证照和经财政部门确认的其他凭证。

(一) 经济合同

经济合同是指当事人之间为实现一定目的,经协商一致,明确当事人各方权利、义务关系的协议。以经济业务活动作为内容的合同,通常称为经济合同。经济合同按照管理的要求,应依照《合同法》和其他有关合同法规订立。经济合同的依法订立,是在经济交往中为了确定、变更或终止当事人之间的权利和义务关系的合同法律行为,其书面形式即经济合同书。我国印花税只对依法订立的经济合同征收。印花税税目中的合同比照我国原《经济合同法》对经济合同的分类,在税目税率表中列举了10大类合同如下。

(1) 购销合同。供应、预购、采购、购销结合及协作、调剂、补偿、贸易等合同。此外,还包括各出版单位与发行单位(不包括订阅单位和个人)之间订立的图书、报纸、期刊、音像征订凭证。

对于工业、商业、物资、外贸等部门经销和调拨商品、物资供应的调拨单(或其他名称的单、卡、书、表等),应当区分其性质和用途,看其是作为部门内执行计划使用的,还是代替合同使用的,以确定是否贴花。凡属于明确双方供需关系,据以供货和结算,具有合同性质的凭证,应按规定缴纳印花税。

对纳税人以电子形式签订的各类应税凭证按规定征收印花税。

对发电厂与电网之间、电网与电网之间(国家家电网公司系统、南方电网公司系统内部各级电网互供电最除外)签订的购售电合同,按购销合同征收印花税。电网与用户之间签订的供用电合同不征印花税。

(2) 加工承揽合同。加工、定做、修缮、修理、印刷、广告、测绘、测试等合同。

(3) 建设工程勘察设计合同。勘察、设计合同的总包合同、分包合同和转包合同。

(4) 建筑安装工程承包合同。建筑、安装工程承包合同的总包合同、分包合同和转包合同。

(5) 财产租赁合同。租赁房屋、船舶、飞机、机动车辆、机械、器具、设备等合同;还包括企业、个人出租门店、柜台等所签订的合同,但不包括企业与主管部门签订的租赁承包合同。

(6) 货物运输合同。民用航空运输、铁路运输、海上运输、内河运输、公路运输和联运合同。

(7) 仓储保管合同。仓储、保管合同或作为合同使用的仓单、栈单(或称入库单）。对某些使用不规范的凭证不便计税的,可就其结算单据作为计税贴花的凭证。

(8) 借款合同。银行及其他金融组织和借款人（不包括银行同业拆借）所签订的借款合同。

(9) 财产保险合同。财产、责任、保证、信用等保险合同。

(10) 技术合同。技术开发、转让、咨询、服务等合同。其中,技术转让合同包括专利申请转让、非专利技术转让所书立的合同,但不包括专利权转让、专利实施许可所书立的合同,后者适用于"产权转移书据"合同。技术咨询合同是合同当事人就有关项目的分析、论证、评价、预测和调查订立的技术合同,而一般的法律、会计、审计等方面的咨询不属于技术咨询,其所立合同不贴印花。

技术服务合同的征税范围包括技术服务合同、技术培训合同和技术中介合同。

此外,在确定应税经济合同的范围时,特别需要注意以下三个问题。

(1) 具有合同性质的凭证应视同合同征税。

所谓具有合同性质的凭证,是指具有合同效力的协议、契约、合约、单据、确认书及其他各种名称的凭证。它们从属于以上 10 个合同税目的分类,而非独立列举的征税类别。这类凭证具有上述 10 类合同大致相同的内容、形式和作用,虽未采用规范的合同名称,但对当事人各方仍具有特定的民事法律约束力。因为这些凭证一经凭证当事人书立、双方（或多方）信守、付诸实施（履行）,就发挥着规范合同的作用,而不一定有合同法规要求的完备条款和规范的行为约定,但是,就其书立行为和实施行为而言,显然属于具有民事法律意义、发生法律后果并以涉及权利义务关系为目的的行为。因此,鉴于这类凭证的上述性质和特点,印花税除对依法成立的具有规范内容和名称的 10 类合同书征税外,还规定具有合同性质的凭证亦应纳税。

对于企业集团内具有平等法律地位的主体之间自愿订立、明确双方购销关系、据以供货和结算、具有合同性质的凭证,应按规定征收印花税。对于企业集团内部执行计划使用的、不具有合同性质的凭证,不征收印花税。

(2) 未按期兑现合同亦应贴花。

印花税既是凭证税,又具有行为税性质。纳税人签订应税合同,就发生了应税经济行为,必须依法贴花,履行完税手续。所以,不论合同是否兑现或能否按期兑现,都应当缴纳印花税。

(3) 同时书立合同和开立单据的贴花方法。

办理一项业务(如货物运输、仓储保管、财产保险、银行借款等),如果既书立合同,又开立单据,只就合同贴花;凡不书立合同,只开立单据,以单据作为合同适用的,其使用的单据应按规定贴花。

(二) 产权转移书据

产权转移即财产权利关系的变更行为,表现为产权主体发生变更。产权转移书据是在产权的买卖、交换、继承、赠与、分割等产权主体变更过程中,由产权出让人与受让人之间所订立的民事法律文书。

我国印花税税目中的产权转移书据包括财产所有权、版权、商标专用权、专利权、专有技术使用权共 5 项产权的转移书据。其中,财产所有权转移书据是指经政府管理机关登记注册的不动产、动产的所有权转移所书立的书据,包括股份制企业向社会公开发行的股票,因购买、继承、赠与所书立的产权转移书据。其他 4 项则属于无形资产的产权转移书据。

另外,土地使用权出让合同、土地使用权转让合同、商品房销售合同按照产权转移书据征收印花税。

(三) 营业账簿

印花税税目中的营业账簿归属于财务会计账簿,是按照财务会计制度的要求设置的,反映生产经营活动的账册。按照营业账簿反映的内容不同,在税目中分为记载资金的账簿(简称资金账簿)和其他营业账簿两类,以便于分别采用按金额计税和按件计税两种计税方法。

(1) 资金账簿。这是反映生产经营单位"实收资本"和"资本公积"金额增减变化的账簿。

(2) 其他营业账簿。这是反映除资金资产以外的其他生产经营活动内容的账簿,即除资金账簿以外的,归属于财务会计体系的生产经营用账册。

(3) 有关"营业账簿"征免范围应明确以下十一个问题。

① 其他营业账簿包括日记账簿和各明细分类账簿。

② 对采用一级核算形式的单位,只就财会部门设置的账簿贴花;采用分级核算形式的,除财会部门的账簿应贴花之外,财会部门设置在其他部门和车间的明细分类账,亦应按规定贴花。

③ 车间、门市部、仓库设置的不属于会计核算范围或虽属会计核算范围,但不记载金额的登记簿、统计簿、台账等,不贴印花。

④ 对会计核算采用单页表式记载资金活动情况,以表代账的,在未形成账簿(账册)前,暂不贴花,待装订成册时,按册贴花。

⑤ 对有经营收入的事业单位,凡属由国家财政部门拨付事业经费,实行差额预算管理的单位,其记载经营业务的账簿,按其他账簿定额贴花,不记载经营业务的账簿不贴花;凡属经费来源实行自收自支的单位,对其营业账簿,应就记载资金的账簿和其他账簿分别按规定贴花。

⑥ 跨地区经营的分支机构使用的营业账簿,应由各分支机构在其所在地缴纳印花税。对上级单位核拨资金的分支机构,其记载资金的账簿按核拨的账面资金数额计税贴花;对上级单位不核拨资金的分支机构,只就其他账簿按定额贴花。

⑦ 实行公司制改造并经县级以上政府和有关部门批准的企业在改制过程中成立的新企业(重新办理法人登记的),其新启用的资金账簿记载的资金或因企业建立资本纽带关系而增加的资金,凡原已贴花的部分可不再贴花,未贴花的部分和以后新增加的资金按规定贴花。

公司制改造包括国有企业依《公司法》整体改造成固有独资有限责任公司;企业通过增资扩股或者转让部分产权,实现他人对企业的参股,将企业改造成有限责任公司或股份有限公司;企业以其部分财产和相应债务与他人组建新公司;企业将债务留在原企业,而以其优质财产与他人组建的新公司。

⑧ 以合并或分立方式成立的新企业,其新启用的资金账簿记载的资金,凡原已贴花的部分可不再贴花,未贴花的部分和以后新增加的资金按规定贴花。合并包括吸收合并和新设合并,分立包括存续分立和新设分立。

⑨ 企业债权转股权新增加的资金按规定贴花。

⑩ 企业改制中经评估增加的资金按规定贴花。

⑪ 企业其他会计科目记载的资金转为实收资本或资本公积的资金按规定贴花。

(四)权利、许可证照

权利、许可证照是政府授予单位、个人某种法定权利和准予从事特定经济活动的各种证照的统称,包括政府部门发给的房屋产权证、工商营业执照、商标注册证、专利证、土地使用证等。

(五)经财政部门确定征税的其他凭证

除了税法列举的以上五大类应税经济凭证之外,在确定经济凭证的征免税

范围时,需要注意以下三点:

(1) 由于目前同一性质的凭证名称各异、不够统一,因此,各类凭证不论以何种形式或名称书立,只要其性质属于条例中列举征税范围内的凭证均应照章纳税。

(2) 应税凭证均是指在中国境内具有法律效力,受中国法律保护的凭证。

(3) 适用于中国境内,并在中国境内具备法律效力的应税凭证,无论在中国境内或者境外书立,均应依照印花税的规定贴花。

(六) 商业保理合同是否缴纳印花税

出口保理商和进口保理商位于不同国家(地区)的保理业务属于国际保理,各当事人均在同一国家(地区)的保理业务属于国内保理。根据债务人未能按期支付应收账款时保理商是否对供应商绝对享有追索权,保理分为有追索权保理和无追索权保理;根据供应商与保理商签订保理协议后,是否立即将保理商受让的应收账款债权转让给保理商的事实通知债务人,保理业务可分为公开型保理和隐蔽型保理。

与之对应地,商业保理合同大致可以分为以下五种类型:

(1) 隐蔽型有追索权国内保理合同。

(2) 隐蔽型无追索权国内保理合同。

(3) 公开型有追索权国内保理合同。

(4) 公开型无追索权国内保理合同。

(5) 无追索权出口保理协议。

《中华人民共和国印花税暂行条例实施细则》规定,印花税只对税目税率表中列举的凭证和经财政部确定征税的其他凭证征税。而商业保理合同不属于印花税列举范围,无需贴花。

二、纳税人

凡在我国境内书立、领受、使用属于征税范围内所列凭证的单位和个人,都是印花税的纳税义务人,包括各类企业、事业、机关、团体、部队,以及中外合资经营企业、合作经营企业、外资企业、外国公司企业和其他经济组织及其在华机构等单位和个人。按照征税项目划分的具体纳税人是:

(1) 立合同人。书立各类经济合同的,以立合同人为纳税人。所谓立合同人,是指合同的当事人。当事人在两方或两方以上的,各方均为纳税人。

(2) 立账簿人。建立营业账簿的,以立账簿人为纳税人。

(3) 立据人。订立各种财产转移书据的,以立据人为纳税人。如立据人未贴印花或少贴印花,书据的持有人应负责补贴印花。所立书据以合同方式签订的,应由持有书据的各方分别按全额贴花。

(4) 领受人。领取权利许可证照的,以领受人为纳税人。

对于同一凭证,如果由两方或者两方以上当事人签订并各执一份,各方均为纳税人,应当由各方就所持凭证的各自金额贴花。所谓当事人,是指对凭证有直接权利义务关系的单位和个人,不包括保人、证人、鉴定人。如果应税凭证是由当事人的代理人代为书立的,则由代理人代为承担纳税义务。

(5) 使用人。在国外书立或领受,在国内使用应税凭证的单位和个人。

(6) 各类电子应税凭证的签订人。以电子形式签订的各类应税凭证的单位和个人。

三、计税依据

印花税根据不同征税项目,分别实行从价计征和从量计征两种征收方法。

(一) 从价计税情况下计税依据的确定

实行从价计税的凭证,以凭证所载金额为计税依据。具体有四项规定如下。

1. 各类经济合同,以合同上所记载的金额、收入或费用为计税依据

(1) 购销合同的计税依据为购销金额,不得做任何扣除,特别是调剂合同和易货合同,应包括调剂、易货的全额。在商品购销活动中,采用以货换货方式进行商品交易签订的合同,是反映既购又销双重经济行为的合同。对此,应按合同所载的购、销金额合计数计税贴花。合同未列明金额的,应按合同所载购、销数量,依照国家牌价或市场价格计算应纳税额。

(2) 加工承揽合同的计税依据是加工或承揽收入的金额。对于由受托方提供原材料的加工、定做合同,凡在合同中分别记载加工费金额和原材料金额的,应分别按"加工承揽合同""购销合同"计税,两项税额相加数,即为合同应贴印花;若合同中未分别记载,则应就全部金额依照加工承揽合同计税贴花。

对于由委托方提供主要材料或原料,受托方只提供辅助材料的加工合同,无论加工费和辅助材料金额是否分别记载,均以辅助材料与加工费的合计数,依照加工承揽合同计税贴花。对委托方提供的主要材料或原料金额不计税贴花。

(3) 建设工程勘察设计合同的计税依据为勘察、设计收取的费用(即勘察、设

计收入)。

(4) 建筑安装工程承包合同的计税依据为承包金额,不得剔除任何费用。如果施工单位将自己承包的建设项目再分包或转包给其他施工单位,其所签订的分包或转包合同,仍应按所载金额另行贴花。

(5) 财产租赁合同的计税依据为租赁金额(即租金收入)。

(6) 货物运输合同的计税依据为取得的运输费金额(即运费收入),不包括所运货物的金额、装卸费和保险费等。

对国内各种形式的货物联运,凡在起运地统一结算全程运费的,应以全程运费为计税依据,由起运地运费结算双方缴纳印花税;凡分程结算运费的,应以分程的运费作为计税依据,分别由办理运费结算的各方缴纳印花税。

对国际货运,凡由我国运输企业运输的,运输企业所持的运费结算凭证,以本程运费为计税依据计算应纳税额;托运方所持的运费结算凭证,以全程运费为计税依据计算应纳税额。由外国运输企业运输进出口货物的,运输企业所持的运费结算凭证免纳印花税,托运方所持的运费结算凭证,应以运费金额为计税依据缴纳印花税。

(7) 仓储保管合同的计税依据为仓储保管的费用(即保管费收入)。

(8) 借款合同的计税依据为借款金额。针对实际借贷活动中不同的借款形式,税法规定了不同的计税方法如下。

① 凡是一项信贷业务既签订借款合同,又一次或分次填开借据的,只以借款合同所载金额为计税依据计税贴花;凡是只填开借据并作为合同使用的,应以借据所载金额为计税依据计税贴花。

② 借贷双方签订的流动资金周转性借款合同,一般按年(期)签订,规定最高限额,借款人在规定的期限和最高限额内随借随还。为避免加重借贷双方的负担,对这类合同只以其规定的最高额为计税依据,在签订时贴花一次,在限额内随借随还不签订新合同的,不再另贴印花。

③ 对借款方以财产作抵押,从贷款方取得一定数量抵押贷款的合同,应按借款合同贴花;在借款方因无力偿还借款而将抵押财产转移给贷款方时,应再就双方书立的产权书据,按产权转移书据的有关规定计税贴花。

④ 对银行及其他金融组织的融资租赁业务签订的融资租赁合同,应按合同所载租金总额,暂按借款合同计税。

⑤ 在贷款业务中,如果贷方系由若干银行组成的银团,银团各方均承担一定

的贷款数额,借款合同由借款方与银团各方共同书立,各执一份合同正本,对这类合同,借款方与贷款银团各方应分别在所执的合同正本上,按各自的借款金额计税贴花。

⑥ 在基本建设贷款中,如果按年度用款计划分年签订借款合同,在最后一年按总概算签订借款总合同,且总合同的借款金额包括各个分合同的借款金额的,应按分合同分别贴花,最后签订的总合同,只就借款总额扣除分合同借款金额后的余额计税贴花。

(9) 财产保险合同的计税依据为支付(收取)的保险费金额,不包括所保财产的金额。

(10) 技术合同的计税依据为合同所载的价款、报酬或使用费。为了鼓励技术研究开发,对技术开发合同,只就合同所载的报酬金额计税,研究开发经费不作为计税依据。单对合同约定按研究开发经费一定比例作为报酬的,应按一定比例的报酬金额贴花。

2. 产权转移书据以书据中所载的金额为计税依据

3. 记载资金的营业账簿,以实收资本和资本公积的两项合计金额为计税依据

对跨地区经营的分支机构的营业账簿,在计税贴花时,为了避免对同一资金重复计税,规定上级单位记载资金的账簿,应按扣除拨给下属机构资金数额后的其余部分计算贴花。

2002 年 1 月 28 日,国税函〔2002〕104 号文件规定,外国银行在我国境内设立的分行,其境外总行须拨付规定数额的"营运资金",分行在账户设置上不设"实收资本"和"资本公积"账户。根据《印花税暂行条例》第二条的规定,外国银行分行记载由其境外总行拨付的"营运资金"账簿,应按核拨的账面资金数额计税贴花。

企业启用新账簿后,其实收资本和资本公积两项的合计金额大于原已贴花资金的,就增加的部分补贴印花。凡"资金账簿"在次年度的实收资本和资本公积未增加的,对其不再计算贴花。

4. 确定合同计税依据时应当注意的一个问题

有些合同在签订时无法确定计税金额,如技术转让合同中的转让收入,是按销售收入的一定比例收取或是按实现利润分成;财产租赁合同只是规定了月(天)租金标准而无期限。对于这类合同,可在签订时先按定额 5 元贴花,以后结

算时再按实际金额计税,补贴印花。

(二) 从最计税情况下计税依据的确定

实行从量计税的其他营业账簿和权利、许可证照,以计税数量为计税依据。

四、税率

税率作为印花税课税对象的经济凭证,种类繁多,形式多样,性质不尽相同。如有些凭证记载有金额,有些则未记载金额;有些凭证供长期使用,有些则只满足临时性需要。这样,就有必要根据不同凭证的性质和特点,按照合理负担、便于征纳的原则,分别采用不同的税率。

现行印花税采用比例税率和定额税率两种税率。

(一) 比例税率

印花税的比例税率分为 4 档,即 1‰、0.5‰、0.3‰、0.05‰。按比例税率征收的应税项目包括各种合同及具有合同性质的凭证、记载资金的账簿和产权转移书据等。这些凭证一般都载有金额,按比例税率纳税,金额多的多纳,金额少的少纳,既能增加收入,又可以体现合理负担原则。其具体规定如下。

(1) 财产租赁合同、仓储保管合同、财产保险合同的税率为 1‰。

(2) 加工承揽合同、建设工程勘察设计合同、货物运输合同、产权转移书据、营业账簿中记载资金的账簿,其税率为 0.5‰。

(3) 购销合同、建筑安装工程承包合同、技术合同的规定税率为 0.3‰。这类合同从低规定税率的主要考虑是:企业的购销量大,从购到销要签两次合同;而建筑安装工程承包合同则要按承包总金额计税。因此,为照顾企业的实际承受能力,鼓励企业进行技术开发、转让和服务,规定较低税率。

(4) 借款合同的税率为 0.05‰。因为借款合同的税基较大,从平衡各类合同的税负考虑,需要从低设计税率。

此外,根据国家税务总局等的规定,股份制企业向社会公开发行的股票,因购买、继承、赠与所书立的股权转让书据,均依书立时证券市场当日实际成交价格计算的金额,从 2007 年 5 月 30 日起,由立据双方当事人分别按 3‰ 的税率缴纳印花税(包括 A 股和 B 股)。2008 年 4 月 23 日,财政部宣布证券交易印花税税率从 4 月 24 日起由 3‰ 下调至 1‰。2008 年 9 月 19 日起,证券交易印花税实行单边收取。

（二）定额税率

适用定额税率的是权利、许可证照和营业账簿中的其他账簿，采取按件规定固定税额，单位税额均为每件5元。对其他营业账簿、权利、许可证照，单位税额均为每件5元。由于这类凭证没有金额记载，规定按件定额征税，可以方便征纳，简化手续。在确定适用税率时，如果一份合同载有一个或几个经济事项，可以同时适用一个或几个税率分别计算贴花。属于同一笔金额或几个经济事项金额未分开的，应按其中的较高税率计算纳税，而不是分别按多种税率贴花。这样的规定主要是为了避免以低税率凭证代替高税率凭证纳税，从而逃避纳税义务。

五、应纳税额的计算方法

1. 按比例税率计算应纳税额的方法

按比例税率计算公式如下：

$$应纳税额＝计税金额×适用税率。$$

2. 按定额税率计算应纳税额的方法

按定额税率计算公式如下：

$$应纳税额＝凭证数量×单位税额。$$

3. 计算印花税应纳税额应当注意的问题

（1）按金额比例贴花的应税凭证，未标明金额的，应按照凭证所载数量及市场价格计算金额，依适用税率贴足印花。

（2）应税凭证所载金额为外国货币的，按凭证书立当日国家外汇管理局公布的外汇牌价折合人民币，计算应纳税额。

（3）同一凭证由两方或者两方以上当事人签订并各执一份的，应当由各方所执的一份全额贴花。

（4）同一凭证因载有两个或两个以上经济事项而适用不同税率，分别载有金额的，应分别计算应纳税额，相加后按合计税额贴花；未分别记载金额的，按税率高的计税贴花。

（5）已贴花的凭证，修改后所载金额增加的，其增加部分应当补贴印花税票。

（6）按比例税率计算纳税而应纳税额不足1角的，免纳印花税，应纳税额在1角以上的，其税额尾数不满5分的不计，满5分的按1角计算贴花。对财产租赁合同的应纳税额超过1角但不足1元的，按1元贴花。

第三节 纳税申报

一、印花税的纳税方法

印花税的纳税方法与其他税种不同的是,由纳税人根据税法规定,自行计算应纳税额,自行购买印花税票,自行贴花和画销,自行完成纳税义务。同时,对特殊情形采取特定的纳税贴花方法。

(一) 一般纳税方法

印花税通常由纳税人根据规定自行计算应纳税额,购买并一次贴足印花税票,完纳税款。纳税人向税务机关或指定的代售单位购买印花税票。就税务机关来说,印花税票一经售出,国家即取得印花税收入。就纳税人来说,购买了印花税票,不等于履行了纳税义务。因此,纳税人将印花税票粘贴在应税凭证后,应即行注销,注销标记应与骑缝处相交。所谓骑缝处,是指粘贴的印花税票与凭证之间的交接处。

对国家政策性银行记载资金的账簿,一次贴花数额较大、难以承担的,经当地税务机关核准,可在 3 年内分次贴足印花。

(二) 简化纳税方法

为简化贴花手续,对那些应纳税额较大或者贴花次数频繁的,税法规定了以下三种简化的缴纳方法。

1. 以缴款书或完税证代替贴花的方法

某些应税凭证,如资金账簿、大宗货物的购销合同、建筑工程承包合同等,如果一份凭证的应纳税额数量较大,超过 500 元,贴用印花税票不方便的,可向当地税务机关申请填写缴款书或者完税证,将其中一联帖贴在凭证上或者由税务机关在凭证上加注完税标记,代替贴花。

2. 按期汇总缴纳印花税的方法

同一种类应纳税凭证需要频繁贴花的,纳税人可向当地税务机关申请按期汇总缴纳印花税。经税务机关核准发给许可证后,按税务机关确定的限期(最长不超过 1 个月)汇总计算纳税。应纳税凭证在加注税务机关指定的汇缴戳记、编号,并装订成册后,纳税人应将缴款书的代联粘贴册后,盖章注销、保存备查。

3. 代扣(代收)税款汇总缴纳的方法

税务机关为了加强源泉控制管理,可以委托某些代理填开应税凭证的单位(如代办运输、联运的单位)对凭证的当事人应纳的印花税予以代扣(代收),并按期汇总缴纳。

(三)纳税贴花的其他具体规定

纳税人贴花时,必须遵照以下规定办理纳税事宜:

(1)在应纳税凭证书立或领受时即行贴花完税,不得延至凭证生效日期贴花。

(2)印花税票应粘贴在应纳税凭证上,并由纳税人在每枚税票的骑缝处盖戳注销或画销,严禁揭下重用。

(3)已经贴花的凭证,修改后所载金额增加的部分,应补贴印花。

(4)对已贴花的各类应纳税凭证,纳税人须按规定期限保管,不得私自销毁,以备纳税检查。

(5)凡多贴印花税票者,不得申请退税或者抵扣。

(6)纳税人对凭证不能确定是否应当纳税的,应及时携带凭证,到当地税务机关鉴别。

(7)纳税人与税务机关对凭证的性质发生争议的,应检附该凭证报请上一级税务机关核定。

(8)纳税人对纳税凭证应妥善保存。凭证的保存期限,凡国家已有明确规定的,按规定办理;其他凭证均应在履行纳税义务完毕后保存1年。

二、印花税票

为适应税收事业的发展,有效发挥印花税票的作用,国家税务总局决定,自2001年起,每两年对印花税票进行一次改版。印花税票是缴纳印花税的完税凭证,由国家税务总局负责监制。其票面金额以人民币为单位,分为壹角、贰角、伍角、壹元、贰元、伍元、拾元、伍拾元、壹佰元9种。缴纳印花税时,按照规定的应纳税额,购贴相同金额的印花税票,凭以完税。

印花税票为有价证券,各地税务机关应按照国家税务总局的管理办法严格管理。

2015年新版印花税票采用以下防伪措施:(一)采用椭圆异形齿孔,左右两边居中;(二)图内红版全部采用特制防伪油墨;(三)图案左上角有镂空篆体

"税"字；（四）每版税票喷 7 位连续墨号；（五）其他技术及纸张防伪措施。

印花税票可以委托单位或个人代售，并由税务机关付给 2% 的手续费，支付来源从实征印花税款中提取。税务机关和代售单位应共同做好代售印花税票的工作。

（1）订立代售合同。凡代售印花税票者，应先向当地税务机关提出代售申请，必要时须提供保证人。税务机关调查核准后，应与代售户签订代售合同，发给代售许可证。代售单位要指定专人负责办理印花税票的领、售、存和交款等项代售业务。代售户所领印花税票，除合同另有规定者外，不得转让他人转至其他地区销售。

（2）税务机关要对代售单位的存花规定限额，代售单位领花要根据售花情况填写代售印花请领单，经税务机关核准后领取。

（3）代售单位所售印花税票取得的税款，须专户存储，并按照规定的期限，向当地税务机关结报，或者填开专用缴款书直接向银行缴纳。不得逾期不缴或者挪作他用。代售户领有的印花税票及所售印花税票的税款，如有损失，应负责赔偿。

（4）代售户要建立印花税票领、售、存情况的登记、清点、检查制度。

三、印花税的管理

（一）对印花税应税凭证的管理

各级地方税务机关应加强对印花税应税凭证的管理，要求纳税人统一设置印花税应税凭证登记簿，保证各类应税凭证及时、准确、完整登记；应税凭证数量多或内部多个部门对外签订应税凭证的单位，要求其制定符合本单位实际的应税凭证登记管理办法。有条件的纳税人应指定专门部门、专人负责应税凭证的管理。印花税应税凭证应按照《税收征管法实施细则》的规定保存 10 年。

（二）对按期汇总缴纳的管理

同一种类应纳税凭证，需频繁贴花的，纳税人可根据实际情况自行决定是否采用按期汇总缴纳印花税的方式，汇总缴纳的期限为一个月。采用按期汇总缴纳方式的纳税人应事先告知主管税务机关，缴纳方式一经选定，一年内不得改变。主管税务机关应加强对纳税人的日常监督、检查。

（三）对印花税票代售人的管理

各级税务机关应加强对印花税票代售人代售税款的管理，根据本地代售情况进行一次清理检查,对代售人违反代售规定的,可视其情节轻重,取消代售资格,发现代售人各种影响印花税票销售的行为要及时纠正。税务机关要根据本地情况,选择制度比较健全、管理比较规范、信誉比较可靠的单位或个人委托代售印花税票,并应对代售人经常进行业务指导、检查和监督。

(四)核定征收印花税

根据(税收征管法)第三十五条规定和印花税的税源特征,为加强印花税征收管理,纳税人有下列情形的,地方税务机关可以核定纳税人印花税计税依据:

(1)未按规定建立印花税应税凭证登记簿,或未如实登记和完整保存应税凭证的;

(2)拒不提供应税凭证或不如实提供应税凭证致使计税依据明显偏低的;

(3)采用按期汇总缴纳办法的,未按地方税务机关规定的期限报送汇总缴纳印花税情况报告,经地方税务机关责令限期报告,逾期仍不报告的;或者地方税务机关在检查中发现纳税人有未按规定汇总缴纳印花税情况的。

地方税务机关核定征收印花税,应向纳税人发放核定征收印花税通知书,注明核定征收的计税依据和规定的税款缴纳期限。

地方税务机关核定征收印花税,应根据纳税人的实际生产经营收入,参考纳税人各期印花税纳税情况及同行业合同签订情况,确定科学合理的数额或比例作为纳税人印花税计税依据。

各级地方税务机关应逐步建立印花税基础资料库,包括分行业印花税纳税情况、分户纳税资料等,确定科学合理的评估模型,保证核定征收的及时、准确、公平、合理。

各省、自治区、直辖市、计划单列市地方税务机关可根据以上要求,结合本地实际,制定印花税核定征收办法,明确核定征收的应税凭证范围、核定依据、纳税期限、核定额度或比例等,并报国家税务总局备案。

(五)纳税环节与纳税地点

印花税应当在书立或领受时贴花。具体是指,在合同签订时、账簿启用时和证照领受时贴花。如果合同是在国外签订,并且不便在国外贴花,应在将合同带入境时办理贴花纳税手续。

印花税一般实行就地纳税。对于全国性商品物资订货会(包括展销会、交易会等)上所签订合同应纳的印花税,由纳税人回其所在地后及时办理贴花完税手续;对地方主办、不涉及省际关系的订货会、展销会上所签合同的印花税,其纳税地点由各省、自治区、直辖市人民政府自行确定。

(六) 违章处理

自 2004 年 1 月 29 日起,印花税纳税人有下列行为之一的,由税务机关根据情节轻重予以处罚。

(1) 在应纳税凭证上未贴或者少贴印花税票的,或者已粘贴在应税凭证上的印花税票未注销或者未画销的,由税务机关追缴其不缴或者少缴的税款、滞纳金,并处不缴或者少缴的税款 50% 以上 5 倍以下的罚款。

(2) 已贴用的印花税票揭下重用造成未缴或少缴印花税的,由税务机关追缴其不缴或者少缴的税款、滞纳金,并处不缴或者少缴的税款 50% 以上 5 倍以下的罚款;构成犯罪的,依法追究刑事责任。

(3) 伪造印花税票的,由税务机关责令改正,处以 2 000 元以上 1 万元以下的罚款;情节严重的处以 1 万元以上 5 万元以下的罚款;构成犯罪的,依法追究刑事责任。

(4) 按期汇总缴纳印花税的纳税人,超过税务机关核定的纳税期限,未缴或少缴印花税款的;由税务机关追缴其不缴或者少缴的税款、滞纳金,并处不缴或者少缴的税款 50% 以上 5 倍以下的罚款;情节严重的,同时撤销其汇缴许可证;构成犯罪的,依法追究刑事责任。

(5) 纳税人违反以下规定的,由税务机关责令限期改正,可处以 2 000 元以下的罚款;情节严重的,处以 2 000 元以上 1 万元以下的罚款:

① 凡汇总缴纳印花税的凭证,应加注税务机关指定的汇缴戳记,编号并装订成册后,将已贴印花或者缴款书的一联粘贴册后,盖章注销,保存备查。

② 纳税人对纳税凭证应妥善保存。凭证的保存期限,凡国家已有明确规定的,按规定办;没有明确规定的其余凭证,均应在履行完毕后保存 1 年。

四、减免税优惠

(一) 基本优惠

根据《印花税暂行条例》及其实施细则和其他有关税法的规定,下列凭证免纳印花税:

(1) 已缴纳印花税的凭证副本或抄本。由于这种副本或抄本属于备查性质,不是正式文本,对外不发生法律效力,所以对其不应再征收印花税。但副本或者抄本作为正本使用的,应另行贴花。

(2) 财产所有人将财产赠给政府、社会福利单位、学校所立的书据。其中,社会福利单位是指扶养孤老伤残的社会福利单位。

(3) 国家指定的收购部门与村民委员会、农民个人书立的农业产品收购合同。

(4) 无息、贴息贷款合同。

(5) 外国政府或国际金融组织向我国政府及国家金融机构提供优惠贷款所书立的合同。

(二) 其他优惠

(1) 房地产管理部门与个人订立的租房合同,凡房屋属于用于生活居住的,暂免贴花。

(2) 军事货物运输、抢险救灾物资运输,以及新建铁路临管线运输等的特殊货运凭证。

(3) 对国家邮政局及所属各级邮政企业,从1999年1月1日起独立运营新设立的资金账簿,凡属在邮电管理局分营前已贴花的资金免征印花税,1999年1月1日以后增加的资金按规定贴花。

(4) 对经国务院和省级人民政府决定或批准进行的国有(含国有控股)企业改组改制而发生的上市公司国有股权无偿转让行为,暂不征收证券(股票)交易印花税。对不属于上述情况的上市公司国有股权无偿转让行为,仍应征收证券(股票)交易印花税。

(5) 经县级以上人民政府及企业主管部门批准改制的企业改制前签订但尚未履行完的各类应税合同,改制后需要变更执行主体的,对仅改变执行主体,其余条款未作变动且改制前已贴花的,不再贴花。

(6) 经县级以上人民政府及企业主管部门批准改制的企业因改制签订的产权转移书据免予贴花。

(7) 对投资者(包括个人和机构)买卖封闭式证券投资基金免征印花税。

(8) 对国家石油储备基地第一期项目建设过程中涉及的印花税予以免征。

(9) 证券投资者保护基金有限责任公司发生的下列凭证和产权转移书据享受印花税的优惠政策:

① 新设立的资金账簿免征印花税;

② 与中国人民银行签订的再贷款合同、与证券公司行政清算机构签订的借

款合同,免征印花税;

③ 接收被处置证券公司财产签订的产权转移书据,免征印花税;

④ 以保护基金自有财产和接收的受偿资产与保险公司签订的财产保险合同,免征印花税。

值得注意的是,与保护基金有限责任公司签订上述应税合同或产权转移书据,只是对保护基金有限责任公司免征印花税,对应税合同或产权转移书据相关的其他当事人应照章征收印花税。

(10) 对廉租住房、经济适用住房经营管理单位与廉租住房、经济适用住房相关的印花税以及廉租住房承租人、经济适用住房购买人涉及的印花税予以免征。

(11) 对公租房经营管理单位购买住房作为公租房,免征契税、印花税;对公租房租赁双方签订租赁协议涉及的印花税予以免征;对公租房经营管理单位建造公租房涉及的印花税予以免征。在其他住房项目中配套建设公租房,依据政府部门出具的相关材料,可按公租房建筑面积占总建筑面积的比例免征建造、管理公租房涉及的印花税。

(12) 对商品储备管理公司及其直属库资金账簿免征印花税;对其承担商品储备业务过程中书立的购销合同免征印花税,对合同其他各方当事人应缴纳的印花税照章征收。

第四节 印花税案例

案例一

某企业2013年5月开业,领受房产权证、工商营业执照、土地使用证各一件,与其他企业订立转移专用技术使用权书据一件,所载金额80万元;订立产品购销合同两件,所载金额为150万元;订立借款合同一份,所载金额为40万元。此外,企业的营业账簿中,"实收资本"科目载有资金600万元,其他营业账簿20本。2013年12月该企业"实收资本"所载资金增加为800万元。

试计算该企业2013年5月份应纳印花税额和12月份应补缴的印花税额。

解析:

(1) 企业领受权利、许可证照应纳税额:

应纳税额＝3×5＝15(元)。

(2) 企业订立产权转移书据应纳税额：

应纳税额＝800 000×0.5‰＝400(元)。

(3) 企业订立购销合同应纳税额：

应纳税额＝1 500 000×0.3‰＝450(元)。

(4) 企业订立借款合同应纳税额：

应纳税额＝400 000×0.05‰＝20(元)。

(5) 企业营业账簿中"实收资本"所载资金：

应纳税额＝6 000 000×0.5‰＝3 000(元)。

(6) 企业其他营业账册应纳税额：

应纳税额＝20×5＝100(元)。

(7) 2月份企业应纳印花税税额：

应纳税额＝15＋400＋450＋20＋3 000＋100＝3 985(元)。

(8) 12月份资金账簿应补缴税额：

应补纳税额＝(8 000 000－6 000 000)×0.5‰＝1 000(元)。

案例二

某企业2013年度发生以下业务：

(1) 采用以物易物方式进行商品交易签订合同两份，一份标明价值，自身商品价值50万元，对方商品价值55万元；另一份未标明价值，只列明用自身10吨的商品换对方9吨的商品，经核实自身商品市场单价10 000元/吨，对方商品单价12 000元/吨。

(2) 该企业承揽加工业务，签订加工承揽合同两份：其中一份合同分别记载由受托方提供原材料，价值30万元，另收取加工费10万元；另一份合同规定由委托方提供原材料，原材料价值50万元，企业收取加费20万元。

(3) 该企业与外单位签订货物运输合同一份，总金额为100万元；含货物的装卸费和保险费共计10万元。

(4) 签订借款合同两份，一份借款金额为200万元，后因故未借；另一份借款合同，借款金额为100万元，合同约定半年后归还本金和利息。

根据上述资料对该企业印花税的计算缴纳进行分析。

解析:

(1) 在商品购销活动中,采用以货易货方式进行商品交易签订的合同,是反映既购又销双重经济行为的合同。对此,应按合同所载的购、销金融合计数计税贴花。合同未列明金融的,应按合同所载购、销数量,依照国家牌价或市场价格计算应纳税额。故该企业以物易物合同应缴纳的印花税为

$(500\,000+550\,000)\times 0.3‰+(10\,000\times 10+12\,000\times 9)\times 0.3‰=377.4(元)$。

(2) 在对工承揽合同计税时,对于由受托方提供原材料,凡在合同中分别记载加工费金额和原材料金额的,应按"加工承揽合同"和"购销合同"分别计税,两项税额相加数,即为合同应贴印花;若合同中未分别记载,则应就全部金额依照加工承揽合同计税帖花。

对于由委托方提供主工材料或原料,受托方只提供辅助材料的加工合同,无论加工费和辅助材料金额是否分别记载,均以辅助材料与加工费合计数,依照加工承揽合同计税贴花。对委托方提供的主要材料或原料金额不计税贴花。故签订的两份加工承揽合同应缴纳的印花税为

$300\,000\times 0.3‰+100\,000\times 0.5‰+200\,000\times 0.5‰=240(元)$。

(3) 货物运输合同的计税依据为取得的运输费金额(即运费收入),不包括所运货物的金额、装卸费和保险费等。故货物运输合同应缴纳的印花税为

$(1\,000\,000-100\,000)\times 0.5‰=450(元)$。

(4) 印花税即是凭证税,又具有行为税性质。应税合同签订时,即发生纳税义务,必须依法贴花,履行完税手续。所以,不论合同是否兑现或能否按期兑现,都应当缴纳印花税。因而,对于已签订了借款合同,但最终未借款的合同也应按规定计税贴花。故企业签订的借款合同应缴纳的印花税为

$(2\,000\,000+1\,000\,000)\times 0.05‰=150(元)$。

习题

1. 什么是印花税?

2. 印花税的应税凭证有哪些?
3. 印花税的纳税人是谁?
4. 印花税的计税依据有哪些规定?
5. 印花税的纳税方法有哪几种?

第五章

商业保理的其他税种

本章概要

本章概括介绍了城市建设维护税、教育费附加和地方教育费附加和个人所得税方面商业保理的涉税规定。

第一节 城市建设维护税

一、城市维护建设税的概念、特点与立法原则

（一）城市维护建设税的概念

城市维护建设税是对从事工商经营、缴纳增值税、消费税、营业税的单位和个人征收的一种税。

新中国成立以来，我国城市建设和维护在不同时期都取得了较大成绩，但是国家在城市建设方面一直资金不足。1979年以前，我国用于城市维护建设的资金由当时的工商税附加、城市公用事业附加和国拨城市维护费组成。1979年，国家开始在部分大中城市试行从上年工商利润中提取5%用于城市维护和建设，但是未能从根本上解决问题。1981年，国务院在批转财政部关于改革工商税制的设想中提出：根据城市建设需要，开征城市维护建设税，作为县以上城市和工矿

区市政建设的专项资金。1985年2月8日国务院正式颁布《中华人民共和国城市维护建设税暂行条例》(以下简称《城建税暂行条例》),并于1985年1月1日起在全国范围内施行。

(二)城市维护建设税的特点

城市维护建设税与其他税种相比较,具有以下四个特点。

1. 税款专款专用,具有受益税性质

按照我国财政的一般性要求,税收及其他政府收入应当纳入国家预算,根据需要统一安排其用途,并不规定各个税种收入的具体使用范围和方向。但是作为例外,也有个别税种事先明确规定使用范围与方向,税款的缴纳与受益更直接地联系起来,通常称其为受益税。城市维护建设税专款专用,用来保证城市的公共事业和公共设施的维护与建设,就是一种具有受益税性质的税种。

2. 属于一种附加税

城市维护建设税与其他税种不同,没有独立的征税对象或税基,而是以增值税、消费税、营业税三税实际缴纳的税额之和为计税依据,随"三税"征收而征收,本质上属于附加税。

3. 根据城建规模设计税率

一般来说,城镇规模越大,所需要的建设与维护资金越多。与此相适应《城建税暂行条例》规定,纳税人所在地为城市市区的,税率为7%;纳税人所在地为县城、建制镇的,税率为5%;纳税人所在地不在城市市区县城或建制镇的税率为1%。这种根据城镇规模不同,差别设置税率的办法较好地照顾了城市建设的不同需要。

4. 征收范围较广

鉴于增值税、消费税、营业税在我国现行税制中属于主体税种,而城市维护建设税又是其附加税。原则上讲,缴纳增值税、消费税、营业税中任一税种的纳税人都要缴纳城市维护建设税。也就是说,除了减免税等特殊情况以外,任何从事生产经营活动的企业单位和个人都要缴纳城市维护建设税,这个征税范围当然是比较广的。

(三)城市维护建设税的立法原则

1. 补充城市维护建设资金的不足

城市在国民经济建设中起着基础性作用,随着经济体制改革的深入和市场经济的迅速发展,以及城市物资交流和对外贸易的不断扩大,城市的中心地位越来越重要。与经济迅速发展对城市建设的巨大需求相比,城市建设资金明显不足,城市的维护建设欠账较多。在1984年以前,国家用于城市维护建设的资金,除了在基本建设投资中安排及征收城市公用事业附加外,还在部分城市试行从上年利润中提取5%城市维护建设费。采用这种办法集中城建资金,不仅覆盖面窄、资金数额少,而且极不稳定。1984年,国营企业实行利改税后,企业利润减少,又直接影响了城建资金的提取数额。

开征城市维护建设税,以商品劳务税的税额为计税依据,与"三税"同时征收。这样,不仅扩大了征收范围,还可以保证城市维护建设税收入随"三税"的增长而增长,使城市维护建设有一个比较稳定可靠的资金来源。

2. 限制对企业的乱摊派

长期以来,城市建设资金的严重不足是一个客观事实。有些地区以此为借口,随意向企业摊派物资和资金,加重了企业负担,影响了企业的正常生产经营,败坏了政府形象,甚至给个别人违法乱纪提供了空间。征收城市维护建设税,就可以将企业、单位对城市建设这项公共事业应承担的义务和地方政府城市维护建设的资金来源,用法律形式确定下来。为此,《城建税暂行条例》第八条规定:开征城市维护建设税后,任何地区和部门,都不得再向纳税人摊派资金或物资。遇到摊派情况纳税人有权拒绝执行。这就为限制对企业的乱摊派提供了一项法律保证。

3. 调动地方政府城市建设和维护的积极性,为推行分税制创造条件

《城建税暂行条例》第六条规定:城市维护建设税应当保证用于城市的公用事业和公共设施的维护建设,具体安排由地方人民政府确定。明确了城市维护建设税是一个具有专款专用性质的地方税。将城市维护建设税收入与当地城市建设直接挂钩,税收收入越多,城市建设资金就越充裕,城市建设发展就越快。这样,就可以充分调动地方政府的积极性,使其更加关心城市维护建设税收入,加强城市维护建设税的征收管理。另外,城市维护建设税作为一个主要的地方税种,充实和完善了地方税体系,扩大了地方财政收入规模,为实行分税制财政体制奠定了基础。

二、城市维护建设税的基本规定

(一)征税范围

城市维护建设税的征税范围比较广,具体包括城市市区、县城、建制镇,以及

税法规定征收"三税"的其他地区。城市、县城、建制镇的范围,应以行政区划为标准,不能随意扩大或缩小各自行政区域的管辖范围。

(二)纳税人

城市维护建设税的纳税人实在征税范围内从事工商经营,并缴纳增值税、消费税、营业税的单位和个人。不论国有企业、集体企业、私营企业、个体工商业户,还是其他单位、个人,只要缴纳了增值税、消费税、营业税中的任何一种税,都必须同时缴纳城市维护建设税。

个体商贩及个人在集市上出售商品,对其征收临时经营的增值税,是否同时按其实缴税额征收城市维护建设税,由各省、自治区、直辖市人民政府根据实际情况确定。

自 2010 年 12 月 1 日起,外商投资企业和外国企业及外籍个人开始征收城市维护建设税。对外资企业 2010 年 12 月 1 日(含)之后发生纳税义务的增值税、消费税、营业税征收城市维护建设税和教育费附加;对外资企业 2010 年 12 月 1 日之前发生纳税义务的增值税、消费税、营业税,不征收城市维护建设税和教育费附加。

(三)税率

城市维护建设税实行地区差别比例税率。按照纳税人所在地的不同,税率分别规定为 7%、5%、1% 三个档次。不同地区的纳税人,适用不同档次的税率。具体适用范围是:纳税人所在地在城市市区的税率为 7%;纳税人所在地在县城、建制镇的,税率为 5%;纳税人所在地不在城市市区、县城、建制镇的,税率为 1%。

纳税单位和个人缴纳城市维护建设税的适用税率,一律按其纳税所在地的规定税率执行。县政府设在城市市区,其在市区办的企业,按照市区的规定税率计算纳税。纳税人所在地为工矿区的,应根据行政区划分别按照 7%、5%、1% 的税率缴纳城市维护建设税。

另外,货物运输业按代开发票纳税人管理的所有单位和个人(包括外商投资企业、特区企业和其他单位、个人),凡按规定应当征收营业税的,在代开货物运输业发票时一律按开票金额 3% 征收营业税,按营业税税款 7% 预征城市维护建设税。在代开发票时已征收的属于法律、法规规定的减征或者免征的城市维护建设税及高于法律、法规规定的城市维护建设税税率征收的税款,在下一征期退税(暂不考虑营业税改征增值税)。

城市维护建设税的适用税率,一般规定按纳税人所在地的适用税率执行。对下列两种情况,可按纳税人缴纳"三税"所在地的规定税率就地缴纳城市维护建设税:

(1) 由受托方代收、代扣"三税"的单位和个人;

(2) 流动经营等无固定纳税地点的单位和个人。

对铁道部(现为中国铁路总公司)应纳城市维护建设税的税率,鉴于其计税依据为铁道部(现为中国铁路总公司)实际集中缴纳的营业税(现为增值税)税额,难以适用地区差别税率,特规定,税率统一为5%。

(四) 计税依据

城市维护建设税的计税依据是纳税人实际缴纳的增值税、消费税、营业税税额。1985年发布的《城建税暂行条例》规定:城市维护建设税,以纳税人实际缴纳的产品税、增值税、营业税税额为计税依据。由于1994年税制改革决定取消产品税,将其中的部分产品改征消费税。因此,城市维护建设税的计税依据相应也调整为消费税、增值税、营业税税额。

城市维护建设税以"三税"为计税依据,指的是"三税"实际缴纳税额,不包括加收的滞纳金和罚款。中外合作油气田开采的原油、天然气,按规定缴纳增值税后,以合作油气田缴纳的增值税税额为依据,缴纳城市维护建设税和教育费附加。

(五) 减税免税

城市维护建设税是以增值税、消费税、营业税为计税依据,并与"三税"同时征收。这样,税法规定对纳税人减免"三税"时,相应也减免了城市维护建设税。因此,城市维护建设税原则上不单独规定减免税。但是,针对一些特殊情况,财政部和国家税务总局还是陆续作出了一些特案税收优惠规定如下。

(1) 海关对进口产品代征增值税、消费税的,不征收城市维护建设税。

(2) 对由于减免增值税、消费税、营业税而发生的退税,同时退还已纳的城市维护建设税。对出口产品退还增值税、消费税的,不退还已缴纳的城市维护建设税;生产企业出口货物实行免、抵、退税办法后,经国家税务局正式审核批准的当期免抵的增值税税额,应纳入城市维护建设税和教育费附加的计征范围,分别按规定的税(费)率征收城市维护建设税和教育费附加。

(3) 对国家石油储备基地第一期项目建设过程中涉及的营业税、城市维护建设税、教育费附加予以免征。

(4) 对新办的商贸企业(从事批发、批零兼营以及其他非零售业务的商贸企业除外),当年新招用下岗失业人员达到职工总数 30% 以上(含 30%),并与其签订 1 年以上期限劳动合同的,经劳动保障部门认定,税务机关审核,3 年内免征城市维护建设税。

(5) 对下岗失业人员从事个体经营(除建筑业、娱乐业以及广告业、桑拿、按摩、网吧、氧吧外)的,自领取税务登记证之日起,3 年内免征城市维护建设税、教育费附加。

(6) 为支持国家重大水利工程建设,对国家重大水利工程建设基金自 2010 年 5 月 25 日免征城市维护建设税。

(7) 自 2004 年 1 月 11 日起,对为安置自谋职业的城镇退役士兵就业而新办的服务型企业(除广告业、桑拿、按摩、网吧、氧吧外)当年新安置自谋职业的城镇退役士兵达到职工总数 30% 以上,并与其签订 1 年以上期限劳动合同的,经县以上民政部门认定,税务机关审核,3 年内免征城市维护建设税。

对为安置自谋职业的城镇退役士兵就业而新办的商业零售企业,当年新安置自谋职业的城镇退役士兵达到职工总数 30% 以上,并与其签订 1 年以上期限劳动合同的,经县以上民政部门认定,税务机关审核,3 年内免征城市维护建设税。

对自谋职业的城镇退役士兵,在国办发〔2004〕10 号文件下发后从事个体经营(除建筑业、娱乐业以及广告业、桑拿、按摩、网吧、氧吧外)的,自领取税务登记证之日起,3 年内免征城市维护建设税。

(8) 经中国人民银行依法决定撤销的金融机构及其分设于各地的分支机构(包括被依法撤销的商业银行、信托投资公司、财务公司、金融租赁公司、城市信用社和农村信用社),用其财产清偿债务时,免征被撤销金融机构转让货物、不动产、无形资产、有价证券、票据等应缴纳的城市维护建设税。

此外,对增值税、消费税、营业税"三税"实行先征后返、先征后退、即征即退办法的,除另有规定外,对随"三税"附征的城市维护建设税和教育费附加,一律不予退(返)还。

(六) 应纳税额的计算

城市维护建设税的应纳税额按以下公式计算:

$$应纳税额 = (实际缴纳的增值税额 + 实际缴纳的消费税额 + 实际缴纳的营业税额) \times 适用税率。$$

> **案 例**
>
> 地处市区的某企业,2013年3月应缴纳增税231万元。其中因符合有关政策规定而被退库13万元;缴纳消费税87万元;缴纳营业税25万元,因故被加收滞纳金0.25万元。请计算该企业实际应纳城市维护建设税额。
>
> 应纳税额=(231-13+87+25)×7%=330×7%=23.10(万元)。

(七) 征收管理

城市维护建设税的征收管理、纳税环节等事项,比照增值税,消费税营业税的有关规定办理。

根据税法规定的原则,针对一些比较复杂并有特殊性的纳税地点,财政部和国家税务总局作了如下三项规定。

(1) 纳税人直接缴纳"三税"的,在缴纳"三税"地缴纳城市维护建设税。

(2) 代扣代缴的纳税地点。代征、代扣、代缴增值税、消费税、营业税的企业单位,同时也要代征、代扣、代缴城市维护建设税。没有代扣城市维护建设税的,应由纳税单位或个人回到其所在地申报纳税。

(3) 银行的纳税地点。各银行缴纳的营业税,均由取得业务收入的核算单位在当地缴纳,即县以上各级银行直接经营业务取得的收入,由各级银行分别在所在地纳税。县和设区的市,由县支行或区办事处在其所在地纳税,而不能分别按所属营业所的所在地计算纳税。

由于城市维护建设税是与增值税、消费税、营业税同时征收的,因此在一般情况下,城市维护建设税不单独加收滞纳金或罚款。但是,如果纳税人缴纳了"三税"之后,却不按规定缴纳城市维护建设税,则可以对其单独加收滞纳金,也可以单独罚款。

第二节 教育费附加和地方教育费附加

一、教育附加费

(一) 教育费附加的概念

教育费附加是以单位和个人缴纳的增值税、消费税、营业税税额为计算依据征收的一种附加费。教育费附加名义上是一种专项资金,但实质上具有税的性质。为了调动各种社会力量办教育的积极性,开辟多种渠道筹措教育经费,国务院于 1986 年 4 月 28 日颁布了《征收教育附加的暂行规定》。同年 7 月 1 日开始在全国范围内征收教育费附加。

（二）教育费附加的征收范围及计税依据

教育费附加对缴纳增值税、消费税、营业税的单位和个人征收,以其实际缴纳的增值税、消费税和营业税税额为计税依据,分别与增值税、消费税和营业税同时缴纳。自 2010 年 12 月 1 日起对外商投资企业、外国企业及外籍个人开始征收教育费附加。

（三）教育费附加计征比率

随着经济发展,社会各界对各级教育投入的需求也在增加,与此相适应,教育费附加计征比率也经历了一个由低到高的变化过程。1986 年开征时比率为 1%,1990 年 5 月增至 2%,自 1994 年 1 月 1 日至今教育费附加比率为 3%。当时对生产卷烟和烟叶的单位减半征收教育费附加,2005 年 10 月 1 日后已全额征收。

另外,货物运输业按代开发票纳税人管理的所有单位和个人(包括外商投资企业、特区企业和其他单位、个人)凡按规定应当征收营业税的,在代开货物运输业发票时一律按开票金额的 3% 征收营业税,按营业税税款的 3% 征收教育费附加。在代开发票时已征收的属于法律、法规规定的减征或者免征的教育费附加,在下一征期退税(暂不考虑营业税改征增值税)。

（四）教育费附加的计算

教育费附加的计算公式如下:

应纳教育费附加＝(实际缴纳的增值税额＋实际缴纳的消费税额＋实际缴纳的营业税额)×征收比率。

案 例

某市区一企业 2013 年 11 月实际缴纳增值税 30 万元、消费税 25 万元、营业税 12 万元,其中,该企业开设的零售商店缴纳营业税 7 万元。当年该商店新招用下岗失业人员达到职工总数 30% 以上,并与其签订 1 年以上期限劳动合同,经劳动保障部门认定,税务机关审核,允许其 3 年内免征教育费附加。请计算该企业应缴纳的教育费附加。

应纳教育费附加为(30＋25＋12－7)×3%＝1.8(万元)。

（五）教育费附加的减免规定

（1）对海关进口的产品征收的增值税、消费税，不征收教育费附加。

（2）对由于减免增值税、消费税、营业税而发生退税的，可以同时退还已征收的教育费附加。对出口产品退还增值税、消费税的，不退还已征的教育费附加。

（3）对新办的商贸企业（从事批发、批零兼营以及其他非零售务的商贸企业除外），当年新招用下岗失业人员达到职工总数30%以上（含30%），并与其签订1年以上期限劳动合同的，经劳动保障部门认定，税务机关审核，3年内免征教育费附加。

（4）对下岗失业人员从事个体经营（除建筑业、娱乐业以及广告业、桑拿、按摩、网吧、氧吧外）的，自领取税务登记证之日起，3年内免征教育费附加。

（5）自2004年1月1日起，对为安置自谋职业的城镇退役士兵就业而新办的服务型企业（除广告业桑拿、按摩、网吧、氧吧外）当年新安置自谋职业的城镇退役士兵达到职工总数的30%以上，并与其签订1年以上期限劳动合同的，经县以上民政部门认定，税务机关审核，3年内免征教育费附加。

对为安置自谋职业的城镇退役士兵就业而新办的商业零售企业当年新安置自谋职业的城镇退役士兵达到职工总数30%以上，并与其签订1年以上期限劳动合同的，经县以上民政部门认定，税务机关审核，3年内免征教育费附加。

对自谋职业的城镇退役士兵，在国办发〔2004〕10号文件下发后从事个体经营（除建筑业、娱乐业以及广告业桑拿按摩、网吧、氧吧外）的，自领取税务登记证之日起，3年内免征教育费附加。

（6）经中国人民银行依法决定撤销的金融机构及其分设于各地的分支机构（包括被依法撤销的商业银行、信托投资公司、财务公司、金融租赁公司、城市信用社和农村信用社），用其财产清偿债务时，免征被撤销金融机构转让货物、不动产、无形资产、有价证券、票据等应缴纳的教育费附加。

二、地方教育费附加

（一）地方教育费附加的概念

地方教育附加是指各省、自治区、直辖市根据国家有关规定，为实施科教兴省战略，增加地方教育的资金投入，促进各省、自治区、直辖市教育事业发展，开征的一项地方政府性基金。该收入主要用于各地方的教育经费的投入补充。地方教育附加不是全国统一开征的费种，其开征依据是《中华人民共和国教育法》（1995）

第七章（教育投入与条件保障）第五十七条的规定：省、自治区、直辖市人民政府根据国务院的有关规定，可以决定开征用于教育的地方附加费，专款专用。

（二）地方教育费附加的征收范围及计税依据

按照地方教育附加使用管理规定，在各省、直辖市的行政区域内，凡缴纳增值税、消费税、营业税的单位和个人，都应按规定缴纳地方教育附加。

地方教育费附加，以单位和个人实际缴纳的增值税、消费税、营业税的税额为计征依据。与增值税、消费税、营业税同时计算征收，征收率由各省地方税务机关自行制定。

（三）地方教育费附加计征比率

随着经济发展，社会各界对各级教育投入的需求也在增加，内蒙古自治区政府于1995年9月1日开征地方教育附加费，辽宁省于1999年1月1日起开征，福建省于2002年1月1日起开征，征收率均为1%。此后，陆续有省、直辖市开征地方教育费附加。为贯彻落实《国家中长期教育改革和发展规划纲要（2010—2020年）》，财政部下发了《关于统一地方教育附加政策有关问题的通知》（财综〔2010〕98号），要求各地统一征收地方教育附加，地方教育附加征收标准为单位和个人实际缴纳的增值税、营业税和消费税税额的2%。已经报财政部审批且征收标准低于2%的省份，应将地方教育附加的征收标准调整为2%。具体的开征时间由各省自己制定方案后于2010年12月31日前报财政部审批。文件下发后，全国已经有20多个省（自治区、直辖市）开征了地方教育附加。

（四）地方教育费附加的计算

地方教育费附加的计算公式如下：

地方教育附加=（增值税+消费税+营业税）×征收比率2%。

（五）地方教育费附加的征收管理

地方教育费附加的减免规定和征收管理同教育费附加。

第三节　个人所得税

一、个人所得税的概念

个人所得税是以自然人取得的各类应税所得为征税对象而征收的一种所得

税,是政府利用税收对个人收入进行调节的一种手段。个人所得税的征税对象不仅包括个人还包括具有自然人性质的企业。个人所得税是世界各国普遍开征的一个税种,最早产生于18世纪的英国。很多国家个人所得税在全部税收收入总额中所占比重超过了其他税种,成为政府重要的财政收入。

个人所得税法是指国家制定的用以调整个人所得税征收与缴纳之间权利及义务关系的法律规范。个人所得税的基本规范是1980年9月10日第五届全国人民代表大会第三次会议制定,根据1993年10月31日第八届全国人民代表大会常务委员会第四次会议决定修改的《中华人民共和国个人所得税法》(以下简称《个人所得税法》)。同年12月14日,经国务院批准,财政部公布了个人所得税法实施细则。多年来通过了六次修改,目前适用的是2011年6月30日,由第十一届全国人民代表大会常务委员会第二十一次会议修改通过并公布的,自2011年9月1日起施行。

1986年和1987年,国务院根据经济改革与发展,以及调节个人收入分配的需要,分别发布了《城乡个体工商业户所得税暂行条例》和《个人收入调节税暂行条例》。这样,我国对个人所得的课税制度即形成了个人所得税、城乡个体工商业户所得税和个人收入调节税等三税并存的格局。在当时的经济条件下,对促进经济的发展,调节个人收入等方面起到了积极的作用。

1993年10月31日第八届全国人民代表大会常务委员会第四次会议通过了《关于修改〈中华人民共和国个人所得税法〉的决定》,同时公布了修改后的《个人所得税法》,并于1994年1月1日起施行。1994年1月28日国务院第142号令发布《中华人民共和国个人所得税法实施条例》(以下简称《个人所得税法实施条例》)。1999年8月30日第九届全国人民代表大会常务委员会第十一次会议通过了第一次修正的《中华人民共和国个人所得税法》。2000年9月,财政部、国家税务总局根据《国务院关于个人独资企业和合伙企业征收所得税问题的通知》有关"对个人独资企业和合伙企业停征企业所得税,只对其投资者的经营所得征收个人所得税"的规定,制定了《关于个人独资企业和合伙企业投资者征收个人所得税的规定》(以下简称《规定》)。《规定》明确从2000年1月1日起,个人独资企业和合伙企业投资者将依法缴纳个人所得税。

从世界范围看个人所得税的税制模式有三种:分类征收制、综合征收制与混合征收制。分类征收制,就是将纳税人不同来源、性质的所得项目,分别规定不同的税率征税;综合征收制,是对纳税人全年的各项所得加以汇总,就其总额征税;混合征收制是对纳税人不同来源、性质的所得先分别按照不同的税率征税,然后将全年的各项所得汇总征税。这三种不同的征收模式各有优缺点。第一种征收模式优点是对纳税人全部所得区分性质进行区别征税,能够体现国家的政治、经济与社会政策;缺点是对纳税人整体所得把握得不一定全面,容易导致实际税负的不公平。第二种模式优点是可以对纳税人的全部所得征税,从收入的角度体现税收公平的原则;缺点是它不利于针对不同收入调节,不利于体现国家的有关社会、经济政策;第三种模式集中了前面两种的优点,既可实现税收的政策性调节功能,也可体现税收的公平原则。

目前,我国个人所得税的征收采用的是第一种模式,即分类征收制。在现行税制下,不同收入种类所得的税率是不完全相同的,这样就会出现两种情况:一是纳税人有意把自己的收入在不同类型收入间进行转换,以达到不缴税或少缴税的目的;二是纳税人就其单个来源的收入可能不用纳税或者纳税不多,但如果把其全年收入加总起来考虑,则是一笔不小的收入,不可能完全达到对收入进行公平调节的目的。因而,对我国现行个人所得税制模式进行改革是一个方向,我国也初步确定把个人所得税制由分类征收制向分类与综合相结合的模式转变。

二、纳税人

个人所得税的纳税义务人包括中国公民、个体工业户、个人独资企业、合伙企业投资者、在中国有所得的外籍人员(包括外籍人员,下同)和香港、澳门、台湾同胞。上述纳税义务人依据住所和居住时间两个标准,区分为居民和非居民,分别承担不同的纳税义务。

(一) 居民纳税义务人

居民纳税义务人负有无限纳税义务,其所取得的应纳税所得,无论是来源于中国境内还是中国境外任何地方,都要在中国缴纳个人所得税。《个人所得税法》规定,居民纳税义务人是指在中国境内有住所或者无住所而在中国境内居住满1年的个人。

所谓在中国境内有住所的个人,是指因户籍、家庭、经济利益关系,而在中国境内习惯性居住的个人。这里所说的习惯性居住,是判定纳税义务人属于居民还是非居民的一个重要依据。它是指个人因学习、工作、探亲等原因消除之后,没有理由在其他地方继续居留时而所要回到的地方,并不是指实际居住或在某一个特定时期内的居住地。一个纳税人因学习、工作、探亲、旅游等原因,原来是在中国境外住,但是在这些原因消除之后,如果必须回到中国境内居住的,则中国为该人的习惯性居住地。尽管该纳税义务人在一个纳税年度内,甚至连续几个纳税年度,都未在中国境内居住过1天,他仍然是中国居民纳税义务人,应就其来自全球的应纳税所得,向中国缴纳个人所得税。

所谓在中国境内有住所的个人,是指在一个纳税年度(即公历1月1日起至12月31日止,下同)内,在中国境内居住满365日。在计算居住天数时,对临时离境应视同在华居住,不扣减其在华居住的天数。这里所说的临时离境,是指在一个纳税年度内,一次不超过30日或者多次累计不超过90日的离境。综上可知,个人所得税的居民纳税义务人包括以下两类。

(1) 在中国境内定居的中国公民和外国侨民。但不包括虽具有中国国籍,却并没有在中国大陆定居,而是侨居海外的华侨和居住在香港、澳门台湾的同胞。

(2) 从公历1月1日起至12月31日止,居住在中国境内的外国人、海外侨胞和香港、澳门、台湾同胞。这些人如果在一个纳税年度内,一次离境不超过30日,或者多次离境累计不超过90日的,仍应被视为全年在中国境内居住,从而判定为居民纳税义务人。例如,一个外籍人员从1997年10月起到中国境内的公司任职,在1998纳税年度内,曾于3月7—12日离境回国,向其总公司述职,12月23日又离境回国欢度圣诞节和元旦。这两次离境时间相加,没有超过90日的标准,应视作临时离境,不扣减其在华居住天数。因此,该纳税义务人应为居民纳税义务人。

现行税法中关于"中国境内"是指中国大陆地区,目前还不包括香港、澳门和台湾地区。

(二) 非居民纳税义务人

非居民纳税义务人,是指不符合居民纳税义务人判定标准(条件)的纳税义务人,非居民纳税义务人承担有限纳税义务,即仅就其来源于中国境内的所得,向中国缴纳个人所得税。《个人所得税法》规定,非居民纳税义务人是"在中国境内无住所又不居住或者无住所而在境内居住不满1年的个人"。也就是说,非居民纳税义务人,是指习惯性居住地不在中国境内,而且不在中国居住,或者在一个纳税年度内,在中国境内居住不满1年的个人。在现实生活中,习惯性居住地不在中国境内的个人,只有外籍人员、华侨或香港、澳门和台湾同胞。因此,非居民纳税义务人,实际上只能是在一个纳税年度中,没有在中国境内居住,或者在中国境内居住不满1年的外籍人员、华侨或香港、澳门、台湾同胞。

自 2004 年 7 月 1 日起,对境内居住的天数和境内实际工作期间按以下规定为准。

1. 判定纳税义务及计算在中国境内居住的天数

对在中国境内无住所的个人,需要计算确定其在中国境内居住天数,以便依照税法和协定或安排的规定判定其在华负有何种纳税义务时,均应以该个人实际在华逗留天数计算。上述个人入境、离境、往返或多次往返境内外的当日,均按 1 天计算其在华实际逗留天数。

2. 个人入、离境当日及在中国境内实际工作期间的判定

对在中国境内、境外机构同时担任职务或仅在境外机构任职的境内无住所个人,在按《国家税务总局关于在中国境内无住所的个人计算缴纳个人所得税若干具体问题的通知》(国税函发〔1995〕125 号)第一条的规定计算其境内工作期间时,对其入境、离境、往返或多次往返境内外的当日,均按半天计算为在华实际工作天数。

三、征税范围

下列各项个人所得,应纳个人所得税。

(1) 工资、薪金所得。个人因任职或者受雇而取得的工资、薪金、奖金、年终加薪、劳动分红、津贴、补贴以及与任职或者受雇有关的其他所得。

一般来说,工资、薪金所得属于非独立个人劳动所得。所谓非独立个人劳动,是指个人所从事的是由他人指定、安排并接受管理的劳动,工作或服务于公司、工厂、行政事业单位的人员(私营企业主除外)均为非独立劳动者。他们从上述单位取得的劳动报酬,是以工资、薪金的形式体现的。在这类报酬中工资和薪金的收入主体略有差异通常情况下,把直接从事生产、经营或服务的劳动者(工人)的收入称为工资,即所谓"蓝领阶层"所得;而将从事社会公职或管理活动的劳动者(公职人员)的收入称为薪金,即所谓"白领阶层"所得。在实际立法过程中,各国都从简便易行的角度考虑,将工资、薪金合并为一个项目计征个人所得税。

除工资、薪金以外,奖金、年终加薪、劳动分红、津贴、补贴也被确定为工资、薪金范畴。其中,年终加薪、劳动分红不分种类和取得情况,一律按工资、薪金所得课税。津贴、补贴等则有例外。根据我国目前个人收入的构成情况规定,对于一些不属于工资、薪金性质的补贴、津贴或者不属于纳税人本人工资薪金所得项

目的收入，不予征税。这些项目包括：① 独生子女补贴。② 执行公务员工资制度未纳入基本工资额的补贴、津贴差额和家属成员的副食品补贴。③ 托儿补助费。④ 差旅费津贴、误餐补助。其中，误餐补助是指按照财政部规定，个人因公在城区、郊区工作，不能在工作单位或返回就餐的，根据实际误餐顿数，按规定的标准领取的误餐费。单位以误餐补助名义发给职工的补助、津贴不能包括在内。

奖金是指所有具有工资性质的奖金，免税奖金的范围在税法中另有规定。

公司职工取得的用于购买企业国有股权的劳动分红，按"工资、薪金所得"项目计征个人所得税。

出租汽车经营单位对出租车驾驶员采取单车承包或承租方式运营，出租车驾驶员从事客货营运取得的收入，按工资、薪金所得征税。

（2）个体工商户的生产、经营所得。

（3）企事业单位的承包经营、承租经营所得。个人承包经营或承租经营以及转包、转租取得的所得。承包项目可分多种，如生产经营、采购、销售、建筑安装等各种承包。转包包括全部转包或部分转包。

（4）劳务报酬所得。个人独立从事各种非雇用的各种劳务所取得的所得。

（5）稿酬所得。

（6）特许权使用费所得。

（7）利息、股息、红利所得。

（8）财产租赁所得。

（9）财产转让所得。

（10）偶然所得。

（11）经国务院财政部门确定征税的其他所得。

除上述列举的各项个人应税所得外，其他确有必要征税的个人所得，由国务院财政部门确定。个人取得的所得，难以界定应纳税所得项目的，由主管税务机关确定。

由于商业保理公司涉及的个人所得税纳税义务主要是为其员工代扣代缴，故下文主要围绕工资、薪金所得以及劳务报酬所得两项来介绍。

四、税率

（一）工资、薪金所得适用税率

工资、薪金所得适用七级超额累进税率，税率为3%、45%，见表5-1。

表 5-1　工资、薪金所得七级超额累进税率表

级数	全月含税应纳税所得额	全月不含税应纳税所得额	税率(%)	速算扣除数
1	不超过 1 500 元的	不超过 1 455 元的	3	0
2	超过 1 500—4 500 元的部分	超过 1 455—4 155 元的部分	10	105
3	超过 4 500—9 000 元的部分	超过 4 155 元—7 755 元的部分	20	555
4	超过 9 000—35 000 元的部分	超过 7 755 元—27 255 元的部分	25	1 005
5	超过 35 000—55 000 元的部分	超过 27 255 元—41 255 元的部分	30	2 755
6	超过 55 000—80 000 元的部分	超过 41 255 元—57 505 元的部分	35	5 505
7	超过 80 000 元的部分	超过 57 505 元的部分	45	13 505

（二）劳务报酬所得适用税率

劳务报酬所得适用比例税率，税率为 20%。对劳务报酬所得一次收入畸高的，可以实行加成征收，具体办法由国务院规定。

《个人所得税法实施条例》规定，劳务报酬所得一次收入畸高，是指个人一次取得劳务报酬，其应纳税所得额超过 20 000 元对应纳税所得额超过 20 000—50 000 元的部分，依照税法规定计算应纳税额后再按照应纳税额加征五成；超过 50 000 元的部分，加征十成。因此，劳务报酬所得实际上适用 20%、30%、40%的二级超额累进税率，见表 5-2。

表 5-2　二级超额累进税率

级　数	每次应纳税所得额	税率(%)
1	不超过 20 000 元的部分	20
2	超过 20 000—50 000 元的部分	30
3	超过 50 000 元的部分	40

五、计税依据

由于个人所得税的应税项目不同，并且取得某项所得所需费用也不相同，因此计算个人应纳税所得额，需按不同应税项目分项计算。以某项应税项目的收入额减去税法规定的该项目费用减除标准后的余额，为该应税项应纳税所得额。

(一) 每次收入的确定

《个人所得税法》对纳税义务人的征税方法有三种：一是按年计征，如个体工商户和承包、承租经营所得；二是按月计征如工资、薪金所得；三是按次计征，如劳务报酬所得、稿酬所得、特许权使用费所得、利息、股息、红利所得、财产租赁所得、偶然所得和其他所得等7项所得。在按次征收情况下，由于扣除费用依据每次应纳税所得额的大小，分别规定了定额和定率两种标准。因此，无论是从正确贯彻税法的立法精神、维护纳税义务人的合法权益方面来看，还是从避免税收漏洞防止税款流失、保证国家税收收入方面来看，如何准确划分"次"都是十分重要的。劳务报酬所得等7个项目的"次"，《个人所得税法实施条例》中做出了明确规定。具体是，劳务报酬所得，根据不同劳务项目的特点，分别规定如下：

(1) 只有一次性收入的，以取得该项收入为一次。例如，从事设计安装、装潢制图、化验、测试等劳务，往往是接受客户的委托，按照客户的要求，完成一次劳务后取得收入。因此，凡是属于只有一次性的收入，应以每次提供劳务取得的收入为一次。

(2) 属于同一事项连续取得收入的，以1个月内取得的收入为一次。例如，某歌手与一卡拉OK厅签约，在1年内每天到卡拉OK厅演唱一次，每次演出后付酬50元。在计算其劳务报酬所得时，应视为同一事项的连续性收入，以其1个月内取得的收入为一次计征个人所得税，而不能以每天取得的收入为一次。

(二) 费用减除标准

1. 工资、薪金所得

以每月收入额减除费用3 500元后的余额为应纳税所得额。

2. 劳务报酬所得、稿酬所得、特许权使用费所得、财产租赁所得

每次收入不超过4 000元的，减除费用800元；4 000元以上的，减除20%的费用，其余额为应纳税所得额。

3. 附加减除费用适用的范围和标准

上面讲到的计算个人应纳税所得额的费用减除标准，对所有纳税人都是普遍适用的。但是，考虑到外籍人员和在境外工作的中国公民的生活水平比国内公民要高，而且，汇率的变化情况对他们的工资、薪金所得也有一定的影响。为了不因征收个人所得税而加重他们的负担，税法对外籍人员和在境外工作的中国公民的工资、薪金所得增加了附加减除费用的照顾。

按照税法的规定，对在中国境内无住所而在中国境内取得工资、薪金所得的纳税义务人,和在中国境内有住所而在中国境外取得工资、薪金所得的纳税义务人,可以根据其平均收入水平、生活水平以及汇率变化情况确定附加减除费用,附加减除费用适用的范围和标准由国务院规定。

国务院在发布的《个人所得税法实施条例》中,对附加减除费用适用的范围和标准作了具体规定如下。

(1) 附加减除费用适用的范围。包括:① 在中国境内的外商投资企业和外国企业中工作取得工资、薪金所得的外籍人员。② 应聘在中国境内的企事业单位、社会团体、国家机关中工作取得工资、薪金所得的外籍专家。③ 在中国境内有住所而在中国境外任职或者受雇取得工资、薪金所得的个人。④ 财政部确定的取得工资、薪金所得的其他人员。

(2) 附加减除费用标准。从 2011 年 9 月 1 日起,在每月减除 3 500 元费用的基础上,再附加减除 1 300 元。

(3) 华侨和香港、澳门、台湾同胞参照上述附加减除费用标准执行。

六、应纳税额的计算

（一）工资、薪金所得应纳税额的计算

工资、薪金所得应纳税额的计算公式为

$$应纳税额 = 应纳税所得额 \times 适用税率 - 速算扣除数。$$

这里要说明的是,由于工资、薪金所得在计算应纳个人所得税额时,适用的是超额累进税率,所以计算比较烦琐。运用速算扣除数计算法,可以简化计算过程。速算扣除数是指在采用超额累进税率征税的情况下,根据超额累进税率表中划分的应纳税所得额级距和税率,先用全额累进方法计算出税额,再减去用超额累进方法计算的应征税额以后的差额;超额累进税率表中的级距和税率确定以后,各级速算扣除数也固定不变,成为计算应纳税额时的常数。

（二）劳务报酬所得应纳税额的计算

对劳务报酬所得,其个人所得税应纳税额的计算公式如下。

(1) 每次收入不足 4 000 元的:

$$应纳税额 = 应纳税所得额 \times 适用税率,$$
$$或 = (每次收入额 800) \times 20\%。$$

(2) 每次收入在 4 000 元以上的:

$$应纳税额 = 应纳税所得额 \times 适用税率,$$
$$或 = 每次收入额 \times (1-20\%) \times 20\%。$$

(3) 每次收入的应纳税所得额超过 20 000 元的:

$$应纳税额 = 应纳税所得额 \times 适用税率 - 速算扣除数,$$
$$或 = 每次收入额 \times (1-20\%) \times 适用税率 - 速算扣除数。$$

劳务报酬所得适用的速算扣除数见表 5-3。

表 5-3　劳务报酬所得适用的速算扣除数表

级数	每次应纳税所得额	税率(%)	速算扣除数(元)
1	不超过 20 000 元的部分	20	0
2	超过 20 000—50 000 元的部分	30	2 000
3	超过 50 000 元的部分	40	7 000

如果单位或个人为纳税人代付税款的,应当将单位或个人支付给纳税人的不含税支付额(或称纳税人取得的不含税收入额)换算为应纳税所得额,然后按规定计算应代付的个人所得税款。其计算公式为:

(1) 不含税收入额不超过 3 360 元的:

① 应纳税所得额 = (不含税收入额 - 800) ÷ (1 - 税率);

② 应纳税额 = 应纳税所得额 × 适用税率。

(2) 不含税收入额超过 3 360 元的:

① 应纳税所得额 = [(不含税收入额 - 速算扣除数) × (1-20%)] ÷ [1 - 税率 × (1-20%)] = [(不含税收入额 - 速算扣除数) × (1-20%)] ÷ 当级换算系数。

② 应纳税额 = 应纳税所得额 × 适用税率 - 速算扣除数。

上述(1)中的公式①和(2)中的公式①中的税率,是指不含税劳务报酬收入所对应的税率,见表 5-4;上述(1)中的公式②和(2)中的公式②中的税率,是指应纳税所得额按含税级距所对应的税率,见表 5-3。

表 5-4　不含税劳务报酬收入适用税率表

级数	不含税劳务报酬收入额	税率(%)	速算扣除数(元)	换算系数(%)
1	未超过 3 360 的部分	20	0	无
2	超过 3 360—21 000 元的部分	20	0	84
3	超过 21 000—49 500 元的部分	30	2 000	76
4	超过 49 500 元的部分	40	7 000	68

(三) 对个人取得全年一次性奖金等计算征收个人所得税的方法

全年一次性奖金是指行政机关、企事业单位等扣缴义务人根据其全年经济效益和对雇员全年工作业绩的综合考核情况,向雇员发放的一次性奖金。一次性奖金也包括年终加薪、实行年薪制和绩效工资办法的单位根据考核情况兑现的年薪和绩效工资。

纳税人取得全年一次性奖金单独作为 1 个月工资、薪金所得计算纳税,自 2005 年 1 月 1 日起按以下计税办法,由扣缴义务人发放时代扣代缴如下:

(1) 先将雇员当月内取得的全年一次性奖金除以 12 个月,按其商数确定适用税率和速算扣除数。如果在发放年终一次性奖金的当月,雇员当月工资薪金所得低于税法规定的费用扣除额,应将全年一次性奖金减除雇员当月工资薪金所得与费用扣除额的差额后的余额,按上述办法确定全年一次性奖金的适用税率和速算扣除数。

(2) 将雇员个人当月内取得的全年一次性奖金,按上述第(1)条确定的适用税率和速算扣除数计算征税。计算公式如下:

① 如果雇员当月工资薪金所得高于(或等于)税法规定的费用扣除额的,适用公式为

应纳税额＝雇员当月取得全年一次性奖金×适用税率－速算扣除数。

② 如果雇员当月工资薪金所得低于税法规定的费用扣除额的,适用公式为

应纳税额＝(雇员当月取得全年一次性奖金－雇员当月工资薪金
所得与费用扣除额的差额)×适用税率－速算扣除数。

(3) 在一个纳税年度内,对每一个纳税人,该计税办法只允许采用一次。

(4) 实行年薪制和绩效工资的单位,个人取得年终兑现的年薪和绩效工资按

上述第(2)条、第(3)条规定执行。

(5) 雇员取得除全年次性奖金以外的其他各种名目奖金,如半年奖、季度奖、加班奖、先进奖考勤奖等,一律与当月工资、薪金收入合并,按税法规定缴纳个人所得税。

(6) 对无住所个人取得上述第(5)条所述的各种名目奖金,如果该个人当月在我国境内没有纳税义务,或者该个人由于出入境原因导致当月在我国工作时间不满1个月,仍按照《国家税务总局关于在我国境内无住所的个人取得奖金征税问题的通知》(国税发〔1996〕183号)计算纳税。

(四) 雇主为雇员承担全年一次性奖金部分税款有关个人所得税计算方法

雇主为雇员负担全年一次性奖金部分个人所得税款,属于雇员额外增加了收入,应将雇主负担的这部分税款并入雇员的全年一次性奖金,换算为应纳税所得额后,按照规定方法计征个人所得税。

将不含税全年一次性奖金换算为应纳税所得额的计算方法如下。

(1) 雇主为雇员定额负担税款的计算公式:

应纳税所得额=雇员取得的全年一次性奖金+雇主替雇员定额负担的税款-当月工资薪金低于费用扣除标准的差额。

(2) 雇主为雇员按一定比例负担税款的计算公式如下。

① 查找不含税全年一次性奖金的适用税率和速算扣除数。未含雇主负担税款的全年一次性奖金收入÷12,根据其商数找出不含税级距对应的适用税率 A 和速算扣除数 A。

② 计算含税全年一次性奖金。

应纳税所得额=(未含雇主负担税款的全年一次性奖金收入-当月工资薪金低于费用扣除标准的差额-不含税级距的速算扣除数×雇主负担比例)÷(1-不含税级距的适用税率 A×雇主负担比例)。

③ 对上述应纳税所得额,扣缴义务人应按照国税发〔2005〕9号文件规定的方法计算,应扣缴税款,即将应纳税所得额÷12,根据其商数找出对应的适用税率 B 和速算扣除数 B,据以计算税款。计算公式为

应纳税额=应纳税所得额×适用税率 B-速算扣除数 B,

实际缴纳税额=应纳税额-雇主为雇员负担的税额。

④ 雇主为雇员负担的个人所得税款,应属于个人工资薪金的一部分。凡单

独作为企业管理费列支的,在计算企业所得税时不得税前扣除。

对在中国境内无住所的个人一次取得数月奖金或年终加薪、劳动分红(以下简称奖金,不包括应按月支付的奖金)的计税方法,可单独作为1个月的工资、薪金所得计算纳税。由于对每月的工资、薪金所得计税时已按月扣除了费用,因此,对上述奖金不再减除费用,全额作为应纳税所得额直接按适用税率计算应纳税款,并且不再按居住天数划分计算。上述个人应在取得奖金月份的次月7日内申报纳税。但有一种特殊情况,即在中国境内无住所的个人在担任境外企业职务的同时,兼任该外国企业在华机构的职务,但并不实际或不经常到华履行该在华机构职务,对其一次取得的数月奖金中属于全月未在华的月份奖金,依照劳务发生地原则,可不作为来源于中国境内的奖金收入计算纳税。对其取得的有到华工作天数的各月份奖金,应全额依照上述方法计算。

(五) 关于保险费(金)征税问题

城镇企业事业单位及其职工个人按照《失业保险条例》规定的比例,实际缴付的失业保险费,均不计入职工个人当期工资、薪金收入,免予征收个人所得税;超过《失业保险条例》规定的比例缴付失业保险费的,应将其超过规定比例缴付的部分计入职工个人当期的工资、薪金收入,依法计征个人所得税具备《失业保险条例》规定条件的失业人员,领取的失业保险金,免予征收个人所得税。

企业为员工支付各项免税之外的保险金,应在企业向保险公司缴付时(即该保险落到被保险人的保险账户)并入员工当期的工资收入,按"工资、薪金所得"项目计征个人所得税,税款由企业负责代扣代缴。

(六) 关于个人取得退职费收入征免个人所得税问题

《个人所得税法》第四条第七款所说的可以免征个人所得税的退职费,是指个人符合《国务院关于工人退休、退职的暂行办法》(国发〔1978〕104号)规定的退职条件并按该办法规定的退职费标准所领取的退职费。

个人取得的不符合上述办法规定的退职条件和退职费标准的退职费收入,应属于与其任职、受雇活动有关的工资、薪金性质的所得,应在取得的当月按工资、薪金所得计算缴纳个人所得税。考虑到雇主给予退职人员经济补偿的退职费,通常为一次性发给,且数额较大,以及退职人员有可能在一段时间内没有固定收入等实际情况,依照《个人所得税法》有关工资、薪金所得计算征税的规定,对退职人员一次取得较高退职费收入的,可视为其一次取得数月的工资、薪金收入,并以原每月工资、薪金收入总额为标准,划分为若干月份的工资、薪金收入后，计算个人所得税的应纳税所得额及税额。如果按上述方法划分超过了6个月工资、薪金收入的，应按6个月平均划分计算。个人取得全部退职费收入的应纳税款，应由其原雇主在支付退职费时负责代扣并于次月7日内缴入国库。个人退职后6个月内又再次任职、受雇的，对个人已缴纳个人所得税的退职费收入，不再与再次任职、受雇取得的工资、薪金所得合并计算补缴个人所得税。

（七）对个人因解除劳动合同取得经济补偿金的征税方法

根据《财政部国家税务总局关于个人与用人单位解除劳动关系取得的一次性补偿收入征免个人所得税问题的通知》（财税〔2001〕157号）和《国家税务总局关于国有企业职工因解除劳动合同取得一次性补偿收入征免个人所得税问题的通知》（国税发〔2000〕77号）精神，自2001年10月1日起，按以下规定处理。

（1）企业依照国家有关法律规定宣告破产，企业职工从该破产企业取得的一次性安置费收入，免征个人所得税。

（2）个人因与用人单位解除劳动关系而取得的一次性补偿收入（包括用人单位发放的经济补偿金、生活补助费和其他补助费用），其收入在当地上年职工平均工资3倍数额以内的部分，免征个人所得税；超过3倍数额部分的一次性补偿收入，可视为一次取得数月的工资、薪金收入，允许在一定期限内平均计算。方法为：以超过3倍数额部分的一次性补偿收入，除以个人在本企业的工作年限数（超过12年的按12年计算），以其商数作为个人的月工资、薪金收入，按照税法规定计算缴纳个人所得税。个人在解除劳动合同后又再次任职、受雇的，已纳税的一次性补偿收入不再与再次任职、受雇的工资薪金所得合并计算补缴个人所得税。

（3）个人领取一次性补偿收入时按照国家和地方政府规定的比例实际缴纳的住房公积金、医疗保险费、基本养老保险费、失业保险费，可以在计征其一次性补偿收入的个人所得税时予以扣除。

（八）企业年金个人所得税征收管理的规定

为促进我国多层次养老保险体系的发展，根据个人所得税法相关规定，《财政部、人力资源和社会保障部、国家税务总局关于企业年金、职业年金个人所得税有关问题的通知》（财税〔2013〕103号），就企业年金和职业年金个人所得税有关问题作出了如下规定。

1. 企业年金和职业年金缴费的个人所得税处理问题

（1）企业和事业单位（以下统称单位）根据国家有关政策规定的办法和标准，

为在本单位任职或者受雇的全体职工缴付的企业年金或职业年金(以下统称年金)单位缴费部分,在计入个人账户时,个人暂不缴纳个人所得税。

(2) 个人根据国家有关政策规定缴付的年金个人缴费部分,在不超过本人缴费工资计税基数的 4% 标准内的部分,暂从个人当期的应纳税所得额中扣除。

(3) 超过上述两项规定的标准缴付的年金单位缴费和个人缴费部分,应并入个人当期的工资、薪金所得,依法计征个人所得税。税款由建立年金的单位代扣代缴,并向主管税务机关申报解缴。

(4) 企业年金个人缴费工资计税基数为本人上一年度月平均工资。月平均工资按国家统计局规定列入工资总额统计的项目计算。月平均工资超过职工工作地所在设区城市上一年度职工月平均工资 300% 以上的部分,不计入个人缴费工资计税基数。

职业年金个人缴费工资计税基数为职工岗位工资和薪级工资之和职工岗位工资和薪级工资之和超过职工工作地所在设区城市上一年度职工月平均工资 300% 以上的部分,不计入个人缴费工资计税基数。

2. 年金基金投资运营收益的个人所得税处理

年金基金投资运营收益分配计入个人账户时,个人暂不缴纳个人所得税。

3. 领取年金的个人所得税处理

(1) 个人达到国家规定的退休年龄,在 2004 年 1 月 1 日以后按月领取的年金,全额按照"工资薪金所得"项目适用的税率,计征个人所得税;在本通知实施之后按年或按季领取的年金,平均分摊计入各月,每月领取额全额按照"工资、薪金所得"项目适用的税率,计征个人所得税。

(2) 对单位和个人在 2014 年 1 月 1 日之前开始缴付年金缴费,个人在 2014 年 1 月 1 日以后领取年金的,允许其从领取的年金中减除 2014 年 1 月 1 日前缴付的年金单位缴费和个人缴费且已经缴纳个人所得税的部分,就其余额按照上一条的规定征税。在个人分期领取年金的情况下,可按本通知实施之前缴付的年金缴费金额占全部缴费金额的百分比减计当期的应纳税所得额,减计后的余额,按照本通知第 3 条第(1)项的规定,计算缴纳个人所得税。

(3) 对个人因出境定居而一次性领取的年金个人账户资金,或个人死亡后,其指定的受益人或法定继承人一次性领取的年金个人账户余额,允许领取人将一次性领取的年金个人账户资金或余额按 12 个月分摊到各月,就其每月分摊额,按照本通知第 3 条第(1)项和第(2)项的规定计算缴纳个人所得税。对个人除上述特殊原因外一次性领取年金个人账户资金或余额的,则不允许采取分摊的方法,而是就其一次性领取的总额,单独作为一个月的工资薪金所得,按照本通知第 3 条第(1)项和第(2)项的规定,计算缴纳个人所得税。

(4) 个人领取年金时,其应纳税款由受托人代表委托人委托托管人代扣代缴。年金账户管理人应及时向托管人提供个人年金缴费及对应的个人所得税纳税明细。托管人根据受托人指令及账户管理人提供的资料,按照规定计算扣缴个人当期领取年金待遇的应纳税款,并向托管人所在地主管税务机关申报解缴。

(九) 个人股票期权所得个人所得税的征税方法

1. 股票期权所得

企业员工股票期权(以下简称股票期权)是指上市公司按照规定的程序授予本公司及其控股企业员工的一项权利,该权利允许被授权员工在未来时间内以某一特定价格购买本公司一定数量的股票。

上述"某一特定价格"被称为"授予价"或"施权价"即根据股票期权计划可以购买股票的价格,一般为股票期权授予日的市场价格或该价格的折扣价格,也可以是按照事先设定的计算办法约定的价格;授予日,也称授权日,是指公司授予员工上述权利的日期;行权也称执行,是指员工根据股票期权计划选择购买股票的过程;员工行使上述权利的当日为行权日,也称购买日。

2. 股票期权所得性质的确认及其具体征税规定

(1) 员工接受实施股票期权计划企业授予的股票期权时,除另有规定外,一般不作为应税所得征税。

(2) 员工行权时,其从企业取得股票的实际购买价(施权价)低于购买日公平市场价(指该股票当日的收盘价,下同)的差额,是因员工在企业的表现和业绩情况而取得的与任职、受雇有关的所得,应按工资、薪金所得适用的规定计算缴纳个人所得税。

(3) 员工将行权后的股票再转让时获得的高于购买日公平市场价的差额,是因个人在证券二级市场上转让股票等有价证券而获得的所得,应按照"财产转让所得"适用的征免规定计算缴纳个人所得税。

(4) 员工因拥有股权而参与企业税后利润分配取得的所得,应按照"利息、股息、红利所得"适用的规定计算缴纳个人所得税。

3. 工资、薪金所得境内外来源划分

按照《国家税务总局关于在中国境内无住所个人以有价证券形式领得工资、薪金所得确定纳税义务有关问题的通知》(国税函〔2000〕190号)有关规定,需对员工因参加企业股票期权计划而取得的工资、薪金所得确定境内或境外来源的,应按照该员工据以取得上述的工资、薪金所得的境内、外工作期间月份数比例计算划分。

4. 应纳税款的计算

(1) 认购股票所得(行权所得)的税款计算。员工因参加股票期权计划而从中国境内取得的所得,按本通知规定应按工资、薪金所得计算纳税的,对该股票期权形式的工资、薪金所得可区别于所在月份的其他工资、薪金所得,单独按下列公式计算当月应纳税款:

应纳税额=(股票期权形式的工资、薪金应纳税所得额/规定月份数×适用税率速算扣除数)×规定月份数。

上款公式中的规定月份数,是指员工取得来源于中国境内的股票期权形式的工资、薪金所得的境内工作期间月份数,长于12个月的,按12个月计算;上款公式中的适用税率和速算扣除数,以股票期权形式的工资、薪金应纳税所得额除以规定月份数后的商数,对照"工资、薪金所得个人所得税税率"确定。

(2) 转让股票(销售)取得所得的税款计算。对于员工转让股票等有价证券取得的所得,应按现行税法和政策规定征免个人所得税。个人将行权后的境内上市公司股票再行转让而取得的所得,暂不征收个人所得税;个人转让境外上市公司的股票而取得的所得,应按税法的规定计算应纳税所得额和应纳税额,依法缴纳税款。

(3) 参与税后利润分配取得所得的税款计算。员工因拥有股权参与税后利润分配而取得的股息、红利所得,除依照有关规定可以免税或减税的外,应全额按规定税率计算纳税。

5. 部分股票期权在授权时即约定可以转让

部分股票期权在授权时约定可以转让,且在境内或境外存在公开市场及挂牌价格(以下称为可公开交易的股票期权)。员工接受该可公开交易的股票期权时,按以下规定进行税务处理:

(1) 员工取得可公开交易的股票期权,属于员工已实际取得有确定价值的财产,应按授权日股票期权的市场价格,作为员工授权日所在月份的工资、薪金所得,并按上文4中(1)规定计算缴纳个人所得税。如果员工以折价购入方式取得股票期权的,可以授权日股票期权的市场价格扣除折价购入股票期权时实际支付的价款后的余额,作为授权日所在月份的工资、薪金所得。

(2) 员工取得上述可公开交易的股票期权后，转让该股票期权所取得的所得，属于财产转让所得，按上文4中(2)规定进行税务处理。

(3) 员工取得本条所述可公开交易的股票期权后，实际行使该股票期权购买股票时，不再计算缴纳个人所得税。

6. 员工在一个公历月份中取得的股票期权形式工资、薪金所得

员工在一个纳税年度中多次取得股票期权形式工资、薪金所得的，其在该纳税年度内首次取得股票期权形式的工资、薪金所得应按上文4中(1)规定的公式计算应纳税款；本年度内以后每次取得股票期权形式的工资、薪金所得，应按以下公式计算应纳税款：

应纳税款＝(本纳税年度内取得的股票期权形式工资、薪金所得累计应纳税所得额÷规定月份数×适用税率－速算扣除数)×规定月份数－本纳税年度内股票期权形式的工资、薪金所得累计已纳税款。

在上式中：本纳税年度内取得的股票期权形式工资、薪金所得累计应纳税所得额，包括本次及本次以前各次取得的股票期权形式工资、薪金所得应纳税所得额；规定月份数，是指员工取得来源于中国境内的股票期权形式工资、薪金所得的境内工作期间月份数，长于2个月的，按12个月计算；适用税率和速算扣除数，以本纳税年度内取得的股票期权形式工资、薪金所得累计应纳税所得额除以规定月份数后的商数，对照"工资、薪金所得个人所得税税率表"确定；本纳税年度内股票期权形式的工资、薪金所得累计已纳税款，不含本次股票期权形式的工资、薪金所得应纳税款。

7. 员工多次取得或者一次取得多项来源于中国境内的股票期权形式工资、薪金所得

员工多次取得或者一次取得多项来源于中国境内的股票期权形式工资、薪金所得，而且各次或各项股票期权形式工资、薪金所得的境内工作期间月份数不相同的，以境内工作期间月份数的加权平均数为上文4中(1)和6所述公式中的规定月份数，但最长不超过12个月。

(十) 纳税人收回转让的股权征收个人所得税的规定

股权转让合同履行完毕、股权已作变更登记，且所得已经实现的，转让人取得的股权转让收入应当依法缴纳个人所得税。转让行为结束后，当事人双方签订并执行解除原股权转让合同退回股权的协议，是另一次股权转让行为对前次

转让行为征收的个人所得税款不予退回。

股权转让合同未履行完毕，因执行仲裁委员会做出的解除股权转让合同及补充协议的裁决、停止执行原股权转让合同并原价收回已转让股权的，由于其股权转让行为尚未完成、收入未完全实现，随着股权转让关系的解除，股权收益不复存在，根据《个人所得税法》和《税收征收管理法》的有关规定，以及从行政行为合理性原则出发，纳税人不应缴纳个人所得税。

七、征收管理

个人所得税的纳税办法，有自行申报纳税和代扣代缴两种。对于商业保理企业来说，其主要的纳税义务就是为员工的收入所得进行代扣代缴，故本书主要介绍代扣代缴法。

代扣代缴，是指按照税法规定负有扣缴税款义务的单位或者个人，在向个人支付应纳税所得时，应计算应纳税额，从其所得中扣除并缴入国库，同时向税务机关报送扣缴个人所得税报告表。这种方法，有利于控制税源、防止漏税和逃税。

根据《个人所得税法》及其实施条例以及《税收征管法》及其实施细则的有关规定，国家税务总局制定下发了《个人所得税代扣代缴暂行办法》（以下简称《暂行办法》）。自1995年4月1日起执行的《暂行办法》，对扣缴义务人和代扣代缴的范围扣缴义务人的义务及应承担的责任、代扣代缴期限等作了明确规定。

（一）扣缴义务人和代扣代缴的范围

1. 扣缴义务人

凡支付个人应纳税所得的企业（公司）、事业单位、机关、社团组织、军队、驻华机构、个体户等单位或者个人，为个人所得税的扣缴义务人。

这里所说的驻华机构，不包括外国驻华使领馆和联合国及其他依法享有外交特权和豁免的国际组织驻华机构。

2. 代扣代缴的范围

扣缴义务人向个人支付下列所得，应代扣代缴个人所得税如下。

（1）工资、薪金所得。

（2）对企事业单位的承包经营、承租经营所得。

（3）劳务报酬所得。

（4）稿酬所得。

（5）特许权使用费所得。

(6) 利息、股息、红利所得。

(7) 财产租赁所得。

(8) 财产转让所得。

(9) 偶然所得。

(10) 经国务院财政部门确定征税的其他所得。

扣缴义务人向个人支付应纳税所得(包括现金、实物和有价证券)时,不论纳税人是否属于本单位人员,均应代扣代缴其应纳的个人所得税税款。

这里所说支付包括现金支付、汇拨支付、转账支付和以有价证券实物以及其他形式的支付。

(二) 扣缴义务人的义务及应承担的责任

(1) 扣缴义务人应指定支付应纳税所得的财务会计部门或其他有关部门的人员为办税人员,由办税人员具体办理个人所得税的代扣代缴工作。

代扣代缴义务人的有关领导要对代扣代缴工作提供便利,支持办税人员履行义务;确定办税人员或办税人员发生变动时,应将名单及时报告主管税务机关。

(2) 扣缴义务人的法人代表(或单位主要负责人)、财会部门的负责人及具体办理代扣代缴税款的有关人员,共同对依法履行代扣代缴义务负法律责任。

(3) 同一扣缴义务人的不同部门支付应纳税所得时,应报办税人员汇总。

(4) 扣缴义务人在代扣税款时,必须向纳税人开具税务机关统一印制的代扣代收税款凭证,并详细注明纳税人姓名、工作单位、家庭住址和居民身份证或护照号码(无上述证件的,可用其他能有效证明身份的证件)等个人情况。对工资、奖金所得和利息、股息、红利所得等,因纳税人数众多、不便——开具代扣代收税款凭证的,经主管税务机关同意,可不开具代扣代收税款凭证,但应通过一定形式告知纳税人已扣缴税款。纳税人为持有完税依据而向扣缴义务人索取代扣代收税款凭证的,扣缴义务人不得拒绝。

扣缴义务人应主动向税务机关申领代扣代收税款凭证,据以向纳税人扣税。非正式扣税凭证,纳税人可以拒收。

(5) 扣缴义务人对纳税人的应扣未扣的税款,其应纳税款仍然由纳税人缴纳,扣缴义务人应承担应扣未扣税款50%以上至3倍的罚款。

(6) 扣缴义务人应设立代扣代缴税款账簿,正确反映个人所得税的扣缴情况,并如实填写《扣缴个人所得税报告表》及其他有关资料。

(7) 关于行政机关、事业单位工资发放方式改革后扣缴个人所得税问题。

① 行政机关、事业单位改革工资发放方式后,随着支付工资所得单位的变化,其扣缴义务人也有所变化。根据《个人所得税法》第八条规定,凡是有向个人支付工薪所得行为的财政部门(或机关事务管理、人事等部门)、行政机关、事业单位均为个人所得税的扣缴义务人。

② 财政部门(或机关事务管理、人事等部门)向行政机关事业单位工作人员发放工资时应依法代扣代缴个人所得税。行政机关、事业单位在向个人支付与其任职、受雇有关的其他所得时,应将个人的这部分所得与财政部门(或机关事务管理、人事等部门)发放的工资合并计算应纳税额,并就应纳税额与财政部门(或机关事务管理、人事等部门)已扣缴税款的差额部分代扣代缴个人所得税。

扣缴义务人每月所扣的税款,应当在次月 15 日内缴入国库,并向主管税务机关报送《扣缴个人所得税报告表》、代扣代收税款凭证和包括每一纳税人姓名、单位、职务、收入、税款等内容的支付个人收入明细表以及税务机关要求报送的其他有关资料。

扣缴义务人违反上述规定不报送或者报送虚假纳税资料的,一经查实,其未在支付个人收入明细表中反映的向个人支付的款项,在计算扣缴义务人应纳税所得额时不得作为成本费用扣除。

扣缴义务人因有特殊困难不能按期报送《扣缴个人所得税报告表》及其他有关资料的,经县级税务机关批准,可以延期申报。

习题

1. 假定中国公民李某 2003 年在我国境内 12 月每月的工资为 3 800 元,12 月 31 日又一次性领取年终含税奖金 60 000 元。请计算李某取得年终奖金应缴纳的个人所得税(速算扣除数见下表)。

工资、薪金所得个人所得税税率表(部分)

级数	全月含税应纳税所得额	税率(%)	速算扣除数
1	不超过 1 500 元的	3	0
2	超过 1 500—4 500 元的部分	10	105
3	超过 4 500—9 000 元的部分	20	555

2. 高级工程师赵某为泰华公司进行一项工程设计,按照合同规定,公司应支付赵某的劳务报酬 48 000 元,与其报酬相关的个人所得税由公司代付。不考虑其他税收的情况下,计算公司应代付的个人所得税税额。

3. 歌星刘某一次取得表演收入 40 000 元,扣除 20% 的费用后,应纳税所得额为 32 000 元。请计算其应纳个人所得税税额。

4. 中国公民张某自 2008 年起任国内某上市公司高级工程师,2012 年取得的部分收入如下:

(1) 1 月取得任职公司支付的工资 7 500 元,另取得地区津贴 1 600 元,差旅费津贴 1 500 元。

(2) 公司于 2010 年实行股票期权计划。2010 年 1 月 11 日张先生获得公司授予的股票期权 10 000 份(该期权不可公开交易),授予价格为每份 6 元。当日公司股票的收盘价为 7.68 元。公司规定的股票期权行权期限是 2012 年 2 月 10 日至 9 月 10 日。张某于 2012 年 2 月 13 日对 4 000 份股票期权实施行权,当日公司股票的收盘价为 9.6 元。

(3) 5 月份取得财政部发行国债的利息 1 200 元,取得 2011 年某省发行的地方政府债券的利息 560 元,取得某国内上市公司发行的公司债券利息 750 元。

(4) 7 月 9 日张某对剩余的股票期权全部实施行权,当日股票收盘价 10.8 元。根据上述资料,按照下列序号计算回答问题,需计算合计数。

① 计算 1 月份张某取得工资、津贴收入应缴纳的个人所得税。
② 计算 2 月份张某实施股票期权行权应缴纳的个人所得税。
③ 计算 5 月份张某取得的各项利息收入应缴纳的个人所得税。
④ 计算 7 月份张某实施股票期权行权应缴纳的个人所得税。

第六章

商业保理涉税案例分析

第一节 典型案例一

某商业保理非上市企业成立于2012年,员工共计42人。中国公民张先生是公司的员工,2014年度张先生3月份基本工资5 000元,绩效奖金2 500元,差旅费津贴1 600元。

2014年企业全年主营业务收入7 500万元,其他业务收入2 300万元,营业外收入1 200万元,主营业务成本6 000万元,其他业务成本1 300万元,营业外支出800万元,营业税金及附加420万元,销售费用1 800万元,管理费用1 200万元,财务费用180万元,投资收益1 700万元。当年发生的部分具体业务如下:

(1) 将两台重型机械设备通过市政府捐赠给贫困地区用于公共设施建设。营业外支出中已列支两台设备的成本及对应的销项税额合计247.6万元。每台设备市场售价为140万元(不含增值税)。

(2) 向95%持股的境内子公司转让一项账面余值(计税基础)为500万元的专利技术,取得转让收入700万元,该项转让已经省科技部门认定登记。

(3) 实际发放职工工资1 400万元,发生职工福利费支出200万元,拨缴工会经费30万元并取得专用收据,发生职工教育经费支出25万元,以前年度累计结转至本年的职工教育经费扣除额为5万元。

(4) 发生广告支出1 542万元。发生业务招待费支出90万元,其中有20万元未取得合法票据。

(5) 从事《国家重点支持的高新技术领域》规定项目的研究开发活动,对研发费用实行专账管理,发生研发费用支出200万元(含委托某研究所研发支付的委托研发费用80万元)。

(6) 就 2014 年税后利润向全体股东分配股息 1 000 万元,另向境外股东支付特许权使用费 50 万元。

(7) 公司 2014 年签订了 200 万元的房产租赁合同,实收资本增加 1 000 万元,新启用记载资金的账簿 12 本。

其他相关资料:除非特别说明,各扣除项目均已取得有效凭证,相关优惠已办理必要手续,不考虑营业税改征增值税试点和税收协定的影响。

根据上述资料,回答下列问题,如有计算,需计算出合计数。

附:工资、薪金所得个人所得税税率表(部分)

级数	全月含税应纳税所得额	税率(%)	速算扣除数
1	不超过 1 500 元的	3	0
2	超过 1 500—4 500 元的部分	10	105
3	超过 4 500—9 000 元的部分	20	555

(1) 计算张先生 2014 年度 3 月份应缴纳的个人所得税。

(2) 计算业务(7)应纳印花税税额。

(3) 计算业务(1)应调整的应纳税所得额。

(4) 计算业务(2)应调整的应纳税所得额。

(5) 计算业务(3)应调整的应纳税所得额。

(6) 计算业务(4)应调整的应纳税所得额。

(7) 计算业务(5)应调整的应纳税所得额。

(8) 计算业务(6)应扣缴的营业税税额、预提所得税税额。

(9) 计算该企业 2014 年应纳企业所得税税额。

解析:

(1) 3 月份张某取得工资、津贴应缴纳的个人所得税当月应税所得=5 000+2 500+1 600=9 100(元)。

当月应缴纳的个人所得税=(9 100−3 500)×20%−555=565(元)。

(2) 印花税=2 000 000×0.1‰+10 000 000×0.05‰+12×5=7 060(元)。

(3) 会计利润=7 500+2 300+1 200−6 000−1 300−800−420−1 800−1 200−180+1 700=1 000(万元)。

公益性捐赠的扣除限额=1 000×12%=120(万元)。

应调增应纳税所得额＝247.6－120＝127.6(万元)。

另外,捐赠设备视同销售处理。

视同销售收入应调增应纳税所得额＝140×2＝280(万元)。

视同销售成本应调减应纳税所得额＝100×2＝200(万元)。

合计调增应纳税所得＝127.6＋280－200＝207.6(万元)。

(4) 应调减应纳税所得额＝200(万元)。

居民企业从直接或间接持有股权之和达到100%的关联方取得的技术转让所得,不享受技术转让减免企业所得税的优惠政策。95%的持股比例下,可以享受转让所得不超过500万元部分免征企业所得税的优惠政策。

(5) 可以扣除的福利费限额＝1 400×14%＝196(万元)。

应调增应纳税所得额＝200－196＝4(万元)。

可以扣除的工会经费限额＝1 400×2%＝28(万元)。

应调增应纳税所得额＝30－28＝2(万元)。

可以扣除的教育经费限额＝1 400×2.5%＝35(万元)。

教育经费支出可全额扣除,并可扣除上年结转的扣除额5万元,应调减应纳税所得额5万元。合计应该调增应纳税所得额为4＋2－5＝1(万元)。

(6) 计算广告费和业务宣传费扣除的基数＝7 500＋2 300＋280＝10 080(万元)可以扣除的广告费限额＝10 080×15%＝1 512(万元)。

当年发生的1 542万元广告费应作纳税调增。应调增应纳税所得额＝1 542－1 512＝30(万元)。

可以扣除的业务招待费限额1＝10 080×5‰＝50.4(万元)。

可以扣除的业务招待费限额2＝(90－20)×60%＝42(万元),扣除限额为42万元。

应调增应纳税所得额＝90－42＝48(万元)。

(7) 研发费用加计扣除应调减应纳税所得额＝200×50%＝100(万元)。

(8) 分配股息应扣缴境外股东预提所得税:

预提所得税＝1 000×25%×10%＝25(万元)。

支付特许权使用费应扣缴营业税:

营业税＝50×5%＝2.5(万元)。

支付特许权使用费应扣缴预提所得税:

预提所得税＝50×10%＝5(万元)。

合计应扣缴的预提所得税＝25＋5＝30(万元)。

(9) 会计利润＝1 000(万元)。

应纳税所得额＝1 000＋1＋30＋48－100＋207.6－200＝986.6(万元)。

应纳所得税税额＝986.6×25％＝246.65(万元)。

第二节　典型案例二

A公司为上海一家制造企业,赊销一批货物给B,价值RMB 100万元(含增值税),还款期为5个月。3个月后,A急需用钱,将该笔应收账款100万元转让给商业保理公司C,签订隐蔽型有追索权的商业保理合同。采用比例预付方式保理融资对A进行商业保理服务,A按照等额本金,分两个月偿还,月利率为2％,银行贷款年利率为12％,且A按时还款。此外,C还向A收入保理费收入,按照转让应收账款的5％。C除了商业保理外,还从事其他非保理业务,当月总收入为人民币5万元。

商业保理公司C还与某银行在2015年第一季度签订了一年期的贷款合同,贷款金额2 000万元,年利率7％,结息日为每季度末26日;某银行是营业税的纳税人,2015年第一季度还发生了下列业务：

(1) 季度初用抵押贷款方式将B企业的一座仓库作为抵押物,贷给B企业3年期贷款800万元,年利率9％,结息日为每季度末26日。

(2) 资金结算业务收入200万元;收取罚息90万元。

(3) 与C企业签订文书,将到期不能偿还贷款的C企业抵押的市场价值为500万元的办公用房转为该金融机构所有,该办公用房为C企业5年前委托某建筑公司建造完成。

(4) 进行资金盘点,取得出纳长款收入0.8万元。

(5) 销售前期购进的债券,购进原价30万元,另支付的购进手续费、税金共计0.6万元,销售债券实际取得资金33万元(已扣除销售时发生的税费0.8万元)。

根据上述资料,回答下列问题。

(1) 该笔保理费收入应该缴纳什么税,税额为多少;不还款的情况下,该笔保理费收入应该缴纳什么税,税额为多少？

(2) 计算该银行第一季度应缴纳的营业税。

(3) 如果该商业保理公司以一个月为一期纳税的,那么该公司应该在完成纳税申报期满后多少时间内完成申报纳税及缴纳税款?如未能及时完成缴纳税款义务,税务机关将会对其采取哪些处罚措施?

解析:

(1) 比照上海市现行实务处理办法,以及重庆、天津、深圳等市有关法规,经有关部门批准经营保理业务的单位从事保理业务的,取得的手续费收入应按照"金融业——金融经纪业"税目全额缴纳营业税。因此:

$$保理费用收入为\quad 100 \times 5\% = 5(万元);$$
$$营业税为\quad 5 \times 5\% = 0.25(万元)。$$

如果比照上海市现行实务处理办法,商业保理企业等同于一般服务类企业,实行全额纳税。设第一个月支付的本金为 X 万元,则第二个月支付的本金为 $(100-X)$ 万元。第一个月支付的本息为 $X+100 \times 2\%$;第二个月支付的本息为

$$(100-X) \times (1+2\%) \quad X+100 \times 2\% = (100-X) \times (1+2\%);$$
$$X = 45.45。$$

第一个月的利息收入为 $100 \times 2\% = 2$(万元)。

第二个月的利息收入为 $(100-45.45) \times 2\% = 1.09$(万元)。

两个月的利息收入为 $2+1.09 = 3.09$(万元)。

应纳税所得额为 3.09 万元。

应纳税额为 $3.09 \times 5\% = 0.1545$(万元)。

该笔保理融资应税收入应按照金融业的利息收入计入营业税的纳税范畴,按 5% 计算缴纳营业税,应缴纳的营业税为 RMB 0.1545 万元。

如果比照重庆、深圳等市有关法规,商业保理的利息收入应按照"金融业——贷款"税目,以取得的利息收入减除支付给金融机构的贷款利息后的余额为计税营业额。按照上述分析,两个月的利息收入为 3.09 万元。

第一个月的利息支出为 $100 \times 12\%/12 = 1$(万元)。

第二个月的利息支出为 $(100-45.45) \times 12\%/12 = 0.545$(万元)。

两个月的利息支出为 $1+0.545 = 1.545$(万元)。

应纳税所得额为 $3.09-1.545 = 1.545$(万元)。

应纳税额为 $1.545 \times 5\% = 0.07725$(万元)。

营业税应纳税总额为 0.25+0.077 25=0.327 25(万元)。

比照重庆、深圳等地法规,该笔保理费收入应按照金融业的利息收入计入营业税的纳税范畴,按 5% 计算缴纳营业税,应缴纳的营业税为 RMB 0.25 万元;而商业保理利息收入应计入金融行业的利息收入范畴,按 5% 计算缴纳营业税,应缴纳的营业税为 RMB 0.077 25 万元。合计应缴纳营业税为 RMB 0.327 25 万元。

如果 C 公司比照天津有关法规,纳税人兼营其他项目的,允许扣除的利息按照以下公式计算:

$$允许扣除的利息=利息总额×保理收入总额/经营收入总额。$$

按照上述分析,两个月的利息收入为 3.09 万元;两个月的利息支出为 1+0.545=1.545(万元)。

允许扣除的利息=1.545×3.09/5=0.954 81(万元)。

应纳税所得额为 3.09-0.954 81=2.135 19(万元)。

应纳税额为 2.135 19×5%=0.106 759 5≈0.107(万元)。

营业税应纳税总额为 0.25+0.107=0.357(万元)。

比照天津的法规,该笔保理费收入应按照金融业的利息收入计入营业税的纳税范畴,按 5% 计算缴纳营业税,应缴纳的营业税为 RMB 0.25 万元;而商业保理利息收入应计入金融行业的利息收入范畴,按 5% 计算缴纳营业税,应缴纳的营业税为 RMB 0.107 万元。合计应缴纳营业税为 RMB 0.357 万元。

(2) 该银行第一季度应缴纳的营业=2 000×7%×3/12×5%+800×9%×3/12×5%+(33+0.8-30)× 5%+(200+90+10)× 5%=1.75+0.9+0.19+15=17.84(万元)。

(3) 纳税人以 1 个月为一期纳税的,自期满之日起 14 日内应完成申报纳税。如果纳税人未按照规定期限缴纳税款的,税务机关除责令限期缴纳外,从滞纳税款之日起,按日加收万分之五的滞纳金。如果拒绝缴纳滞纳金的,可以按不履行纳税义务实行强制执行措施,强行划拨或者强制征收。

第三节 典型案例三

某商业保理企业 2015 年发生经营事项如下:

(1) 该企业由于丢失换发《工商营业执照》《税务登记证》《银行开户许可证》各一份。

(2) 与银行订立借款合同一份,借款金额 500 万元,应付利息 50 万元。

(3) 签订财产保险合同一份,财产价值 1 000 万元,保险费 40 000 元;签订机动车保险合同一份,机动车价值 50 万元,保险费 10 800 元。

根据上述资料,回答下列问题。

(1) 该商业保理公司换发权利、许可证照应纳的印花税。

(2) 该商业保理公司签订财产保险合同和借款合同应纳的印花税。

(3) 如该商业保理公司在应纳税凭证上未贴或少贴印花税票,税务机关将会对其采取哪些处罚措施?如果涉及伪造印花税票,又会面临什么处罚?

解析:

(1) 换发权利、许可证照应纳印花税 5 元。

(2) 财产保险合同应纳印花税 = (40 000 + 10 800) × 0.1‰ = 50.8(元)。

借款合同应纳印花税 = 5 000 000 × 0.005‰ = 250(元)。

财产保险合同和借款合同共计应纳印花税 = 50.8 + 250 = 300.8(元)。

(3) 在应纳税凭证上未贴或少贴印花税票的,由税务机关追缴其不缴或少缴的税款、滞纳金,并处不缴或少缴的税款 50% 以上 5 倍以下罚款;伪造印花税票的,由税务机关责令整改,处以 2 000 元以上 1 万元以下的罚款;情节严重的,处以 1 万元以上 5 万元以下的罚款;构成犯罪的,依法追究刑事责任。

参考文献

[1] 《2014全国注册税务师执业资格考试教材税法1》,全国注册税务师执业资格考试教材编写组,2014年1月,北京:中国税务出版社。

[2] 《2014全国注册税务师执业资格考试教材税法2》,全国注册税务师执业资格考试教材编写组,2014年1月,北京:中国税务出版社。

[3] 《2014年度注册会计师全国统一考试辅导教材税法》,中国注册会计师协会,2014年3月,北京:经济科学出版社。

[4] 《商业保理操作实务》,秦国勇,2013年11月第1版,北京:法律出版社。

附 录

专 有 名 词

税法：调整国家与纳税人以及其他税务当事人之间权利义务关系的法律规范的总称。

征税对象：税法规定对什么征税。

计税依据：计算应纳税额的基数。

税收基本原则：一个国家在一定的政治经济条件下，税收活动应遵循的基本标准。

税收：国家为满足社会公共需要凭借其政治权力依法参与社会财产分配的一种形式。

税务机关：政府依据税收组织法律设立的专门组织和监督管理财产税收业务的专业化政府机关。

税务登记管理制度：保证代表国家行使征税权的税务机关向负有纳税义务的确社会组织和个人征税所形成的征收与缴纳关系的法律制度。

查账征收：税务机关按照纳税人提供的账表所反映的经营情况，依照适用税率缴纳税款的方式。

税收保全：税务机关对可能由于纳税人的行为或者某种客观因素造成的应征税款不能得到有效保证或难以保证的情况，为确保税款征收而采取的措施。

税收强制执行措施：纳税人扣缴义务人或纳税担保人等税收管理相对人，在规定的期限内未履行法定义务，税务机关采取法定的强制手段强迫其履行义务的措施。

流转税：以流转额非商品流转额为征税依据，选择流转过程中的某环节征收的一类税。

营业税：对在中国境内提供应税劳务、转让无形资产或销售不动产的单位和个人，就其所取得的营业额征收的一种税。

增值税：以商品生产和流通中各个环节的新增价值额或商品附加值额为征税对象的一种流转税。

营改增：2011年，经国务院批准，财政部、国家税务总局联合下发营业税改增值税试点方案。从2012年1月1日起，在上海交通运输业和部分现代服务业开展营业税改征增值税试点。至此，货物劳务税收制度的改革拉开序幕。自2012年8月1日起至年底，国务院将扩大营改增试点至10省市，北京9月启动。截至2013年8月1日，营改增范围已推广到全国试行。国务院总理李克强12月4日主持召开国务院常务会议，决定从2014年1月1日起，将铁路运输和邮政服务业纳入营业税改征增值税试点，至此交通运输业已全部纳入营改增范围。自2014年6月1日起，将电信业纳入营业税改征增值税试点范围。

所得税：(收益税)以纳税人在一定期限内的纯所得额或者总所得额为征税对象的一类税的统称。

个人所得税：调整征税机关与自然人(居民、非居民人)之间在个人所得税的征纳与管理过程中所发生的社会关系的法律规范的总称。个人所得税的纳税义务人，既包括居民纳税义务人，也包括非居民纳税义务人。居民纳税义务人负有完全纳税的义务，必须就其来源于中国境内、境外的全部所得缴纳个人所得税；而非居民纳税义务人仅就其来源于中国境内的所得，缴纳个人所得税。

财产税：纳税人所拥有或支配的特定财产为计税依据而征收的一类税。

行为税：(特定行为税)以某些特定行为为征税对象的一类税。

税务行政复议制度：规定纳税人和其他税务当事人认为税务机关的具体行政行为侵犯其合法权益，而依法向税务行政复议机关申请复议，税务行政复议机关受理行政复议申请，并作出行政复议决定的度。

税务行政诉讼：纳税人、扣缴义务人、纳税担保人或者其他税务当事人，认为税务机关的具体税务行政行为违法或者不当，侵犯了其合法权益，或者对税务行政复议机关的复议决定不服，依法向人民法院提起行政诉讼，由人民法院对税务机关的具体税务行政行为，或者复议机关的复议决定的合法性和适当性进行审理并作出裁决的司法活动。

税法主体：税法规定的依法享有权利和承担义务的当事人。

税目：征税客体具体化，代表着某一税种的征税界限或征税范围的广度。

企业所得税： 企业所得税是对我国内资企业和经营单位的生产经营所得和其他所得征收的一种税。纳税人范围比公司所得税大。企业所得税纳税人即所有实行独立经济核算的中华人民共和国境内的内资企业或其他组织，包括以下6类：(1) 国有企业；(2) 集体企业；(3) 私营企业；(4) 联营企业；(5) 股份制企业；(6) 有生产经营所得和其他所得的其他组织。企业所得税的征税对象是纳税人取得的所得，包括销售货物所得、提供劳务所得、转让财产所得、股息红利所得、利息所得、租金所得、特许权使用费所得、接受捐赠所得和其他所得。

法 律 法 规

1. 国务院办公厅关于转发《国家税务总局关于调整国家税务局、地方税务局税收征管范围意见》的通知
   1996年1月24日　国办发〔1996〕4号
2. 国家税务总局关于调整国家税务局、地方税务局税收征管范围若干具体问题的通知
   1996年3月1日　国税发〔1996〕37号
3. 国家税务总局关于所得税收入分享体制改革后税收征管范围的通知
   2002年1月24日　国税发〔2002〕8号
4. 全国人民代表大会常务委员会关于废止《中华人民共和国农业税条例》的决定
   2005年12月29日　中华人民共和国主席令第46号
5. 关于纳税人权利与义务的公告
   2009年11月6日　国家税务局公告2009年第1号
6. 税收规范性文件制定管理办法
   2010年2月10日　国家税务总局令第20号
7. 税务行政复议规则
   2010年2月10日　国家税务总局令第21号
8. 关于修改《中华人民共和国个人所得税法》的决定
   2011年6月30日　中华人民共和国主席令第48号
9. 关于修改《中华人民共和国个人所得税法实施条例》的决定
   2011年7月19日　中华人民共和国国务院令第600号
10. 中华人民共和国营业税暂行条例
    2008年11月10日　国务院令第540号
11. 中华人民共和国营业税暂行条例实施细则
    2008年2月15日　财政部、国家税务总局令第52号
12. 关于教育部考试中心及其直属单位与其他单位合作开展考试有关营业税问题的通知

2009年12月23日　国税函〔2009〕752号
13. 财政部、国家税务总局关于邮政企业代办金融业务免征营业税的通知
　　2009年1月4日　财税〔2009〕7号
14. 关于海峡两岸空中直航营业税和企业所得税政策的通知
　　2010年9月6日　财税〔2010〕63号
15. 国家文物局、民政部、财政部、国土资源部、住房和城乡建设部、文化部、国家税务总局关于促进民办博物馆发展的意见
　　2010年1月29日　文物博发〔2010〕11号
16. 财政部、国家税务总局关于国家电影事业发展专项资金营业税政策问题的通知
　　2010年3月11日　财税〔2010〕16号
17. 财政部、国家税务总局关于农村金融有关税收政策的通知
　　2010年5月13日　财税〔2010〕4号
18. 财政部、国家税务总局关于中国扶贫基金会小额信贷试点项目税收政策的通知
　　2010年5月13日　财税〔2010〕35号
19. 关于国际电信业务营业税问题的通知
　　2010年6月28日　国税函〔2001〕300号
20. 财政部、国家税务总局、商务部关于示范城市离岸服务外包业务免征营业税的通知
　　2010年7月28日　财税〔2010〕64号
21. 财政部、国家税务总局关于下发免征营业税的一年期以上返还性人身保险产品名单（第二十三批）的通知
　　2010年8月2日　财税〔2010〕71号
22. 财政部、国家税务总局关于部分省市有线数字电视基本收视维护费免征营业税的通知
　　2010年8月31日　财税〔2001〕33号
23. 财政部、国家税务总局关于保险保障金有关税收问题的通知
　　2010年9月6日　财税〔2001〕77号
24. 关于融资性售后回租业务中承租方出售资产行为有关税收问题的公告
　　2010年9月8日　国家税务总局公告2010年第13号

25. 关于支持公共租赁房建设和运营有关税收优惠政策的通知
    2001年9月27日   财税〔2010〕88号
26. 财政部、国家税务总局关于支持和促进就业有关税收政策的通知
    2010年10月22日   财税〔2010〕84号
27. 财政部、国家税务总局关于促进节能服务产业发展增值税、营业税和企业所得税政策问题的通知
    2010年12月30日   财税〔2010〕110号
28. 财政部、国家税务总局关于发布免征营业税的一年期以上返还性人身保险产品名单（第二十四批）的通知
    2011年1月17日   财税〔2011〕5号
29. 中华人民共和国企业所得税法
    2007年3月16日   中华人民共和国主席令〔2007〕63号
30. 中华人民共和国企业所得税法实施条例
    2007年12月6日   中华人民共和国国务院令第512号
31. 关于贯彻落实国务院关于实施企业所得税过度优惠政策有关问题的通知
    2008年2月13日   财税〔2008〕21号
32. 关于印发《企业所得税核定征收办法（试行）》的通知
    2008年3月6日   国税发〔2008〕30号
33. 关于印发《跨地区经营汇总纳税企业所得税征收管理暂行办法》的通知
    2008年3月10日   国税发〔2008〕28号
34. 关于房地产开发企业所得税预缴问题的通知
    2008年4月7日   国税函〔2008〕299号
35. 关于印发《高新技术企业认定管理办法》的通知
    2008年4月14日   国科发〔2008〕72号
36. 关于执行公共基础设施项目企业所得税优惠目录有关问题的通知
    2008年9月23日   财税〔2008〕46号
37. 关于执行资综合利用企业所得税优惠目录有关问题的通知
    2008年9月23日   财税〔2008〕47号
38. 关于执行环境保护专用设备企业所得税优惠目录
    2008年9月23日   财税〔2008〕48号
39. 关于企业关联方利息支出税前扣除标准有关税收政策问题的通知

2008年9月19日　财税〔2008〕121号

40. 关于母子公司间提供服务支付费用有关企业所得税处理问题的通知
2008年8月14日　国税发〔2008〕86号

41. 关于企业处置资产所得税处理问题的通知
2008年10月9日　国税函〔2008〕828号

42. 关于确认企业所得税收入若干问题的通知
2008年10月30日　国税函〔2008〕875号

43. 国家税务总局关于企业所得税减免税管理问题的通知
2008年12月1日　国税发〔2008〕111号

44. 关于印发《企业研究开发费用税前扣除管理办法（试行）》的通知
2008年12月10日　国税发〔2008〕116号

45. 关于财政性资金行政事业性收费政府性基金有关企业所得税政策问题的通知
2008年12月16日　财税〔2008〕151号

46. 关于合伙企业合伙人所得税问题的通知
2008年12月23日　财税〔2008〕159号

47. 关于印发《非居民企业所得税源泉扣缴管理暂行办法》的通知
2009年1月9日　国税发〔2009〕3号

48. 财政部国家税务总局关于企业重组业务企业所得税处理若干问题的通知
2009年4月30日　财税〔2009〕59号

49. 关于非营利组织企业所得税免税收入问题的通知
2009年11月11日　财税〔2009〕122号

50. 关于加强非居民企业股权转让所得企业所得税管理的通知
2009年12月10日　国税函〔2010〕698号

51. 关于印发《非居民企业所得税核定征收管理办法》的通知
2010年2月20日　国税发〔2010〕19号

52. 关于贯彻落实企业所得税法若干税收问题的通知
2010年2月22日　国税函〔2010〕79号

53. 关于环境保护节能节水安全生产等专用设备投资抵免企业所得税有关问题的通知
2010年6月2日　国税函〔2010〕256号

54. 关于企业股权投资损失所得税处理问题的公告

    2010年7月28日　国家税务总局公告2010年第6号

55. 中华人民共和国印花税暂行条例

    1988年8月6日　国务院令第11号

56. 中华人民共和国印花税暂行条例施行细则

    1988年9月29日　(88)财税字第255号

57. 国家税务局关于印花税若干具体问题的规定

    1988年12月12日　(88)国税地字第025号

58. 财政部、国家税务总局关于企业改制过程中有关印花税政策的通知

    2003年12月8日　财税〔2003〕183号

59. 国家税务总局关于印花税违章处罚有关问题的通知

    2004年1月29日　国税发〔2004〕15号

60. 国家税务总局关于进一步加强印花税征收管理有关问题的通知

    2004年1月30日　国税函〔2004〕150号

61. 财政部、国家税务总局关于改变印花税按期汇缴纳管理办法的通知

    2004年11月5日　财税〔2004〕170号

62. 财政部、国家税务总局关于印花税若干政策的通知

    2006年11月27日　财税〔2006〕162号

63. 财政部、国家税务总局关于金融机构与小型微型企业签订借款合同免征印花税的通知

    2011年10月17日　财税〔2011〕105号

64. 中华人民共和国城市维护建设税暂行条例

    1985年2月8日　国发〔1985〕19号

65. 国家税务总局关于城市维护建设税征收问题的通知

    1994年3月12日　国税发〔1994〕51号

66. 财政部、国家税务总局关于出口货征收城市维护建设税教育费附加有关问题的通知

    1996年12月27日　财税字〔1996〕84号

67. 财政部国家税务总局关于中央各部门机关服务中有关税收政策问题的通知

    2005年7月24日　财税〔2001〕122号

68. 财政部、国家税务总局关于生产企业出口货物实行免抵退税办法后有关城市

维护建设税教育费附加政策的通知

2005年2月25日　财税〔2005〕25号

69. 财政部、国家税务总局关于增值税、营业税、消费税实行先征后返等办法有关城建税和教育费附加政策的通知

2005年5月25日　财税〔2005〕72号

70. 关于免征国家重大水利工程建设基金的城市维护建设税和教育费附加的通知

2010年5月25日　财税〔2010〕44号

71. 财政部、国家税务总局关于支持和促进就业有关税收政策的通知

2010年10月22日　国发〔2010〕84号

72. 关于对外资企业征收城市维护建设税和教育费附加有关问题的通知

2010年11月4日　财税〔2010〕103号

73. 关于统一地方教育附加政策有关问题的通知

2010年11月7日　财综〔2010〕98号

74. 中华人民共和国个人所得税法

1980年9月10日　第五届全国人民代表大会第三次会议通过，根据1993年10月31日第八届全国人民代表大会常务委员会第四次会议《关于修改〈中华人民共和国个人所得税法〉的决定》第一次修正，根据1999年8月30日第九届全国人民代表大会常务委员会第十一次会议《关于修改〈中华人民共和国个人所得税法〉的决定》第二次修正

75. 全国人大常委会关于修改个人所得税法的决定

1999年8月30日　第九届全国人大常委会第十一次会议通过

76. 国家税务总局关于强化律师事务所等中介机构投资者个人所得税查账征收的通知

2002年9月29日　国税发〔2002〕123号

77. 财政部、国家税务总局关于非产权人重新购房征免个人所得税问题的批复

2003年5月28日　财税〔2003〕123号

78. 国家税务总局关于提高增值税和营业税起征点后加强个人所得税征收管理工作的通知

2003年7月1日　国税发〔2003〕80号

79. 财政部、国家税务总局关于规范个人投资者个人所得税征收管理的通知

2003年7月11日　财税〔2003〕158号

80. 国家税务总局、中国人民银行关于个人银行结算账户利息所得征收个人所得税问题的通知

2004年1月12日　国税发〔2004〕6号

图书在版编目(CIP)数据

商业保理税务实务与案例/杨新房,祝维纯主编.—上海：复旦大学出版社,
2016.4(2020.6重印)
商业保理培训系列教材
ISBN 978-7-309-12106-3

Ⅰ.商… Ⅱ.①杨…②祝… Ⅲ.商业银行-商业服务-教材 Ⅳ.F830.33

中国版本图书馆 CIP 数据核字(2016)第 024462 号

商业保理税务实务与案例
杨新房　祝维纯　主编
责任编辑/张志军

复旦大学出版社有限公司出版发行
上海市国权路 579 号　邮编：200433
网址：fupnet@fudanpress.com　http://www.fudanpress.com
门市零售：86-21-65102580　团体订购：86-21-65104505
外埠邮购：86-21-65642846　出版部电话：86-21-65642845
上海春秋印刷厂

开本 787×960　1/16　印张 16.25　字数 260 千
2020 年 6 月第 1 版第 3 次印刷

ISBN 978-7-309-12106-3/F·2245
定价：32.00 元

如有印装质量问题,请向复旦大学出版社有限公司出版部调换。
版权所有　侵权必究